LENA MUCHINA

LENAS TAGEBUCH

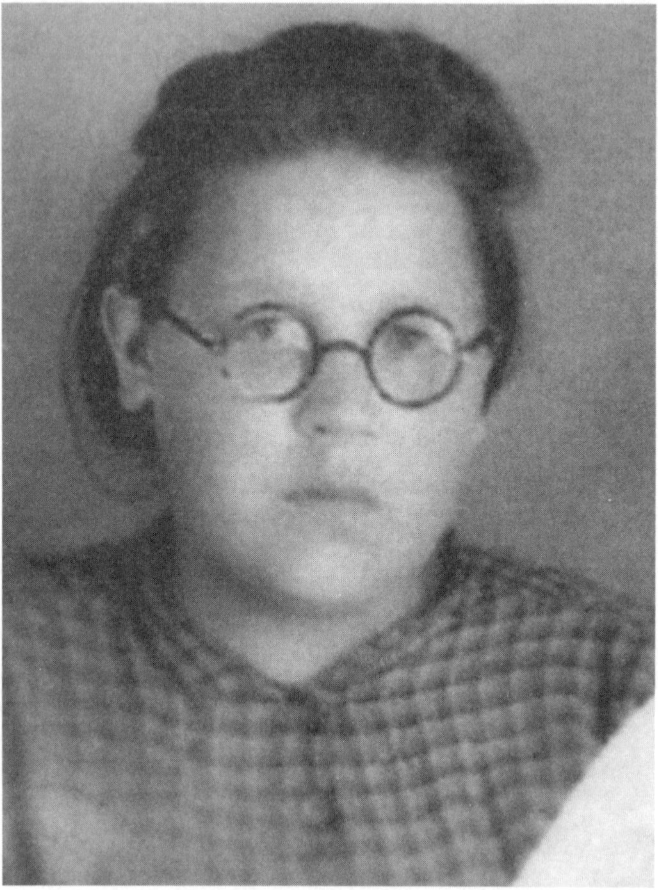

Lena Muchina als Schülerin

LENA MUCHINA

LENAS TAGEBUCH

Leningrad 1941–1942

Aus dem Russischen übersetzt und mit
Vor- und Nachwort sowie Anmerkungen
von Lena Gorelik und Gero Fedtke

G

GRAF

Die Originalausgabe erschien 2011 unter dem Titel
»›… sochrani moju petschalnuju istoriju…‹. Blokadny dnewnik Leny Muchinoi« (»›… bewahre meine traurige Geschichte…‹. Das Blockadetagebuch der Lena Muchina), hrsg. v. Wladimir M. Kowaltschuk, Alexandr I. Rupassow u. Alexandr N. Tschistikow bei Asbuka in Sankt Petersburg.

Lektorat der deutschsprachigen Ausgabe: Kurt Baudisch

FSC
www.fsc.org
MIX
Papier aus verantwortungsvollen Quellen
FSC® C014496

Der Graf Verlag München ist ein Unternehmen der Ullstein Buchverlage.

ISBN 978-3-86220-36-8

Gesetzt aus der Galliard und der Futura
Satz: Uwe Steffen, München
Druck und Bindung: GGP Media GmbH, Pößneck
Printed in Germany
www.graf-verlag.de

Inhalt

22 июня 1941 г. 12

В 12 часов 15 минут вся стра-
на слышала выступление
тов. Молотова
~~всё~~
Он сообщил, что сегодня
в 4 часа утра германские
войска ~~[illegible]~~ без объявле-
ния войны начали
наступление по всей
западной границе. Их
самолеты бомбардировали
Киев, Житомир, Одессу,
Каунас и др. города.
Погибло 200 чел.
В 5 часов германский кон-
сул объявил от имени свое-
го правительства о начале
войны, т. е. что Германия
пошла на нас войной.
Итак, самое ужасное из всего,
что можно было ожидать,
совершилось.

»Die Blockade war immer da«

Vorwort von Lena Gorelik

Sie war Legende, erfüllte uns mit Stolz und trieb uns zugleich Schauder über den Rücken. Die Blockade war immer da, nicht nur in unserer Familienerzählung und der aller anderen Leningrader; bei allen Festen war sie Thema. Auch wenn ich sie natürlich nicht miterlebt habe, auch wenn ich sie nur aus Erzählungen und von Schwarz-Weiß-Fotografien kannte. Aber wie viele Erzählungen waren das, und wie oft hatte ich mir die Bilder in meinen Geschichtsbüchern und in den Petersburger Museen angeschaut, sie gerne angeschaut, mich nicht dazu zwingen müssen. Ich wurde ihrer nicht überdrüssig, die Erzählung von der Blockade gehörte zu meiner Kindheit, war immer da.

Sie machte mir ein schlechtes Gewissen, und zwar so: Ich bin fünf (oder sechs, sieben, acht und älter) und verweigere das Essen, wie Kinder es eben tun. Weil es mir nicht schmeckt, weil ich satt bin, aus einem beliebigen Grund. Ich lasse mein Essen, die Kartoffeln, das Fleisch, auch das Brot auf dem Teller liegen. Und meine Großmutter, unweigerlich, selbst als ich schon nicht mehr zu Hause wohnte und nur noch zu Besuch kam:

»Was ist mit deinem Essen? Was ist mit dem Brot? Sollen wir das wegschmeißen?«

»Ja!« / »Ist für den Hund.« / »Ich esse es später.«

Und meine Großmutter, unweigerlich: »Wie bitte? Wir können kein Brot wegschmeißen. Weißt du, wie viel Brot wir während der Blockade bekamen?«

Aber natürlich weiß ich das. 125 Gramm.

»125 Gramm. Und weißt du, wie wenig das ist? Soll ich es dir zeigen?«

Aber das muss sie nicht. Anhand jeder Brotscheibe der Welt kann ich zeigen, wie viel davon 125 Gramm sind. So, als hätte ich die Blockade selbst damit überlebt.

Kälte, Angst, Qualen, Tod, vor allem aber Hunger – Synonyme für die Blockade. Mein Vater war ein Kind während der Blockade, ein sogenanntes Blockadekind, und seine erste Erfahrung war: Hunger. Bis heute stapeln sich in den Regalen im Keller meiner Eltern Konservendosen, Nudeln, Reis, Knäckebrot bis an die Decke. Nie wieder will mein Vater Hunger leiden, wir alle nicht, und besser, man hat vorgesorgt. (Aus demselben Grund isst er auch Lebensmittel, deren Haltbarkeitsdatum abgelaufen ist: Während der Blockade hätte man sein Leben dafür verkauft.)

Die Blockade ist Legende: Die sie überlebt haben, sind Helden. Fast 900 Tage Hunger, eisige Winter und sengende Sommer, deutsche Angriffe und Bombardierungen, 900 000 Tote. Es sind Helden, die das erduldet haben, die ihre Stadt beschützt, dem Tod getrotzt hatten: Blokadniki. Sie wurden an Gedenktagen geehrt, bekamen am 9. Mai* oder zu anderen Feiertagten hin und wieder besondere Lebensmittel zugeteilt, die auf dem freien Markt in der Sowjetunion nicht zu bekommen waren. »Heldenstadt Leningrad«, wie es auf dem Obelisk mitten im Zentrum von Sankt Petersburg auch heute noch heißt, zwanzig Jahre nach der Umbenennung der Stadt.

Helden gab es in jeder Familie. In meiner Familie war es der Bruder meiner Großmutter, der hochbegabte Bruder Dawid, der seinen Verteidigungsposten verlassen durfte, damit er im eisigen Winter durch die ganze Stadt marschieren konnte, um in Erfahrung zu bringen, wie seine ein paar

---

* 9. Mai 1945: Kapitulation der Deutschen Wehrmacht.

Tage zuvor geborene Tochter hieß. Er hat es nie erfahren, er ist auf dem Weg erfroren. Der Name seiner Tochter war Ljubow, zu Deutsch: Liebe. (Romanstoff sozusagen.) Die Schwester meiner Großmutter hat einmal ihre Lebensmittelkarte verloren. Keine Lebensmittelkarte bedeutete: kein Brot. Kein Brot: kein Leben. Sie behielt es für sich, damit niemand aus der Familie anbieten müsste, mit ihr zu teilen. »Dumm«, nannte meine Großmutter das, sie hatte es zum Glück rechtzeitig gemerkt und konnte ihre Schwester vor dem Hungertod bewahren, »dumm«, sagte sie und meinte eine Heldin. Wir Kinder lernten nicht nur durch diese Geschichten aus den Familien, was Helden waren, sondern auch lehrplangemäß in der Schule, im Geschichtsunterricht, im Literaturunterricht. Wir waren Leningrader: Enkelkinder von Helden.

Das erfüllte uns mit Stolz und Schauder: regelmäßige Besuche auf dem Gedenkhof Piskarjowskoje, einer Massenbegräbnisstätte von Blockadeopfern, stille Momente vor dem dort brennenden ewigen Feuer. Ich war mit meinem Vater dort und auch mit der Schule. Unter den unbekannten Opfern befand sich vielleicht mein Großvater, der Vater meines Vaters, der die Blockade nicht überlebt hatte, auch er ein Held. Regelmäßig besuchten wir das Blockade-Museum, wo einzelne Seiten aus »Tanjas Tagebuch«* ausgestellt waren. Über das Tagebuch hatten wir in der Schule gehört, und hier im Museum konnte man einzelne Seiten sehen, wo Tanja aufzählt, wann welche Familienmitglieder gestorben sind. Es schließt mit dem Satz: »Geblieben ist nur Tanja.« Aber am Ende ist auch sie umgekommen.

Schauder liefen uns über den Rücken beim Versuch, sich die Angst, die Verzweiflung, die Kälte, den Hunger vorzustellen, aber es erfüllte uns auch mit Stolz: Ich bin ein Kind

---

* Das Tagebuch bestand nur aus wenigen Seiten. Näheres unter de.wikipedia.org/wiki/Tatjana_Nikolajewna_Sawitschewa.

dieser Stadt, ein Enkelkind dieser Helden! Ich muss mich würdig erweisen, eine Leningraderin zu sein. (Ja, die sowjetische Propaganda hat funktioniert.)

Der Stolz ist irgendwo auf dem Weg nach Deutschland verloren gegangen. Manche uns von der Propaganda eingepflanzten Vorstellungen, historische Halb- und Unwahrheiten wurden zurechtgerückt, vieles vergessen. An die 125 Gramm erinnerte mich meine Großmutter, solange sie imstande war, jemanden an etwas zu erinnern. Mein Vater hortete Konservendosen, und mein Bruder und ich gaben uns große Mühe, keine Witze darüber zu reißen. Am 9. Mai trafen meine Eltern ihre russischen Freunde und stießen mit einem Gläschen an und beglückwünschten sich gegenseitig. Im Schrank meiner Eltern liegt in einem Aktenkoffer, den mein Vater aus Russland mitgebracht hat und in dem er bis heute alle wichtigen Dokumente aufbewahrt, auch der Blockadeausweis meiner Großmutter. Eines Tages würde ich dieses historische Dokument erben, so dachte ich.

Dann tauchte das Tagebuch von Lena Muchina auf. Ich las es innerhalb von vierundzwanzig Stunden, konnte es nicht aus der Hand legen. Und alles war wieder da, die Legende, der Hunger, die Helden, der Stolz, der Schauder, der Versuch, sich die Angst, die Verzweiflung vorzustellen, das schlechte Gewissen. Aber nun hatte das schlechte Gewissen einen anderen Grund: Es ging nicht ums Brot, sondern darum, dass die Blockade in meiner Erinnerung verblasst war, dass ich vergessen hatte, was meine Familie durchlebt hatte, aus welcher Stadt ich stamme. Sich das Leiden, den Hunger und die Kälte vorzustellen schmerzte nun noch mehr: Denn Lena Muchina schrieb so, wie Kinder und Jugendliche schreiben: ehrlich, unverstellt, ihrem Alter entsprechend naiv. Anfangs glaubt sie noch an die absolute Wahrheit dessen, was die Nachrichtensprecher im Radio oder die Lehrer erzählen. Sie hat die gleichen Sorgen wie alle jungen Mädchen zu allen Zeiten überall auf der Welt: Wowka, der nette, gute Junge, könnte sie weniger mögen als sie ihn, und ihre beste Freundin könnte vielleicht doch nicht die allerbeste Freundin sein. Doch diese Sorgen werden schon bald überlagert von blanker Angst: Angst vor dem Hungertod, vor dem drohenden eisigen Leningrader Winter. Vor dem Hintergrund der sich überschlagenden Kriegsereignisse, der schwindenden Hoffnungen, der quälenden, immer wiederkehrenden Träume von Essen, den steigenden Todeszahlen war die Angst nun eine andere, sie hat alles Kindliche, Naive verloren. Lena Muchina wird erwachsen, lässt die Sorgen um Jungen und Schulnoten ganz plötzlich hinter sich, viel schneller, als Kinder es eigentlich sollten. Und sie ist bald ganz allein. Ihre Mütter sterben, erst die leibliche, dann die Ziehmutter, auf einem Schlitten zieht die Sechzehnjährige sie durch den Schnee zum Massengrab. Die seitenlangen Beschreibungen ihrer Essensfantasien, die Aufzählungen all dessen, wonach sie sich sehnt, von Pfannkuchen über Bratkartoffeln hin zu Butter auf ihrem Brot, lassen einem den Keks, den man beim Lesen knabbert, im Halse stecken bleiben. Ich las Lena Muchinas Tagebuch in vierundzwanzig Stunden, dieses wahre »Zeugnis der Geschichte«, und dieser Begriff ergab plötzlich einen Sinn. Mich schauderte, und ich war auch wieder ein bisschen stolz. Wie hatten die Leningrader das nur 872 Tage lang geschafft?

Ich hätte das Tagebuch gerne meiner Großmutter gezeigt, aber sie ist heute zu alt dafür. Ich zeigte es also meinen Eltern, die zu Recht sagten, nicht meine Großmutter sollte es lesen, sondern all die anderen, die nicht wissen, was es hieß, die Blockade zu überleben. Die eine Vorstellung davon bekommen möchten, wie sich dieses grausamste Kapitel deutsch-russischer Geschichte von innen heraus anfühlte. Die jeden Tag Brot essen, so viel sie wollen, und die ihre Bonbons nicht auf mehrere Tage aufteilen müssen, so wie Lena Muchina es tat und wahrscheinlich auch meine Großmutter.

Zur Biografie Lena Muchinas

Von Gero Fedtke

Lena Muchina wurde am 21. November 1924 in Ufa* geboren. Anfang der Dreißigerjahre zog Lenas Mutter mit ihr nach Leningrad. Weil sie schwer krank war, konnte sie sich aber schon bald nicht mehr um sie kümmern. Lena wuchs nun bei ihrer Tante Jelena auf, die sie im Tagebuch Mama oder Mama Lena nennt. Mit Mama Lena und Lena lebte die greise Aka, eine Freundin der Familie**. Mama Lena war Ballerina, musste aber nach einem Reitunfall diesen Beruf aufgeben. Als Bühnenbildnerin und mit anderen Tätigkeiten schlug sie sich mehr schlecht als recht durchs Leben. Die Männer sind abwesend, sowohl Lenas Vater wie Mama Lenas Mann. Lena schreibt in ihrem Tagebuch, sie sei Vollwaise geworden. Ihr Vater ist offenbar verstorben.

Die Wohnverhältnisse waren beengt; die drei lebten in einem Zimmer in einer Kommunalwohnung am Sagorodny-Prospekt, durchaus eine der besseren Wohngegenden Leningrads. Die Kommunalwohnung war nach der Revolution die vor allem im Zentrum der Stadt am weitesten verbreitete Wohnform: In den ehemals bürgerlichen Wohnungen

* Heute Hauptstadt der Republik Baschkortostan, eines der russländischen Föderationssubjekte.

** Aka heißt mit vollem Namen Rosalija Karlowna (oder Asalija Konstantinowna) Krums-Straus, geboren 1866. In der Familie Muchina wird erzählt, sie sei Engländerin und sei bis 1917 Gouvernante gewesen.

Lena Muchina (3. v. l. in der obersten Reihe) in ihrer Schulklasse, 1941

lebten mehrere Familien zusammen, jede in einem Zimmer, Bad und Küche wurden gemeinsam genutzt. Dieses Wohnen war einerseits Folge eines geplanten Umsiedlungsprogramms, das den ärmeren Schichten die besseren Wohnungen zur Verfügung stellen sollte. Zum anderen erlebte die Sowjetunion in den Zwanziger- und Dreißigerjahren eine rasante Urbanisierung, die zu Wohnungsnot führte. Die Bevölkerung Leningrads wuchs von etwa zwei Millionen vor dem Ersten Weltkrieg auf etwa drei Millionen im Jahr 1940; neue Wohnungen entstanden aber kaum.

Zuwanderer wie die Muchinas wurden in Kommunalwohnungen untergebracht, in denen immer wieder »verdichtet« wurde: Standen einer Person 1926 noch 13,5 Quadratmeter zu, so waren es ab 1931 nur noch 9. Nicht wenige mussten sich allerdings mit weniger begnügen. Die Mehrzahl der Familien lebte in einem Zimmer oder musste sich ein Zimmer mit anderen Familien teilen. Das Zusammenleben dieser Familien höchst unterschiedlicher Herkunft auf

Lena Muchina, 1955

engem Raum gestaltete sich oft schwierig. In der Tat kommen die Nachbarn in Lenas Tagebuch kaum vor; als Mama Lena und Aka gestorben sind, bleibt ihr nur noch festzustellen, sie sei von »fremden Menschen« umgeben, denen sie egal ist.

Diese Lebensumstände Lenas sind durchaus repräsentativ für die Leningrader Stadtbevölkerung in den Dreißiger- und Vierzigerjahren. Als Lena am 22. Mai 1941, einen Monat vor dem deutschen Überfall auf die Sowjetunion, ihr Tagebuch beginnt, lebt sie das ganz gewöhnliche Leben einer 16-jährigen Leningrader Schülerin. Auch ihr familiäres Schicksal ist so außergewöhnlich nicht: Die Umwälzungen von Revolution, Bürgerkrieg und Sowjetisierung der Gesellschaft hatten viele Kinder zu Waisen oder Halbwaisen gemacht, Familien auseinandergerissen, Menschen ihre Wohnorte wechseln lassen.

Lena Muchina überlebte den harten Blockadewinter 1941/42, den sie in ihrem Tagebuch beschreibt. Anfang Juni 1942 wurde sie evakuiert und gelangte nach Gorki (heute wieder: Nischni Nowgorod), wo ihre Tante Schenja und weitere Verwandte lebten. Dort verbrachte sie die Kriegsjahre und erlernte den Beruf der Müllerin. Schon im Herbst 1945 kehrte sie in das »verfluchte« Leningrad zurück, das sie laut Tagebucheintrag vom 13. April 1942 nie wieder betreten wollte, und absolvierte dort eine dreijährige Ausbildung zur Mosaiklegerin. Sie arbeitete ein knappes Jahr in der Leningrader Spiegelfabrik, verlor diese Arbeit aber im Rahmen einer Massenentlassung. Ihr Zimmer, das sie bei ihrer Evakuierung aufgegeben hatte, erhielt sie nicht zurück; sie musste eine Wohnung mieten, was sie sich ohne Gehalt nicht leisten konnte. So gelangte sie im März 1950 auf Umwegen nach Kemerowo in Westsibirien auf die Großbaustelle des dortigen Wasserkraftwerks. 1952 verlängerte sie ihren Vertrag nicht. »Ich habe schreckliches Heimweh nach Leningrad, nach der Oper und den Museen. Aber ich kann dort nirgends wohnen«, schrieb sie ihrer Tante Schenja.

Sie zog stattdessen nach Moskau, wo Verwandte lebten. Dort war sie bis zu ihrer Pensionierung in der Industrie tätig und starb schließlich am 5. August 1991, zwei Wochen vor dem Putsch gegen das sowjetische Staatsoberhaupt Michail Gorbatschow und vier Monate vor der Auflösung der Sowjetunion.

»Solange ich lebe, will ich lieben, und wen, das werden wir noch sehen«, hatte Lena während der Belagerung in ihr Tagebuch geschrieben. Doch nach den traumatischen Erfahrungen der Blockade blieb ihr dies vom Schicksal versagt. Lena heiratete nicht, hatte keine Kinder. Häufige Krankheiten plagten sie ihr ganzes Leben.

Lena Muchina beginnt Tagebuch zu führen, wie sie es bei ihrem literarischen Vorbild Petschorin in Michail Lermontows Roman *Ein Held unserer Zeit* gesehen hat. Als sie in der belagerten Stadt allein ist, wird das Tagebuch ihr letzter Freund, dem sie Leid und Freud anvertrauen kann. Sie beobachtet ihre Umwelt, ihre Mitmenschen und nicht zuletzt sich selbst genau und notiert ihre Gedanken und Reflexionen in ihrem Tagebuch. Ihr Stil ist nicht einheitlich. Einerseits schreibt sie die gesprochene Sprache eines jungen Mädchens. Sie weiß, dass sie in russischer Grammatik und Orthografie nicht sicher ist; in der Schule hat sie schlechte Noten. Aber sie hat durchaus literarische Ambitionen, sucht und probiert – das Spektrum reicht von lyrischen romantischen Naturbeschreibungen bis zu pathetischen Gedichten über heldenhafte Rotarmisten. Nicht immer gelingt ihr dies so, wie sie es vermutlich gewünscht hat. Auch die Propagandasprache färbt auf sie ab, vor allem in den ersten Kriegsmonaten.

Näheres zur Entdeckung und Veröffentlichung des Tagebuchs ab Seite 370.

Die Tagebucheinträge bis einschließlich November 1941 übersetzte Lena Gorelik, ab Dezember 1941 Gero Fedtke.

Die Fußnoten stammen, sofern nicht anders bezeichnet, von den Übersetzern. Sie orientieren sich an den Anmerkungen der Herausgeber der Originalausgabe und ergänzen sie um Informationen für den deutschen Leser.

Lenas Tagebuch

1941

Heute, 22. Mai

Ich bin um fünf Uhr früh ins Bett gegangen, habe die ganze Nacht Literatur gelernt. Heute dann um zehn Uhr aufgestanden und bis um Viertel vor eins wieder die öde Literatur gepaukt. Um Viertel vor eins bin ich zur Schule gelaufen.

Am Eingang sehe ich die Unsrigen stehen: Emma, Tamara, Rosa und Mischa Iljaschew, die haben schon bestanden und sehen ach so glücklich aus. Haben uns viel Glück gewünscht. Ich habe zu Ljusja Karpowa und Wowa Hallo gesagt. Es hatte noch nicht geklingelt, wir warteten in der Halle. In unserer Gruppe waren alle unsere Jungs, außer Wowka Kljatschko. Ich fragte Wowa, ob er es geschafft hat, alles zu wiederholen. Er sagte, dass er nicht alles wiederholt hat, ich wollte gern noch irgendwas zu ihm sagen, aber da war er schon bei seinen Jungs.

Es klingelte, wir sind die Treppe hinauf und ins Klassenzimmer gegangen. Alle waren sehr aufgeregt, aber ich war ganz ruhig, weil ich mir sicher war, dass ich durchfallen würde: Die Biografien waren in meinem Kopf durcheinandergeraten, die Daten auch. Außerdem hatte ich manches noch nicht einmal gelesen. Ich muss gerechterweise anmerken, dass ich mir um andere mehr Sorgen gemacht habe als um mich selbst.

Ljusja und ich setzten uns an die vorletzte Bank. Vor uns saßen Ljonja, Jana und in der Mitte Wowka. Das Aufrufen begann. Aber ich dachte mehr an Wowka als an die Prüfung. Nicht dass ich mir Sorgen um ihn gemacht hätte, nein, ich wollte sogar, dass er durchfällt. Ich wollte gerne mit ihm zusammen sein, mich mit ihm unterhalten, seinen Blick spüren und überhaupt ihm so nah wie möglich sein. Wenn er durchgefallen wäre, wäre er traurig und betrübt gewesen, und ich mag es sehr, ihn so zu sehen. Wenn er traurig ist, habe ich das Gefühl, dass er mir nahe ist, dann will ich meine Hand auf seine Schulter legen, ihn trösten, damit er mir in die Augen blickt und mich zärtlich, dankbar anlächelt. Jetzt war er mir auch ganz nah, ich hätte meine Hand ein bisschen ausstrecken und seinen Ellenbogen berühren können, der auf unserer Bank lag. Aber nein, ich traue mich das nicht, er ist so fern, hinter uns sitzen die Mädchen, sie werden meine Geste registrieren, neben ihm sitzen seine Kameraden. Sie werden das bemerken, sich ihren Teil denken, und das wird dann sonderbar, ganz sonderbar. Inwiefern sonderbar? Weiß ich selbst nicht. Ich saß da, die Hände unters Kinn gestützt, und beobachtete Wowa so, dass es keiner merkte. Nein, beobachtete ihn eigentlich nicht, sondern schaute ihn einfach nur an. Für mich ist es eine Freude und eine große Erfüllung, seinen Rücken zu betrachten, die Haare, die Ohren, die Nase, den Gesichtsausdruck. Wowa saß, halb zur Seite gedreht, schaute Dimka an, der gerade geprüft wurde, und flüsterte ab und zu etwas Jan, manchmal Ljonja zu. Er hätte sich wenigstens einmal zu mir umdrehen können. Warum flüstert er mit Janka und Ljonja und wechselt vielsagende Blicke mit ihnen, während er mich wie Luft behandelt. Aber ich bin ja nicht wie die: Wowa ist kein Mädchen, ich bin kein Junge. Ich bin ja auch keine Ausnahme, mit den anderen Mädchen wechselt er ja auch keine Blicke. Für eine Minute vergaß ich mich, legte meinen Kopf auf die Bank. Aber als ich wieder zu ihm blickte, o nein, kann das wahr sein, das, wovor ich Angst hatte, da war er, mein lieber Wowka, genauso wie damals im Theater, im selben Anzug, und das Lächeln war auch dasselbe. Meine Schüchternheit war wie weggeblasen, genau, ihn, ja ihn liebe ich mehr als alle anderen, dachte ich, und war gar nicht verlegen wegen dieser Gedanken. Ich habe Ljusjas Heft mit dem Studienplan für Literatur zu mir gezogen und auf den Einband geschrieben: »Wünsche Dir, dass Du mit ›sehr gut‹ bestehst!« Ich hab ihn am Ellenbogen angestoßen und ihm das Gekritzelte hingeschoben. Er hat sich sofort umgedreht und sich anscheinend darüber gefreut, er hat über das ganze Gesicht gestrahlt und mir das Gleiche gewünscht. Ich hab irgendwas Undeutliches gemurmelt und irgendwie den Kopf geschüttelt, ich wollte ihm auf diese Weise zeigen, dass ich sicher bin, dass ich durchfalle.

Dann wurde ich aufgerufen, ich habe mich an die zweite Schulbank gesetzt und kein einziges Mal nach hinten zu den Jungs geschaut, sodass ich Wowka nicht gesehen habe, und nicht weiß, ob er Anteil an meinem Schicksal nahm. Ich saß da und wusste, dass hinter mir noch Klassenkameraden sitzen, die noch nicht aufgerufen worden sind, und Wowka. Ich wollte so sehr, dass Wowka jetzt in diesem Moment an mich denken möge, sich Sorgen um mich macht. Vielleicht war es ja auch so. Wirklich, ich weiß es nicht. Bald wurde er auch aufgerufen, er setzte sich vor mich.

Ich hab eine ganz furchtbare Prüfungsaufgabe gezogen, ich wusste weder etwas zur ersten noch zur zweiten Frage. Ich beschloss, ein wenig zu warten und die Prüfungsaufgabe dann auszutauschen. Mir blieb ja nichts anderes übrig. Wowa saß da, in sich zusammengesackt, und war offensichtlich nervös. Das Blatt, das er eben vollgeschrieben hatte, zerriss und zerrupfte er in seinen Händen. Dann fing er plötzlich an, sich die Haare zu raufen, dachte nach und fing wieder an zu schreiben. Zwei-, dreimal drehte er sich um, und einmal trafen sich unsere Blicke. Weißt du es? Er schüttelte unbestimmt den Kopf. Dann schrieb er wieder irgendwas …

Ich nahm mir eine andere Aufgabe und erkannte, sobald ich einen Blick darauf geworfen hatte, dass noch nicht alles verloren war:

1. Leitmotive in Puschkins Lyrik
2. Sentimentalismus
3. Die Komposition von »Ein Held unserer Zeit«*

Das zweite Thema kannte ich gut, das dritte auch, aber das erste musste ich mir erst einmal ins Gedächtnis rufen. Aber ich war mir schon mal sicher, dass ich Literatur bestehen würde. Wowa war mit seiner Vor-

---

* *Geroi naschegi wremeni*, Roman (1840) von Michail Lermontow (1814–1841).

bereitung fertig und saß ganz am Rand seiner Schulbank, er schaute sich ganz oft um. Ich habe ihn nicht angesehen. Ich strengte mich gequält an, mir Puschkins Lyrik in Erinnerung zu rufen. Aber ich sah, dass Wowa sich um mich sorgte. Es war ihm wahrscheinlich nicht entgangen, dass ich vor der zweiten Prüfungsaufgabe saß, und dann hatte ich auch noch diesen bekümmerten Gesichtsausdruck. Aber was schrecklich ist: Wenn ich es schaffe, dass jemand anfängt, sich für mich zu interessieren, versuche ich immer, mit allen Kräften unsichtbar zu werden, weil ich Angst habe, dass andere etwas davon mitbekommen. Wirklich, wie dumm das von mir ist! Aber es ist so. Wowa hat es geschafft, mich zu fragen, indem er mir in die Augen blickte (er blickt einem immer, wenn er mit einem spricht, direkt in die Augen, was ich häufig nicht kann), ob ich die Antworten weiß. Ich habe bejahend genickt, und er entspannte sich.

Dann, nach Grischka, kam er dran. Er sprach deutlich, klar, schnell. Sie haben ihn gar nicht ausreden lassen und ließen ihn gehen, ohne weitere Fragen zu stellen. Danach war ich dran. Wowa verließ das Klassenzimmer. Ich vergaß ihn in diesem Moment, ich weiß nicht, vielleicht hat es ihn ja interessiert, und er hat durch das Schlüsselloch gesehen, wie ich antworte. Oder er hat mich vor lauter Freude ganz vergessen. Hat lieber seine Jungs gesucht. Er kann ja nicht ewig an mich denken.

So. Die zweite Prüfung hinter mich gebracht.

Heute bin ich den ganzen Tag auf der Bärenhaut gelegen. So hat sich meine Seele endlich ausgeruht. Hab noch drei Tage, das schaffe ich schon. So ist es immer bei mir, sobald ich mich ein bisschen entspanne, fällt es mir schwer, mich wieder zusammenzureißen. Und wie unbemerkt so ein Tag vergeht. Habe im Radio »Deutsche Balladen« gehört, ich mag Balladen wirklich sehr. Nach der Sendung habe ich mir Puschkin vorgenommen und alle seine Balladen hintereinander gelesen. Ist schon gut, dass es auf der Welt keine bösen Geister gibt. Die würden uns ja gar keine Ruhe lassen.

Jetzt ist es ungefähr zehn Uhr. Ich hatte Mama versprochen, um neun ins Bett zu gehen. Sie kann jede Minute heimkommen. Und dann ist es so, dass ich mein Wort nicht gehalten habe. Das wäre ein Schlag gegen mein Ehrgefühl. Außerdem schäme ich mich schlicht und einfach. Aber ich kann nicht aufhören. Bin so im Schreibfluss.

Ich habe beschlossen, mein Tagebuch nun ordentlich zu führen. Das ist auch für mich später interessant. O Gott, Aka kam ins Zimmer, und ich bin noch nicht im Bett. »Du hast es doch versprochen, dann musst du dich auch hinlegen.« »Ja, ja, ja«, antworte ich. »Gleich.« Aber in Wirlichkeit schreibe ich weiter (Aka ist rausgegangen). Ich will in meinem Tagebuch alle meine Erlebnisse beschreiben, alle, alle, so wie Petschorin* das gemacht hat. Es ist so spannend, sein Tagebuch zu lesen. Aber ich habe ja so ein Unrecht begangen. Ich schreibe in Mamas Notizbuch, da kann sie zornig werden. Ich werde sie schon irgendwie überreden können, und jetzt lege ich erst mal alles zurück an seinen Platz.

---

* Protagonist von Lermontows *Ein Held unserer Zeit.*

23/V

Zum Teufel noch mal, niemand hat mich geweckt. Bin um zehn Uhr aufgewacht. Hab schon wieder keine Morgengymnastik gemacht. Habe die Kindersendung »Amundsens Jugend« gehört. Was war er für ein hartnäckiger Mann! Er wollte etwas, und er hat es erreicht. Wenn ich ein Junge wäre, würde ich wahrscheinlich Roald Amundsen nacheifern wollen. Aber ich habe noch nie gelesen, dass ein Mädchen so an sich gearbeitet hätte. Und die Erste zu sein ist mir unheimlich.

Ich wünschte, dass Wowa davon träumen würde, ein Polarforscher, ein Entdecker, ein Bergsteiger zu sein. Aber ich glaube, er interessiert sich gar nicht dafür, verspürt nicht den Drang, sich seinen Hals in Gletscherspalten »zu brechen«. Wobei, ich sollte ihn mal danach fragen. Aber wann soll ich ihn fragen? Vielleicht fahre ich zu ihm, um ihn auf der Datscha zu besuchen, dann können wir miteinander reden. Über die neunte Klasse, über seine Zukunft, über meine. Wenn er, natürlich, mit mir reden will. Vielleicht irre ich mich ja, vielleicht gefalle ich ihm gar nicht. Nein, kann nicht sein. Zumindest ein bisschen, ein klitzekleines bisschen gefalle ich ihm.

Nun, ich sollte mich an die Bücher setzen. Deutsch pauken.

Ist schon zehn Uhr abends. Ich greife wieder zur Feder. Ich war bei Ljusja Karpowa. Habe die Prüfungsergebnisse erfahren. Wowa, Grischa, Mischa Iljaschew, Ljowa, Ljonja, Jana, Emma, Tamara, Ljusja, Beba, Soja, Rosa haben mit »sehr gut« bestanden. Dimka,

Mischa Zypkin mit »gut« und ein paar andere auch. Alle anderen – befriedigend: Kira, ich, Ljusja, Lida Klementjewa, Lida Solowjewa, Jasja Barkan …

Heute habe ich sehr wenig geschafft. Habe erst abends richtig angefangen. Habe vier Abschnitte gelernt. Ljusja und ich waren heute in einem kleinen Park spazieren. Da waren Massen von Schülern. Wie in einem Ameisenhaufen. Wika war nicht da.

Mir fehlt immer irgendetwas. Ich spüre eine Leere. Ich war mit Ljusja spazieren, war bei ihr, aber es ist irgendwie nicht das Wahre. Nein, Ljusja erfüllt mich nicht. Und sonst habe ich niemanden. Das fühle ich jetzt besonders, in den Tagen der Prüfungsvorbereitung. Ich lerne am besten zu zweit. Vor allem Deutsch. Ljusja will sich allein vorbereiten. Und überhaupt. Ljusja ergänzt mich nicht, das weiß ich schon lange. Ich beneide die anderen sehr. Emma lernt mit Tamara, Rosa mit Beba, Ljusja auch mit jemandem. Und die anderen Mädchen haben sich irgendwie eingerichtet. Unsere Jungs haben auch permanent Kontakt miteinander. Also, Wowka, der lernt allein, er will das selbst so, und wenn er genug vom Alleinsein hat, ist er gleich wieder von seinen Kameraden umgeben. Und nicht nur Wowka, die anderen genauso. Ich bin hingegen vollkommen allein, ich habe keine gute Freundin, keinen Kameraden.

Mama möchte manchmal, dass ich sie küsse, will mich herzen, aber ich laufe traurig herum, weil schwermütige Gedanken durch meinen Kopf schwirren. Dann möchte ich einfach weinen, schreien. Aber nach außen hin reiße ich mich zusammen, nur innen drin funktioniert das nicht. Die ganze Zeit habe ich das Gefühl, dass mir irgendetwas fehlt. Wenn Mama nicht zu Hause ist, will ich, dass sie heimkommt, wenn sie zu Hause ist, sehne ich mich danach, sie nicht sehen zu müssen, sie nicht hören zu müssen. Ich habe sie beide über. Mama und Aka.

Ich will neue Gesichter, neue Bekanntschaften, etwas Neues. Irgendwas. Aber es gibt nichts Neues – und ich kann nicht mehr. Ich will jetzt irgendwohin wegrennen, ganz, ganz weit weg, um niemanden hören und niemanden sehen zu müssen. Keinen einzigen Menschen. Nein. Ich gehe, ich will zu meiner allerbesten Freundin, die mich liebt, und ihr meinen ganzen Kummer erzählen. Alles, einfach alles. Dann würde es mir besser gehen.

Aber ich habe niemanden, ich bin einsam. Und ich kann das niemandem sagen. Mama kann ich es nicht sagen. Sie wird mich küssen, mich tätscheln, sagen: »Da kann man nichts machen.« Sie denkt, dass ich keine Freundinnen habe, weil ich besser bin als sie, weil sie alle schlechter sind als ich. Töricht, sie versteht vieles einfach nicht. Sehr vieles. Ich bin ganz gewöhnlich, ich unterscheide mich überhaupt nicht von ihnen. Vielleicht mache ich mir mehr Gedanken. Aber das ist kein Vorteil, das ist ein Laster. Dass ich die ganze Zeit nachdenke, noch wichtiger, dass ich jeden meiner Schritte analysiere, überdenke – ist das etwa kein Laster? Wenn ich zumindest etwas weniger nachdächte, wäre ich ohne Sorgen und das Leben einfacher.

Nun, ich sollte schlafen.

28. Mai

Habe die Deutschprüfung bestanden. Vollkommen problemlos. In unserer Klasse gab es dreizehn Mal »sehr gut«. Wowa hat ein »gut« bekommen. Weiß nicht, warum. Seine Antworten reichten gerade so für ein »unbefriedigend«. Und dabei hatte er eine ganz leichte Aufgabe. Morgen ist die Algebraprüfung. Bald, bald bin ich frei. Ich habe viele Pläne.

Wir fahren dieses Jahr nicht auf die Datscha. Kein Geld. Muss auch nicht sein, es ist sogar gut, ich habe schon lange keinen Sommer mehr in der Stadt verbracht. Ich werde auf jeden Fall arbeiten. Und mir neue Kleidung kaufen. Ich bin ja schon 16 Jahre alt, und ich habe nichts Anständiges, »Modisches« anzuziehen. Außerdem werde ich jeden Tag, vom 7. Juni an, Deutsch lernen, um in der neunten Klasse eine gute Schülerin zu sein und das Wort »leistungsschwach« nicht mehr zu hören. Außerdem ist es mir peinlich, in Chemie mit einem »befriedigend« mitzukommen. Ich habe so oft Anna Nikiforowna und ihre Adka ...* gesehen. Nein, ich muss in der neunten Klasse in Chemie ein »sehr gut« erreichen. In der neunten Klasse wird man in Chemie geprüft. Und ich muss das ganze Jahr lang brav Chemie lernen und die Prüfung mit einem »sehr gut« ablegen. Und dafür**

---

* Unleserliches Wort.

** Text bricht ab.

30. Mai

Das Wetter ist schön. Aber ich leide an Herzschmerzen. Heute hat Mama Geburtstag, aber wir haben nichts. Ja, wir hungern natürlich nicht, aber das ist kein großer Grund zur Freude. Wir leben die ganze Zeit von fremdem Geld. Mama leiht ständig Geld. Es ist schon peinlich, den anderen in der Wohnung* zu begegnen, allen schulden wir was. So haben wir noch nie gelebt.

Gestern hatten wir die Algebraprüfung. Wowa hat mit »gut« bestanden, ich mit »sehr gut«, Ljusja mit »befriedigend«. Von den anderen weiß ich nichts. Am 28. habe ich den ganzen Abend bei Wowka verbracht. Wir, Wowka, ich und Dima, haben Text- und Rechenaufgaben gelöst, aber noch mehr geschwatzt. Wowka kann das mit viel Scharfsinn. Unser Verhältnis ist jetzt besser als im Winter. Er grüßt mich nun immer wie einen guten Kameraden. Und das finde ich sehr angenehm. Und überhaupt, je mehr Zeit ich mit ihm verbringe beziehungsweise bei ihm, umso weniger denke ich an meine Liebe zu ihm. Aber sobald ich ihn lange nicht sehe, beginne ich wieder, ihn zu lieben. Diesen Sommer haben wir uns ja vorgenommen, ihn endlich mal einen Tag lang zu besuchen. Aber jetzt haben wir es uns anders überlegt, das ist überflüssig, unnötig, besser, ich sehe ihn den ganzen Sommer nicht. Und im Herbst, wenn wir uns wiedersehen, werde ich ihn wie einen alten Bekannten begrüßen und ihm damit noch näher kommen. Bevor

---

* Eine sowjetische Kommunalwohnung wurde von mehreren Familien bewohnt.

unsere Wege sich für den Sommer trennen, muss ich ihn unbedingt bitten, eine Großaufnahme von sich machen zu lassen, und im Herbst werde ich ihn, sobald wir uns wiedersehen, bitten, noch eine zu machen, das wird für ihn und für mich interessant sein, ist doch interessant, wie er sich während eines ganzen Sommers verändert. Außerdem hätte ich gerne noch ein Bild von Dimka, das hat er mir auch versprochen, und eines von Mischa Iljaschew, außerdem eins von Emma, Ljusja Iwanowa, Tamara Artemjewa und Beba, aber an diese Bilder heranzukommen ist schwieriger.

Morgen habe ich Geometrie. Und dann bleiben nur noch zwei Prüfungen. Anatomie und Physik. Vor Anatomie habe ich keine Angst, aber vor Physik habe ich große Angst. Für Physik habe ich nur zwei Tage. Das ist sehr wenig. Was auch schlecht ist: Zu Physik muss unsere Gruppe schon um neun Uhr früh da sein. Der Physiklehrer ist dann noch ausgeruht und sehr anspruchsvoll. Die zweite Gruppe hat es da besser. Er ist dann schon müde und döst vor sich hin. Da ist es einfach zu antworten.

Übrigens ist Wowka ein lieber Junge, wahrhaftig, ein lieber. Wenn er doch nur Klassensprecher der neunten Klasse wäre. Aber nein, das sind nur Träume. Er will jetzt wahrscheinlich nicht einmal daran denken. Na ja, muss er selber wissen.

Wo ich mich wie ein Fisch im Wasser fühle: In Wowkas Familie, immer, wenn ich bei ihnen gewesen bin, fühle ich mich so wach, so gut, und der Lebensfluss kommt mir vor wie ein Bächlein, das mir nur bis zu den Knien geht.

Als die Algebrakonsultation vorüber war, haben sich die Klassenkameraden um Wera Nikititschna versammelt. Wowa und die anderen Jungen standen am Fenster. Ich ging zur Tafel, lehnte mich an sie und rief Wowka, er drehte sich sofort um und kam zu mir, mit ihm auch Ljonja.

»Hast du Algebraaufgaben gelöst?«

»Nein, habe ich nicht, hab keine Lust.«

»Hör mal, lass uns ein paar lösen.«

»Ach Lena, ich habe so gar keine Lust.«

»Weißt du, Wowa«, sage ich, während ich die Tafel mit Kreide beschmiere, »ich habe völlig vergessen, wie man manche Aufgaben löst. Ich könnte morgen deswegen durchfallen.«

»Ach was, morgen bekommen wir bestimmt leichte Prüfungsaufgaben.«

»Nun wenn schon. Ich komme gleich mit zu dir. In Ordnung?«

Er nickte: »Ljonka, komm mit. Ich beherrsche diese künstlichen Methoden nicht. Wollen wir ein paar Aufgaben lösen?«

»Nein, Wowka, ich kann jetzt gar nicht …«

Die Jungs verließen die Schule gemeinsam. Ich ging neben Wowa und dann neben Janja. Ich sage: »Wowka, warum hast du so schlecht in Deutsch geantwortet?« Wowa hat nichts geantwortet. Janja an seiner Stelle: »Er hat doch gar nicht schlecht geantwortet. Er hat doch ein ›gut‹ bekommen.«

»Es geht doch nicht um die Note, er hat nicht besonders gut geantwortet.«

»Hast du denn gut geantwortet?«

»Das ist eine andere Frage. Ich spreche ja nicht von mir, sondern von Wowka.«

»Lenotschka, so würdest du nicht reden, wenn du ihn vor den Prüfungen erlebt hättest. Da war Wowka ein sterbender Hamlet.«

Bin gerade im kleinen Park gewesen. Unterwegs habe ich Gena Nikolajew getroffen. Wir haben uns Hallo gesagt. Ein wenig miteinander geplaudert. Aber ich war wie immer eine dumme Pute und bin auch eine geblieben. Ich hätte ihn so vieles fragen können. Stattdessen habe ich, dumme Pute, nur zwei, drei Worte mit ihm gewechselt und dann gleich: Auf Wiedersehen. Und er hat breit gelächelt und gefragt: »Und so insgesamt, wie geht es dir? Wie sind die Noten?«

Und ich dumme Pute habe ganz schnell eine Antwort heruntergerasselt. Zum Abschied habe ich ihm nicht einmal die Hand gegeben, bin im Laufschritt davon und habe mich nicht einmal umgedreht. Er aber hat sich wahrscheinlich umgedreht und sich gedacht: »Wie komisch sie ist.« Was für eine dumme Pute ich bin, einfach idiotisch. Da treffe ich Gena und kann kein nettes Gespräch führen. Also, wenn ich ihn noch einmal irgendwo treffe, werde ich mich für meine Verlegenheit entschuldigen und ihn nach seinem Leben, nach seinen Plänen für den Sommer fragen. Ich könnte ihn so viel fragen. Und ihn endlich um sein Foto bitten.

31. Mai

Heute ist der letzte Maitag. Morgen ist schon Juni – Sommer. Habe Geometrie mit »gut« bestanden. Ich habe aber auch Glück mit meinen Prüfungsaufgaben, ich ziehe immer die einfachen. Jetzt bleiben nur noch Anatomie und Physik.

Ehrlich gesagt, habe ich Geometrie nur drei Stunden lang gelernt. Zwei Stunden gestern und heute früh eine Stunde. Aber in Geometrie hätte man gar nicht durchfallen können. Lida Solowjewa hat gar nichts gewusst, nicht bei der ersten, nicht bei der zweiten Prüfungsaufgabe, und die haben ihr trotzdem ein »befriedigend« gegeben. Wäre ich an ihrer Stelle gewesen, hätte ich das irgendwie alles herleiten können. Sie konnte gar nichts herleiten.

Jetzt kann ich nicht mehr zu Wowka gehen – habe keinen Vorwand mehr. Peinlich wäre das. Ich würde ihm am liebsten sagen: »Weißt du, Wowa, schade, dass ich kein Junge bin. Dann würde ich dich oft besuchen kommen. In deiner Familie fühle ich mich sehr wohl. Wenn ich dich früher besuchen kam, hatte ich immer die Ausrede, dass wir zusammen Algebra oder Geometrie lernen. Ohne den Vorwand ist es mir irgendwie peinlich.« Aber ich habe Angst, dass er böse wird und sagt: »Du bist ja so ›klug‹. Für mich gibt es gar keinen Unterschied zwischen Jungs und Mädchen.« Oder etwas Ähnliches.

Na egal, ich fange mal mit Anatomielernen an.

2. Mai [Juni]

Habe Anatomie mit »sehr gut« bestanden. Fast alle haben mit »sehr gut« bestanden.

Heute ist fürchterliches Wetter. Erst Hagel und dann Schnee in großen Flocken. Kalter Wind fährt einem in Mark und Knochen. Von Zeit zu Zeit taucht die Sonne auf, um gleich wieder zu verschwinden.

Ich muss nur noch die Physikprüfung ablegen. Die Zeit verfliegt unbemerkt. Bald beginnt der Sommer. Viele Taten warten auf mich. Dieser Sommer darf nicht einen Deut dem letzten ähneln. Der letzte Sommer, das war verlorene Zeit. Dieser Sommer wird anders werden, da gebe ich mein Ehrenwort des Sowjetschülers drauf. Und das wird gar nicht schwer. Man darf sich nur für keine Minute gehen lassen. Es ist nämlich so, dass ein Schüler in der Prüfungszeit einen großen moralischen Aufschwung erlebt: Er erkennt, dass er lernen und in Prüfungen Aufgaben lösen muss, aber sobald dann die letzte Prüfung bestanden ist, fühlt der Schüler so eine Leere in sich, es kommt ihm vor, als sei alles vorbei, als liege eine Ödnis vor ihm. Und genau darauf fallen einige herein, sie geben auf, und … sofort geht alles den Bach runter. In den Straßen herumstromern, Kino, ein Buch pro Monat, Aufstehen um zehn Uhr, ins Bett gehen um zwölf Uhr. So vergeht der ganze Sommer. Gleichförmig fließen die Tage dahin, unerwartet schleicht sich der Tag des Schulbeginns heran.

Aber der Sommer kann ganz anders verlaufen, wenn man nicht aufgibt und die Faulheit überwindet. Faulheit, was ist Faulheit? Faulheit ist eine unwürdige Eigenschaft für einen Sowjetschüler. Also muss Faulheit unbedingt bekämpft werden.

Ich werde folgendermaßen leben.

Um sieben Uhr aufstehen. Radio hören und Morgengymnastik dazu machen.

Die erste Zeit. Ich werde mit Mama nach Puschkino fahren, dort arbeiten. In der Pause werde ich spazieren gehen. Um fünf Uhr werde ich dort wieder aufbrechen. Um sieben Uhr bin ich spätestens zu Hause. Von halb acht bis halb neun werde ich Deutsch lernen, dann Tee trinken, Radio hören oder lesen. Um halb elf gehe ich mich dann waschen, mache Gymnastik, und um elf Uhr gehe ich ins Bett, nachdem ich das Radio zur interessantesten Zeit ausgeschaltet habe.

Dann später, wenn Mama ihre Arbeit in Puschkino beendet hat und wir uns zusammen den Zeichnungen widmen, werde ich die Zeit folgendermaßen einteilen: Um sieben Uhr aufstehen. Radio und Morgengymnastik dazu. Um neun Uhr fange ich mit der Arbeit an. Um vier Uhr höre ich auf. Gehe spazieren. Wenn ich zurückkomme, trinke ich Tee. Eine Stunde lang lerne ich mit Aka Deutsch. Dann lesen, Radio hören.

4. Juni

Morgen ist die Physikprüfung. Ich bin in der ersten Gruppe dran. Folglich kann ich nicht auf den Vormittag zum Lernen hoffen, und ich lasse mich so sehr gehen, stelle meinen Kleinmut zur Schau. Ich schäme mich zuzugeben, dass ich mich nicht zusammenreißen kann. Ist doch die letzte Prüfung. Noch ein, ein letzter Kraftakt, und ich bin frei. Ich werde doch nicht zum Schluss aufgeben. Schlapp machen. Nein, nein, das darf nicht sein. Ich fange gleich zu lernen an, und wenn ich bis ein Uhr früh lernen muss, ich werde morgen bestehen. Denn wenn ich morgen nicht bestehe, ist es doch lächerlich, das würde bedeuten, dass ich meine letzten Kräfte umsonst mobilisiert habe.

Das ist doch die letzte Prüfung. Nimm den Rest deiner Kräfte zusammen, Lena, und morgen, morgen bist du schon frei. Frei, verstehst du, frei.

Ja, ich bin nicht kleinmütig. Ich werde Physik morgen bestehen!

5. Juni

Nun bin ich frei. Habe Physik mit »gut« bestanden. Nicht umsonst habe ich die ganze Nacht über dem Buch gesessen. Nun, vor mir liegt verdiente Freizeit. Die Ferien haben begonnen. Guten Tag, Freiheit.

6. Juni

Ich bin um zehn Uhr aufgewacht. Sie haben mich geschont und nicht geweckt. Aka brachte mir Tee ans Bett. Ich wollte gerade zum Trinken ansetzen, da klingelt es zweimal an der Tür. Mama machte auf. Höre Stimmen: die von Mama und eine männliche. In meinem Kopf blitzte der Gedanke auf, dass wahrscheinlich etwas für Mama abgegeben wurde, die Grundplatte für ein Bühnenbild oder etwas Ähnliches. Ich schaltete schnell das Licht aus, nahm die Brille ab und wickelte mich in die Decke ein. Mama sagt zu der Person: »Warten Sie einen Augenblick.« Dann kommt sie in mein Zimmer und sagt zu mir: »Wowa ist da, um Bücher abzuholen, darf er hereinkommen?«

»Wowa, natürlich soll er reinkommen.«

»Entschuldigen Sie, dass ich so früh erscheine, ich brauche die Bücher.«

»Mama, gib ihm die Bücher, die stehen hier auf dem Regal. Ich wollte ja auch zu dir kommen, dir die Bücher bringen.«

»Na, siehst du, da bin ich schneller gewesen«, sagte er und lachte zurückhaltend.

Mama wühlte im Regal.

»Wowa, das hat sie schon gelesen«, und sie zeigt ihm das Buch von Leviné*.

»Ach nein, ich brauche nicht *die* Bücher, ich brauche die Schulbücher.«

Da fiel es mir erst ein. Wowa war nämlich zum Verantwortlichen für die Rückgabe der Schulbücher an die Schule ernannt worden.

Mama fing an, die Bücher zusammenzupacken. »Wowa, setz dich doch«, wiederholte sie minütlich.

»Nein, das ist schon in Ordnung, ich bleib lieber stehen. Die anderen warten auf mich.«

---

* Eugen Leviné (1883–1919), deutscher Revolutionär russischer Herkunft.

Mama hat ihn dann noch gefragt, wohin er im Sommer fahren würde. Er sagte, dass er es noch nicht wisse.

»Wowa, fahren Sie doch mit uns an die Wolga. Sparen Sie dafür.«

»Woher soll ich denn so viel Geld nehmen?«

Und ich sage zu ihm: »Hör mal, Wowa, komm doch einfach irgendwann vorbei. Über die neunte Klasse plaudern, und überhaupt.«

Er antwortete nicht sofort. »Gut, ich komme irgendwann vorbei.«

Als er ging, sagte ich noch einmal: »Wowa, komm doch bitte einfach vorbei.« Er schwieg darauf.

»Du, Wowa, hast du etwa vor, alle zu Hause aufzusuchen und die Bücher einzusammeln?«

»Ja.«

»Und bei wem warst du schon?«

»Bei niemandem, ich hab mit dir angefangen.«

»Warum mit mir, was ist mit Rosa, Ljusja?«

Er fragte nach Ljusjas Telefonnummer, sagte, dass er zu Rosa gehe.

Später habe ich erfahren, dass er bei Rosa war und Ljusja nur angerufen hat.

Zu der Zeit, die Wowa mir genannt hatte, bin ich in die Schule gegangen, um das Geld abzuholen. In dem Klassenzimmer, in dem die Rückgabe der Bücher stattfand, stapelten sich Bücher vom Boden bis an die Decke. Da waren unsere Klassenkameraden. Wowa, Janja, Mischa Iljaschew, Asja, Tamara, Rosa, Ljusja Iwanowa.

Die Schule verließen wir alle gemeinsam. Erst die Mädchen: Rosa ist mit Tamara in die eine Richtung gegangen, dann ich und später die Jungs. Die Mädchen haben sich nicht von mir verabschiedet, als wären wir Fremde. Ich hatte mich schon ein paar Schritte von der Schule entfernt und konnte mich nicht umdrehen. Die Jungen kamen gerade in diesem Moment heraus, und Wowa verbeugte sich in meine Richtung, oder er verbeugte sich nicht richtig, sondern machte so eine Abschiedsgeste. Nein, wahrscheinlich kommt er nicht vorbei. Ich gehe ja auch nicht zu ihm. Am 9. bei der Klassenversammlung werden wir uns sehen, und ich werde ihn fragen, warum er nicht vorbeigekommen ist, und ihn zu mir einladen. Oder sollte ich das lieber nicht tun? Wir werden sehen.

7. Juni

Heute habe ich den Tag richtig begonnen. Um Viertel nach sieben aufgestanden, Radio gehört und dazu Gymnastik gemacht, mich gewaschen, die Haare gebürstet, das Bett gemacht, und dann bin ich in den kleinen Park gegangen. Da war noch keiner. Der böse Wärter war gerade dabei, den Park zu Ende zu fegen. Im Park ist es sehr schön. Die Vögel zwitschern, fliegen von Strauch zu Strauch.

Nach dem Park bin ich nach Hause gegangen und habe mir im Radio einen Bericht über U-Boot-Matrosen angehört. Was für eine schwierige und wichtige Ausbildung und welches spätere Leben unsere sowjetischen U-Boot-Matrosen doch haben. Sie lernen zum Beispiel, das Schiff im Dunkeln zu bedienen, tastend.

Das Leben des ganzen Bootes hängt von jedem einzelnen Besatzungsmitglied ab. Die Pflichten sind so verteilt, dass sogar der Schiffskoch nicht nur das Essen zubereitet, sondern auch beim Ruf »Alarm«* zu seinem Posten bei der Geschützbedienung rennen muss. Tag für Tag trainieren so die Soldaten mit ihren Kommandanten, und wenn Feinde uns angreifen – und das wird nicht ausbleiben, früher oder später wird es Krieg geben –, werden wir uns des Sieges absolut sicher sein können. Wir wissen, was wir beschützen, womit wir beschützen und wen wir beschützen.

Eines Tages haben Soldaten, Piloten und U-Boot-Matrosen ein kameradschaftliches Treffen organisiert. Und einander dabei von den jeweiligen Berufen erzählt. Die Flieger sagten, in die Tiefe bis auf den Meeresgrund zu sinken, nein, das sei gruselig. Was ganz anderes sei es, im Himmel zu fliegen. Die U-Boot-Matrosen hingegen antworteten: Über der Erde und über dem Meer zu fliegen, nein, das sei zu gruselig, was ganz anderes sei es, unter Wasser zu schweben – man schwimmt einfach wie ein Fisch.

Gestern habe ich zwei Lektüren für die neunte Klasse gekauft. Und als ich gesehen habe, wie umfangreich das Programm ist, beschloss ich, jetzt sofort mit dem Lesen zu beginnen. Habe mit Turgenjew angefangen, da ich ihn schon besitze.

Gerade lese ich »Rudin«**.

---

* Gemeint ist: Gefechtsbereitschaft.

** *Rudin* (1856), Roman von Iwan Turgenjew (1818–1883).

Hier sind Ausschnitte daraus:

»Es gibt nichts Bedrückenderes als das Bewusstsein, soeben eine Torheit begangen zu haben.«

»Denn das ist doch auch eine Art Berechnung. Es setzt sich einer die Maske der Gleichgültigkeit und Trägheit auf und meint vielleicht, jedermann werde denken: Wie viel gute Anlagen hat der Mensch doch in sich verkümmern lassen! Sieht man indessen genauer hin – so sind gar keine guten Anlagen vorhanden.«

»Verneinen Sie alles, und Sie können sich leicht den Ruf erwerben, ein kluger Kopf zu sein!«*

7. [8.] Juni

Heute habe ich mich spontan dazu entschlossen, Tamara anzurufen und zu besuchen. Auf dem Weg zu ihr dachte ich darüber nach, worüber ich mit ihr sprechen könnte. Aber alles ist gut gegangen. Tamara ist mir in vielem ähnlich. Ich habe zu wenig Zeit, um alles ausführlich zu berichten, es geht schon auf zwölf zu.

Ich werde nur so viel sagen, dass ich mit ihr viel über Wowa gesprochen und ihr vorgeschlagen habe: »Lass uns morgen zusammen zu Wowa gehen.« Ich hätte das außer Tamara niemandem vorgeschlagen. Denn Wowa mag unsere Mädels nicht besonders, aber Tamara ist eine Ausnahme, er hat ein sehr gutes Verhältnis zu ihr. Als ich Tamara den Vorschlag gemacht hatte, wusste ich gleich, dass sie mitkommen wird, auch wenn ich

* Übersetzung von Herbert Wotte, Peter Hammer Verlag 1969.

davon nicht mal zu träumen gewagt hatte, als ich auf dem Weg zu ihr war.

Erst sagte Tamara, dass es sehr unpassend sei, ihn ohne jeglichen Vorwand zu besuchen. Aber ich bemühte mich, sie davon zu überzeugen, dass Wowa ein sehr netter Junge ist, dass er zu Hause ganz anders ist und so weiter. Sie hat dann zugestimmt.

Wir sind uns einig, dass wir uns mit einer solchen Ungerechtigkeit nicht abfinden können, dass die Jungen und die Mädchen einander so fern sind, dass sie einander nicht zu Hause besuchen wie echte Freunde. Wir haben beschlossen, Wowa zu besuchen. Einen Vorwand haben wir auch schon gefunden. Tamara wird ihn nach irgendwelchen Büchern fragen, und ich bringe ihm seine zwei Bücher. Ja, das ist sehr spannend, wie das alles sein wird. Vielleicht wird sich uns eine neue Welt öffnen. Vielleicht freunden wir uns zu dritt an und lernen uns besser kennen. Das steht alles noch in den Sternen. Aber ich habe Mut gefasst. Ich spüre wieder neuen Drang, neue Hoffnungen, neue Träume. Vielleicht werden wir uns drei auch nicht näher anfreunden, aber wer weiß, vielleicht hilft es Tamara und mir, uns besser anzufreunden. Denn Tamara ist für mich genau das, was ich mir wünsche. Genau sie könnte mir eine wahre Freundin sein.

Ja, vor uns liegt noch viel Unbekanntes.

9. Juni

Heute haben sich Dinge ereignet, die ich nicht verschweigen kann. Ich werde versuchen, alles kurz zu schildern.

Nach der Klassenversammlung, die im Lehrerzimmer stattfand und bei der wir unsere Zeugnisse erhielten, beschlossen wir, nach Hause zu gehen. Unsere Jungs sind vor den Mädchen gegangen. Die Mädels sind irgendwo hängen geblieben, und ich beschloss, ohne sie, allein, nach Hause zu gehen. In der Garderobe traf ich unsere Jungs, sie waren schon angezogen und sind bald darauf gegangen, nachdem sie sich von mir und Tamara, die auch vorhatte, nach Hause zu gehen, verabschiedet hatten. Sie und ich zogen uns an und beschlossen, nach oben zu gehen und zu sehen, ob die Tanzveranstaltung schon angefangen hatte und was unsere Mädchen planten. Wir trafen sie auf der Treppe. Wir verließen die Schule, blieben am Eingang stehen. Emma sagt: »Ach, Mädels, ich will einfach nicht nach Hause gehen. Ich will tanzen.« Bald darauf äußerten alle Mädchen, und das waren nicht wenige, Tamara, Beba, Emma, Rosa, Soja, Nadja, Dysja, dass sie wahnsinnig gerne tanzen wollen, und zwar nicht in der Schule und auch nicht allein, sondern vielmehr bei jemandem in der Wohnung, mit Jungs. Daraufhin wurde geschimpft: verdammte Schufte, Schurken, Lümmel, es ging alles gegen die Jungs, sie sind abgehauen, und wir müssen hier leiden. Eine äußerte den Gedanken, dass die Jungen, wenn man ihnen jetzt sagte, dass wir tanzen wollten, ohne Widerrede zustimmen würden. Daraufhin schlug eine andere vor: »Mädels, lasst uns ihnen eine ordentliche Lehre erteilen.« Und sofort reifte ein Plan heran. Jemand von uns ruft entweder Dimka, Mischka oder Grischka an und sagt, dass wir eine brillante Idee haben, dass sie in fünf Minuten zur Schule kommen sollen. Wir werden uns währenddessen im Eingang des Hauses gegenüber der Schule verstecken und uns über sie kaputtlachen. Wir beschlossen, unser Komplott sofort in die Tat umzusetzen.

Wir machten uns auf den Weg zur Post, um von dort aus anzurufen. Auf der Post war viel Betrieb. Nadja und Soja sollten anrufen, und wir anderen warteten im Schatten eines Baugerüsts auf sie. Bald kamen sie zurück. Grischka und Mischka waren nicht zu Hause, Dimka hatte keine Lust zu reden und hatte aufgelegt. Also endete unser Plan in einem Desaster.

Wir standen lange herum und überlegten, was wir jetzt tun sollten. Da brauchten wir einmal unsere Jungs wie ein Durstender Wasser in der Wüste! Umsonst nahmen wir jeden vorbeilaufenden Burschen unter die Lupe, umsonst schauten wir uns um. Wir starben fast vor Enttäuschung, vor Wut, vor Kränkung, aber unsere Jungs dachten nicht einmal daran aufzutauchen. Wir fühlten uns wie die unglücklichsten Geschöpfe auf der Welt, und je länger wir schmachteten, umso mehr wuchs unser glühender Wunsch, sie zu sehen.

Also beschlossen wir, immer der Nase nach zu gehen und so lange zu laufen, bis wir ihnen begegnen würden. Dass sie irgendwo draußen unterwegs waren, dessen waren wir uns sicher. Mit einem Wort, wir beschlossen, eher zu sterben als sie gerade heute nicht zu finden. Wir machten uns eben auf den Weg, da rief plötzlich eines der Mädchen: »Da sind sie!« Alle drehten sich in die Richtung, in die Nadja zeigte, und erblickten sie, unsere heiß ersehnten Jungs. Sie entdeckten uns auch, blieben stehen, klatschten in die Hände und überquerten gemeinsam die Straße. Wir begannen ein Gespräch, und ich merkte sofort, dass die, die sich vor Kurzem noch danach verzehrt hatten, die Jungs zu sehen, plötzlich kalt und gleichgültig wurden. So hatten unsere Mädels das Gefühl, dass sie ihre Würde bewahrten. Wir redeten nicht lange miteinander. Bald gingen wir in verschiedene Richtungen auseinander. Aber sobald die Jungs sich ein ganzes Stück von uns entfernt hatten, mussten wir einsehen, dass wir eine Dummheit begangen hatten.

»Mädels, was machen wir nur? Warum sind wir auseinandergegangen? Wir wollen doch tanzen … mit ihnen.«

»Los, kommt!«

»Wohin?«

»Ihnen hinterher.«

»Los.«

Wir drehten alle um und liefen den Jungs hinterher. Immer schneller, schneller, und irgendwann rannten wir einfach. Wir waren uns selbst nicht im Klaren darüber, was wir taten und was wir von den Jungen wollten. Wir wollten sie einfach nur einholen, sie nicht wieder aus den Augen verlieren.

Die Entfernung zwischen ihnen und uns verringerte sich schnell. Wir kicherten hemmungslos. Die Entfernung wurde so klein, zehn Schritte vielleicht, dass die Jungs uns nicht überhören konnten, sie beschleunigten ihre Schritte, nachdem sie sich kurz umgedreht hatten. Da war die Post. Plötzlich bogen unsere Jungs in den Posteingang ein und verschwanden dort unter schallendem Gelächter. Wir liefen schnell an ihnen vorbei, bogen in die Rasjesschaja ein und gingen weiter, immer weiter. Wir erreichten Mischkas Haus, entschieden, dass wir endlich doch mal umdrehen müssen. »Mädels, wenn wir ihnen begegnen, tut so, als würden wir sie nicht bemerken.« Wir machten kehrt und gingen zurück. Als wir beim Haus von Wera Prokofjewa vorbeikamen, sahen wir, dass die Jungs uns auf der anderen Straßenseite entgegenkamen. Sie erblickten uns, verbeugten sich, und Mischa Iljaschew scharrte mit dem Fuß. Wir gingen noch ein Stück weiter und blieben stehen, wir schauten zu ihnen, sie blieben stehen, wechselten ein paar Worte miteinander, kicherten und schauten uns an. Dann gingen sie zu Kira Krutikow. Da erst sind wir Mädchen wieder zu uns gekommen. Was haben wir bloß getan, wir werden jetzt vor Scham vergehen, sie werden uns keine Ruhe lassen (aber es stellte sich heraus, dass unsere Jungen so gut erzogen waren, dass es am nächsten Tag keine einzige Anspielung gab, als wäre nichts gewesen).

Es begann ein erbitterter Kampf zwischen mir und den Mädchen. Ich habe die Jungen verteidigt, sie versuchten, sie zu entlarven. Nach und nach musste ich nachgeben. Die Schlacht haben sie gewonnen. Ich habe alles zugegeben, nur in einem Punkt bin ich nicht weich geworden. Ich habe nicht zugegeben, dass Wowa schlimmer sein sollte als alle Jungs zusammengenommen. Obwohl sie mich an dieser Front am meisten angegriffen haben, vor allem Rosa. Sie beschrieb mir Wowa so, dass ich nicht mehr wusste, was ich sagen sollte. »Selbstverliebt, überheblich, außer sich selbst hält er alle für unbedeutend! Zwingt alle, nach seiner Pfeife zu tanzen, schaut auf alle herab. Gibt den Ton bei allen Jungs an. Wer hat als Erster angefangen, den Mädchen den Hof zu machen? Wowka! Wer hat als Erster mit dem dummen Spiel angefangen zu fragen, wen liebst du, wer gefällt dir? Wowka! Wer hat als Erster mit der Unart angefangen, den Mädchen den Mantel zu reichen? Wowka. Und du, Lena, behauptest, dass er nett sei. Ja, ich bin mir sicher«, fuhr Rosa fort, »dass Wowka sich, als Mischa Iljaschew dich vor allen Jungs verspottete, nicht gerade zurückgehalten hat.«

»Denkst du«, fragte ich, »dass er mich auch verspottet hat?«

»Natürlich. Etwa nicht?«, antwortete Rosa überzeugt.

Ich schwieg, was soll ich mit ihr diskutieren. Sie ist sich der Richtigkeit ihrer Worte so sicher. Für mich ist es hingegen komisch, das zu hören, weil ich Wowa genau vor Augen habe, sowohl zu Hause als auch in der Schule, als auch auf der Feier … Das hat nichts miteinander zu tun.

Wowa weiß ja noch nicht einmal, dass die Jungs ihn bewundern. Er registriert das einfach nicht. Ihm scheint es, dass das so sein muss. Nein, nein, nein und noch einmal nein. Rosa lügt. Sie kennt ihn einfach nicht. Oder sie will ihn mir wegschnappen. Sie hat wahrscheinlich das Gefühl, dass er sich in mich verliebt und sie vergessen hat. Unsinn, das alles.

22. Juni 1941

Um 12 Uhr 15 lauschte das ganze Land der Ansprache des Genossen Molotow*.

Er teilte mit, dass deutsche Truppen heute um vier Uhr früh ohne Kriegserklärung unsere Westgrenze überschritten haben. Ihre Flugzeuge bombardierten Kiew, Schitomir, Odessa, Kaunas und andere Städte. 200 Menschen sind umgekommen.

Um fünf Uhr hat der deutsche Konsul im Namen seiner Regierung die Kriegserklärung überreicht, das heißt, dass Deutschland gegen uns Krieg führt. Also ist das Schlimmste, was man hätte erwarten können, eingetroffen.

Wir werden siegen, aber dieser Sieg wird nicht einfach sein, das ist nicht Finnland. Das wird ein wilder, erbitterter Krieg werden.

Wenn im gegenwärtigen Krieg noch keine chemischen Waffen benutzt worden sind, so wird beim Angriff auf uns zweifellos**

Es ist schon halb zwölf Uhr nachts, und noch immer kein Bericht von der Front.

Fast pausenlos werden im Radio Kriegslieder, Gedichte und Erklärungen über den Kriegszustand, über die Mobilisierung übertragen. Flugzeuge fliegen, kreisen über der Stadt, und auch wenn ich weiß, dass unsere

* Molotow (eigtl. Wjatscheslaw Skrjabin; 1890–1986) gehörte unter Josef Stalin (1879–1953) zum inneren Führungskreis der KPdSU.

** Text bricht ab.

sowjetischen Piloten hinter dem Steuer sitzen, ist mir trotzdem nicht ganz wohl.

Denn genauso werden die Motoren der feindlichen Bomber dröhnen. Das ist furchtbar. Es wird doch wohl ein Bericht kommen. Wenn wir wenigstens einen kleinen Sieg errungen hätten, dann würde darüber berichtet werden, aber wahrscheinlich gibt es noch keinen Sieg. Ja, dort an der Front wird gekämpft.

Die von draußen hereinkommen, berichten, dass auf den Straßen die Mobilisierten singend losmarschieren. Ihre Frauen, Kinder, Freundinnen verabschieden sie.

Wir werden siegen, Kameraden!

Um zwei Uhr nachts hat mich das schwermütige Heulen der Sirene geweckt. Mama und ich zogen uns schnell an und gingen in die Küche. Es war sehr still, Flugzeuge waren nicht zu hören. Dann hörten wir dumpfe Schläge aus der Ferne. Wir drückten uns aneinander und dachten: Bomben! Keine Flugzeuge zu hören, doch die Schläge kamen etwas näher, blieben aber dann in der gleichen Entfernung. Das ist unsere Flak. Wir horchten: Die Flak schoss, schoss erbittert. Draußen heulten die Sirenen, die Kanonade der Flak verstummte nicht, aber die Wolken zogen gleichmütig über den bleichen Himmel, und hier und dort funkelten die Sterne zwischen ihnen. Es war schrecklich. Nach einer halben Stunde wurde Entwarnung gegeben. Mama und ich legten uns ins Bett und schliefen ein, ohne uns auszuziehen.

23. Juni 1941

Morgens kam endlich der lang erwartete Bericht.

Um vier Uhr morgens am 22. Juni 1941 haben reguläre Truppen Hitlers unsere Grenze überschritten und begonnen, auf unser Gebiet vorzudringen. Starke deutsche Bomberverbände haben friedliche Städte und Dörfer unseres Landes bombardiert; aber schon um sechs Uhr morgens sind sie auf die regulären Einheiten der Roten Armee gestoßen. Im Verlauf des ganzen 22. Juni fanden erbitterte blutige Kämpfe statt, die die deutschen Truppen auf ganzer Länge der Front unter schweren Verlusten zum Rückzug zwangen. Nur an einigen Punkten konnten die Hitlerfaschisten vordringen und einige kleine Städte und Dörfer in 30–40 Kilometern Entfernung von der Grenze einnehmen.

Deutsche Bomber haben Städte und Dörfer unserer Heimat angegriffen, aber überall empfingen sie unsere Jagdflieger und das Feuer der Flak. 65 deutsche Bomber wurden insgesamt abgeschossen.

Das englische Oberkommando und General Churchill haben erklärt, dass sie alles Mögliche tun werden, um den Russen zu helfen, und ihnen helfen die USA. Hitler hat sich verrechnet, er denkt, dass er die Sowjetunion vor Beginn des Winters besiegen und dann mit Westeuropa endgültig abrechnen wird. Hitler glaubt, dass seine Feinde im Westen schwach geworden sind und ihn nicht daran hindern können, seine weiteren Pläne zu verwirklichen. Aber er hat sich verrechnet, wir werden den Feind Tag und Nacht mit vermehrter Kraft schlagen. Wir werden alles tun, um Russland zu helfen.

Wir werden alles tun, um die Menschheit aus der Tyrannei zu erretten.* Heute früh hat bei uns draußen und auf dem Dachboden die Arbeit begonnen. Draußen wird eilends ein Gasschutzraum gebaut, der den ganzen Keller in Anspruch nehmen wird. Auf dem Dachboden werden alle Trennwände und Verschläge herausgerissen. Sie sind ja aus Holz, und wenn durch Bomben ein Brand auf dem Dachboden entstünde, dann würden diese Verschläge bestes Brennmaterial abgeben.

Iwan Iwanowitsch ist vor Kurzem angekommen. Er hat die ganze Nacht mit 70 Untergebenen im Udelny-Park Gräben ausgehoben. Feindliche Flugzeuge hat er nicht gesehen: Sie flogen sehr hoch, damit das Feuer unserer Flak sie nicht erreichen konnte. Aber er hat ihr Brummen gehört, hat Flakfeuer gehört und gesehen. Von Bomben weiß er nichts. Der Hauswart hat anscheinend erzählt, dass eine andere Flugzeugstaffel sich durchgekämpft und Bomben auf die Fabrik »Bolschewik« abgeworfen hat. Ich weiß nicht, ob das stimmt, aber ich glaube nicht, dass der Hauswart falsche Gerüchte verbreiten würde; er ist besser informiert als wir.

Um die Wahrheit zu sagen, weder wir noch unsere Wohnung sind für einen Angriff gerüstet: Wir wissen nicht, wo die Sanitätsstelle ist, wo die Dekontaminationsstelle, wo der Luftschutzbunker, wo der Stab der Luftabwehr, was wir bei Sprengbomben zu tun haben, was bei Brandbomben. Ich weiß, dass man Sand streuen muss, aber

* Die vorangehenden Sätze sind offensichtlich eine Paraphrase der britischen Erklärung.

wir haben keinen Sand in der Wohnung. Ich glaube, man muss (so war es im Kino zu sehen) Papierpäckchen zusammenkleben, mit Sand füllen und sie an jeder Zimmertür und im Flur zu kleinen Haufen schichten.

Mama und ich waren auf dem Marsfeld. Da stehen in der Mitte sechs Flakgeschütze, dort sind auch die schweren Kisten mit den Geschossen aufgestapelt. An die Geschütze darf man nicht heran.

Erst heute hat die Stadt begonnen, sich zu verändern.

24. Juni

Die Nacht auf den 24. haben wir ruhig geschlafen. In dem runden Park in der Nähe der Tschernyschew-Brücke hat sich, gleich einem auf der Seite liegenden Fisch, ein silbriger Fesselballon in voller Länge niedergelassen. Seile halten ihn fest. Daneben liegt ein Haufen Gasflaschen. Im Park auf dem Ostrowskiplatz, im Park beim Palast der Pioniere, werden eilends tiefe Gräben ausgehoben, so tief, wie ein Mensch groß ist, und einen Meter breit. Unter den Arbeitenden sind viele Intelligenzler.

In fast allen Hinterhöfen ist Baumaterial aufgehäuft, werden Gasschutzunterstände gebaut. In viele Hinterhöfe wurde Sand gebracht.

Heute sollten wir um Punkt fünf in der Schule sein.

Ich war um fünf in der Schule, im blauen Saal. 60–69 waren da, die meisten Mädchen. Der Direktor erklärte uns kurz, dass unsere Kräfte gebraucht werden. Aus unserer Klasse waren Mischa Iljaschew, Janja, Wowa Kljatschko, Tamara, Bella Kazman, Galja Wirok, Lida Solowjewa und Soja Belkina da.

Wir, alle Anwesenden, wurden schnell in Brigaden eingeteilt. Zwei Brigaden mit Jungen, fünf Brigaden mit Mädchen. Unsere Anführerin wurde Maja Tschebotarjowa. Wir werden alle Aufträge des Stabs* ausführen.

Ich gehe schlafen. Man weiß nicht, wie heute die Nacht wird!

25. Juni

Die Nacht über blieb es ruhig. Am Tag gab es zweimal Fliegeralarm. Während des Fliegeralarms war ich mit den anderen Mädchen im Luftschutzkeller der Schule. Das kam so: Morgens hatte mich Maja angerufen und mich informiert, dass wir die Fenster in der Schule bekleben müssen. Also haben wir gearbeitet. Wir waren 20 Mädchen. Von uns waren da: Maja, Tamara, Lida Solowjewa, Nina Alexandrowa. Als der zweite Alarm vorbei war, ging ich nach Hause, ich sagte, wir würden singen, und dann käme ich zurück. Aber ich ging nicht mehr hin. Es gab nur noch wenig zu kleben, höchstens zwei bis drei Klassen. Da entschied ich, dass die anderen auch ohne mich zurechtkommen, und suchte mir eine andere, nützlichere Arbeit. Mit der Frauenbrigade unseres Hauses schleppte ich Bretter vom Dachboden

---

* Für die »innere Verteidigung« war die Stadt in Sektoren mit eigenen Kommandeuren und Stäben eingeteilt.

in den Keller. Wir arbeiteten 40 Minuten ohne Pause, bildeten eine Kette, arbeiteten sehr schnell. Dann ging ich mich erholen, und um sechs machte ich mich wieder an die Arbeit. Die Arbeit ist sehr schwer. Sie passt zu starken Kerlen. Aber wir Frauen kamen zurecht, schwere Bretter hoben wir zu zweit.

Um acht Uhr abends fand in der Schakt* eine Versammlung der Bewohner unseres Hauses statt. Nach dem Vortrag des Agitators des Raikom** wurden alle wichtigen Fragen besprochen. Meine Mama wurde Mitglied der Sanitätsgruppe unseres Hauses. In der Gruppe sind sechs Leute.

Morgen wird wieder ein harter Tag. Jetzt muss ich noch die Wohnung kontrollieren und dann schlafen gehen.

Wie wird die Nacht?

25. [26.] Juni

Morgens wurde ich in die Schule gerufen. Dort wurden wir in Gruppen eingeteilt. Ich wurde Mitglied der Feuerwehr. Dann schleppten wir Sand auf den Dachboden. Danach ging ich nach Hause, da ich völlig ent-

---

* Wohn- und Mietgenossenschaft, in deren Besitz sich das Wohnhaus befand. Die Bewohner waren Mitglieder der Genossenschaft. Diese Genossenschaften waren bereits 1937 abgeschafft, die Häuser in die Verwaltung der lokalen Sowjets übergeben worden. Die Bezeichnung blieb aber in Gebrauch.

** Parteikomitee des Stadtteils.

kräftet war. Wahrscheinlich habe ich mich gestern überanstrengt.

Jeden Tag um sechs Uhr morgens wird ein Bericht des Informbüro* gesendet. An der Front wird die ganze Zeit erbittert gekämpft. Wir sind in der Übermacht. Die deutschen Soldaten ziehen betrunken in den Kampf. Im Rücken der rumänischen Soldaten steht die faschistische Artillerie. Und doch gehen die feindlichen Soldaten bei erster Gelegenheit in unsere Gefangenschaft. Deutschlands wirtschaftliche Lage wird mit jedem Tag schlechter. Um ihre Armee und ihre Arbeiter in Deutschland selbst wenigstens irgendwie zu versorgen, pressen sie aus den von ihnen besetzten Ländern die letzten Lebensmittelvorräte heraus. In Holland, Belgien, Jugoslawien, Bulgarien, Frankreich, Rumänien, Norwegen, Dänemark und anderen Ländern wächst die Unzufriedenheit, staut sich der Hass gegen diese blutrünstigen Unmenschen an. Und trotz des fürchterlichen Terrors, und obwohl für jedes Wort, jedes verdächtige Lächeln Gefängnis, Tod durch Erschießen und Konzentrationslager drohen, trotz alledem äußern die versklavten Nationen immer öfter offen ihren Hass. Im Rücken haben die Deutschen einen gefährlicheren Feind als an der Front: die hungrigen, vom faschistischen Regime zum Äußersten getriebenen Volksmassen. Und die Faschisten wissen das sehr genau. Der Überfall auf die Sowjetunion – das ist der verzweifelte

* »Sowjetisches Informationsbüro«, Regierungsstelle, die von 1941 an die Bevölkerung über den Kriegsverlauf informierte.

Versuch eines Ertrinkenden, sich an irgendetwas festzuhalten, der verzweifelte Versuch eines Menschen, der zu ersticken droht, Luft zu holen.

Mit dem Überfall auf die Sowjetunion wollten die Faschisten, die irrtümlich glauben, ihre Armee sei unbesiegbar, ihre Wirtschaft in Ordnung bringen, indem sie die Ukraine, Weißrussland und andere Gebiete unserer Heimat besetzen. Aber die Feinde haben sich verrechnet, selbst wenn ihre Armee sehr viel besser bewaffnet wäre als unsere, selbst dann würden wir siegen, denn der faschistischen Armee fehlt die Einheit, ihre Soldaten werden mit Zwang in den Kampf getrieben, ihre Soldaten sind erschöpft, ihre Soldaten machen sich Sorgen um ihre Familien, ihre Soldaten wollen nicht gegen die Sowjetunion kämpfen. Nicht nur die einfachen Soldaten, sondern auch die faschistischen Flieger, Panzerfahrer und andere versuchen, in Gefangenschaft zu gehen. Die Kräfte dieser Leute, die physischen wie die moralischen, sind aufgezehrt.

In Luftkämpfen, bei denen zwei Flugzeuge neuester Bauart mit gleichen Flugeigenschaften aufeinandertreffen, siegt immer das Flugzeug, das von unserem Piloten gesteuert wird. Und zwar nur deshalb, weil die zerrütteten Nerven des feindlichen Fliegers als Erste versagen, und da reicht ein Moment der Unsicherheit, damit das Flugzeug die Luftherrschaft gewinnt, das der Pilot steuert, der nicht die Nerven verloren hat, und dieser Pilot ist fast immer der sowjetische Pilot, denn er verteidigt seine Heimat, seine Familie, seine Freunde, denn er glaubt an den Sieg und seine Kameraden, die, wie er sicher weiß, ihm in schwerer Stunde wie ein Mann zu Hilfe kommen. Der feindliche Flieger aber ist nicht überzeugt vom erfolgreichen Ausgang seines Kampfes, ist nicht überzeugt vom Sieg, ist sich seiner »Kameraden« nicht sicher, denn er weiß, dass im Moment der Gefahr jeder versuchen wird, nur sich selbst, sein Flugzeug, sein Leben zu retten. Er ist nicht vom Sieg überzeugt, da er der Angreifer ist und oft nicht weiß, warum.

28. Juni

Um vier Uhr hörten wir das Signal für Fliegeralarm. Wir haben uns also in den Keller begeben. Aber fast alle aus dem Haus sind nicht runtergegangen, sondern in ihrer Wohnung geblieben. Um fünf Uhr gab es Entwarnung. Wir sind auf die Straße hinausgegangen, ein breiter Strom greller schräger Sonnenstrahlen schoss hinter dem Glockenturm der Wladimirkirche hervor. Hell leuchteten in der Sonne die zahlreichen Fesselballons der Luftabwehr. Es war so schön, dass man nicht nach Hause gehen wollte. Eine Laststraßenbahn, vollgeladen mit Milchkanistern und Kisten mit Milchflaschen, fuhr vorbei. So wohl, so froh ist mir zumute. So ruhig bin ich.

1. Juli

Schon drei Tage dauert die Evakuierung der Kinder an. Jeden Morgen werden aus den Schakts, aus Kindergärten, aus Kindereinrichtungen Kinder zwischen einem und drei Jahren und auch Ältere in Bussen zum

Bahnhof gefahren. Die einen zum Witebsker Bahnhof, die anderen zum Oktoberbahnhof*. Für alle ist es sehr schwer. Für je 100 Kinder werden ein Betreuer und eine Kinderpflegerin mitgeschickt. Heute fahren Greta, Ira und Schenja. Reweka Grigorjewna hat Glück, sie fährt als Betreuerin mit. Bombenangriffe gab es schon seit zwei Tagen keine. Im Radio werden Kampfepisoden wiedergegeben, es wird über Wachsamkeit gesprochen, über den Kampf gegen Geschwätzigkeit, oft daran erinnert, dass die Stadt Leningrad im Kriegszustand ist, es wird erklärt, wie man sich im Falle eines Bombenangriffs zu verhalten hat, wie man Brandbomben und Brandplättchen** löscht.

In der ganzen Stadt wird der Bau von Luftschutzbunkern und Splittergräben vorangetrieben. Es ergehen Erlasse über den Pflichtarbeitsdienst, über die obligatorische Abgabe aller Funkgeräte durch die Bevölkerung, damit der Feind sie nicht verwenden kann. Und Feinde haben wir im Hinterland genug. Fallschirmjäger sind eine beliebte Truppengattung des Feindes. Er setzt sie in großer Anzahl ab, aber dank der Wachsamkeit der sowjetischen Bürger, Kolchosbauern, Arbeiter wird der Großteil von ihnen im Moment der Landung vernichtet. Die Übrigen werden von unseren Sondereinheiten des NKWD*** zusammen mit Werktätigen abgefangen.

---

* Heute Moskauer Bahnhof.

** Brandbomben in Form mit Phosphor beschichteter Zelluloidblätter.

*** *N*arodny *K*omissariat *W*nutrennych *D*el (Volkskommissariat für Innere Angelegenheiten), die sowjetische politische Geheimpolizei (1934–1946).

Aber viele sind noch nicht erwischt worden. Sie spazieren durch unsere Städte in Polizeiuniformen oder in Zivil. Die Aufgabe dieser Fallschirmdiversanten ist: relevante Informationen aufzutreiben, sehr wichtige Objekte in die Luft zu sprengen, Kolchosen anzuzünden, falsche Gerüchte zu verbreiten, Panik hervorzurufen, neue Agenten anzuwerben sowie Funkverbindungen, Telegrafen- und Telefonleitungen zu kappen.

Unter ihnen sind auch Frauen. Was diese Spione betrifft, so gehen in der Stadt verschiedene läppische Gerüchte um, wie zum Beispiel, dass vor Kurzem auf dem Newski-Prospekt zwei feindliche Flugzeuge gelandet seien …

Aber ganz darf man da die Augen nicht verschließen. Unter den von den Milizmitarbeitern Verhafteten waren nicht wenige »Fremde«.

An der Front dauert der erbitterte Kampf an. Jeder Soldat ist ein Held der Heimat. Der Feind ist heimtückisch und gerissen. Zum Beispiel haben deren Maschinengewehrschützen versucht, an unsere hinter einer Kuh versteckt heranzukriechen, hinter einer echten, gewöhnlichen Kuh. An einem anderen Ort hat sich der Feind hinter einer Gruppe von Soldaten versteckt, die als Frauen verkleidet waren. Unsere Soldaten reagieren darauf mit einer unglaublichen Tapferkeit, mit Heldentum. Der Feind kämpft nicht gerne offen, er geht listig vor, er stellt heimtückische Fallen.

Schon drei Ju 88-Besatzungen sind fahnenflüchtig geworden wie auch viele Soldaten. Und es werden weitere zu uns überlaufen.

2. Juni [Juli]

An allen Fronten werden erbitterte Kämpfe geführt. Unsere Verteidiger halten an vielen Orten mit unglaublicher Tapferkeit den Vormarsch des zahlenmäßig überlegenen Feindes auf oder schwächen diesen. Der Feind ist bis an die Zähne bewaffnet. Der Feind ist bestens ausgebildet und ausgestattet. Die faschistische Truppenführung nimmt keine Rücksicht auf mögliche Opfer, um ihre Ziele zu erreichen. Die Faschisten haben ihren Plan, ihre Taktik. Bislang ist es ein sehr gefährlicher Feind. Aber egal, was kommt, wir werden siegen.

Gerade eben sind Greta, Ira und Schenja gefahren. Ira und Schenja sind begeistert, weil etwas Außergewöhnliches geschieht.

Unsere Armee hat Lwow* aufgegeben.

5. Juli

Die Deutschen nähern sich Smolensk, obwohl sie große Verluste hinnehmen müssen. In Moskau und Leningrad wird ein Volksaufgebot rekrutiert. Vor Kurzem ist Stalin im Radio zu hören gewesen. Auf den Straßen sieht man Truppen von Freiwilligen.

Gestern war ich bei Wowa. Wie toll er doch wirkt, jung, gesund, lebensfroh. Er träumt davon, auf die Karelische Landenge überzusetzen. Macht pausenlos Witze. Wie sehr ich ihn liebe.

---

* Lemberg, ukrainisch Lwiw.

Habe heute drei Stunden lang (von zwölf bis drei) einen Frachtkahn mit Ziegelsteinen entladen. Das ist mein Arbeitsdienst. Ist nicht schwer, die Arbeit. Nur schade, dass ich kein Geld dafür bekomme.

Bald trete ich irgendwo eine richtige Arbeitsstelle an. Es ist an der Zeit. Ich muss Mama helfen.

Im Ausland wachsen der Hass auf den Faschismus und die Sympathie zu uns, zu meiner großen Heimat.

Ach, Wowka! Ich würde alles geben, um dich jeden Tag, die ganze Zeit zu sehen. Zeilen können nicht das Gefühl wiedergeben, das ich für ihn hege.

Worte können das nicht ausdrücken. Und ich würde es so gerne ausdrücken.

Nur das Herz kann es ausdrücken!!!! ...

11. Juli

In der letzten Tagen gab es elf Mal Fliegeralarm.

Am 7.: vier Fliegeralarme.

Am 8.: drei Fliegeralarme.

Am 10.: drei Fliegeralarme.

Am 11.: bislang ein Fliegeralarm.

Die Stadt verwandelt sich in ein Kriegslager. Autos mit Soldaten und Ausrüstung, mit Munition rasen sowohl in Richtung Newski-Prospekt als auch in die andere Richtung vorbei, Tankwagen mit Treibstoff sind unterwegs, Feldküchen, morgens Geschütze, Panzer, Panzerwagen. Sie sind alle so mit Zweigen und Ästen getarnt, dass die Soldaten in manchen Autos wie in einem echten Wald sitzen.

Am 9. habe ich vier Stunden lang Gräben auf dem Obwodnikanal ausgehoben.

17. Juli

Am 12. Juli sagte man mir, ich solle in die Schakt kommen. Mama ist hingegangen, um herauszufinden, was los war. Denn nach dem letzten Erlass haben Schüler mit der Schakt nichts mehr zu tun. Bald kam Mama sehr aufgeregt zurück.

»Nun, Lena, pack deine Sachen, ihr fahrt für drei Tage irgendwohin. Sie sagten, ihr sollt viel Brot, Zucker und anderen Proviant mitnehmen.«

Um zwölf Uhr ging ich zur Schakt. In der einen Hand meine Schultasche, in der anderen ein Paket mit Decke und Kissen. Außer mir hat die Schakt fünf Leute geschickt: zwei Mädchen – Alja und Soja, sie sind vor Kurzem 16 geworden – und drei Jungen: Jura Bekker, Petja und Achmed.

Wir sind alle zum Haus der Bäckereiindustrie auf der Prawdastraße gegangen, von dort aus sind wir zum Witebsker Bahnhof gelaufen und haben uns dort in den Zug gesetzt. Dieser Zug bestand aus Regionalzugwaggons. Ich setzte mich ans offene Fenster. Wir fuhren fünf Stunden und stiegen an der Station Tarkowitschi aus. Es war zehn Uhr abends. Die Sonne hatte sich hinter den Wald gesenkt. Uns wurde gesagt: Teilt euch in Brigaden auf, und lasst euch erst mal hier nieder, im Gebüsch. Macht kein Feuer, es kann jederzeit einen Luftangriff geben. Wir warteten nicht lange, verteilten uns auf die Büsche und begannen, einen kleinen Imbiss einzunehmen. Wir, das heißt, unsere Schakt verband sich mit einer anderen Schakt, und wir alle schlossen uns den Arbeitern der Glawtabak-Fabrik an. Es war schon dunkel, als wir wieder weitergingen. Es war schwer zu laufen, der Spaten störte sehr, ohne ihn hätte ich in jeder Hand ein Paket gehabt, und so nahm der Spaten allein eine Hand in Anspruch. Wir bewegten uns schnell (so wurden wir seltener von Mücken gestochen).

Nachdem wir eine große Arbeitersiedlung passiert hatten, durchquerten wir eine tiefe, schwierige Schlucht und erreichten die Gleise einer Eisenbahnlinie. Wir überquerten sie und drangen tiefer in den Wald ein. Der Weg, der sich schlängelte, führte mal nach oben, mal nach unten, und ein Ende dieser Qual war nicht abzusehen. Ein gemäßigter, aber ermüdender Bergaufstieg begann. Man schwankt vor Müdigkeit, die Beine versinken im lockeren Sand, die Leute laufen in kleinen Gruppen oder einzeln, geben sich beim Laufen Mühe, keinen Lärm zu machen, Stille ringsherum. Die Nerven sind bis zum Äußersten angespannt. Alle wissen über Luftlandetruppen Bescheid. Was, wenn sich in diesem Wald der Feind versteckt? Jederzeit kann ein Maschinengewehr losknattern, und die nächtliche Stille wird von Stöhnen und Schreien erschüttert. Wer soll uns denn hier helfen, in dieser Einöde?

Der Weg machte noch eine Kurve, und uns bot sich folgendes Bild: Wir standen am Kamm eines Hügels, der Hügel fiel leicht ab, in Richtung eines Flusses. Der breite, ruhige Wasserspiegel des Flusses glitzerte silbern im Mondschein. Plötzlich hörte man Motorenlärm, und aus dem Dunkeln tauchte die schwarze Silhouette eines Flugzeugs auf. Wir tauschten Blicke: Alle hatten dieselbe Frage, ist es eines der ihren oder eines von uns? Das Flugzeug flog direkt über dem Fluss, nicht besonders hoch. Wir bekamen es mit der Angst zu tun. Da flog es fast direkt über uns. Es war ein zweimotoriges Flugzeug, wie es aussah, ein leichter Bomber. Das Flugzeug begann sich zu entfernen. Plötzlich leuchteten auf seinen Tragflächen und auf seinem Seitenruder ein weißes und ein gelbes Lämpchen auf. Wir standen noch lange da und blickten diesen blinkenden Lichtern hinterher.

Der Motorenlärm verstummte, und wir schleppten uns weiter. Runter, rauf, nach links, nach rechts schlurfen wir den Weg entlang. Wir haben keine Kraft mehr zu laufen. Meinen Spaten hatte ich irgendjemandem gegeben. Wir befürchteten schon, dass wir absichtlich eine so weite Strecke zurücklegen mussten, damit wir unserer Kräfte beraubt und dann allein gelassen werden, als wir in der Ferne Umrisse von Holzhütten erblickten. Gleich befinden wir uns im Warmen, können heißen Tee trinken und uns schlafen legen. Aber unsere Hoffnungen waren umsonst. Wir erreichten nun die Hauptstraße des Dorfes. An den Zäunen, in den Höfen, überall lagen in Reih und Glied Menschen wie Leichen; wir begriffen, dass uns das gleiche Los erwartet. Uns wurde gesagt, dass es im Dorf keinen Platz für uns gebe, geht hinter das Dorf, dort könnt ihr euch schlafen legen. Wir gingen also durch das Dorf. Aber solange wir auch gingen, ein Ende des Dorfes war nicht in Sicht. Die Straße bog ab, und wieder sahen wir endlos viele Holzhütten, und überall lagen nebeneinander Menschen. Uns wurde gesagt, dass sich im Dorf bereits 8000 Leningrader befänden. Endlich die letzte Hütte, ein Schuppen, und das Dorf war zu Ende. Wir schleppten uns ein paar Schritte zur Seite und begannen, unsere Siebensachen auszupacken und es uns im Gras gemütlich zu machen, das Gras war nass, aber was soll man tun. Plötzlich sehe ich neben mir irgendetwas weiß schimmern. Stellt sich heraus, es ist ein altes Schindeldach, das auf dem Boden liegt. Auf dem Dach habe ich es mir auch gemütlich gemacht, es war immer noch trockener als im nassen Gras. Ich rollte mich mit dem Kopf in die Decke ein, streckte mich genüsslich aus und schlief ein. Habe wie ein Murmeltier geschlafen. Wache auf. Die Sonne war gerade aufgegangen. In seinen ersten Sonnenstrahlen funkelte das Gras in der Sonne, die Vögel zwitscherten aus voller Kehle. Bald darauf erfuhren wir, dass wir bis sechs Uhr abends frei haben.

Ich war in einem großen Dorf gelandet, das sich auf dem hohen Ufer des Flusses Oredesch befand. Das ist so ein schöner Ort. Ein kleiner Sandstrand. Wir badeten, sonnten uns. Wir erfuhren, dass es da kein Essen gibt, aber bald welches geliefert werden sollte.

Um sechs Uhr rief unser Vormann seine Brigade zusammen, und wir gingen zur Arbeit.

Gearbeitet haben wir von sechs Uhr abends bis sechs Uhr morgens. 50 Minuten Arbeit – 10 Minuten Pause, von zwölf bis eins Mittagspause.

Einmal in der Pause (das war um neun Uhr abends) hörte ich eine bekannte Jungen*

* Text bricht ab.

25. August

Ich bin wieder zu Hause. Bin gerade zurückgekommen.

Nelja Klenotschewskaja. Krasnoarmeiskaja ATS* 2-16-42.

Kira Samyschljajewa. Podolskaja, Haus 23, Whg. 20.

Witja Rochman: Krasnoarmeiskaja ATS 2-34-63.

Unsere Schule und andere Schulen haben unterhalb von Duderhof** Gräben ausgehoben.

Wir, ich, Natalja Alexejewna, Walja Korobkowa, Ljowa Libman, Jura Zerekowski und andere, sind um zwölf Uhr mit dem Zug in Duderhof angekommen. Auf dem Weg dorthin haben wir Tamara und ihre Mutter eingeholt. Endlich kamen wir in der Schule an. Eine Stunde später waren wir schon auf der Fernstraße. So begann mein Leben im Dorf Li-Li-Demjagi***. Das ist ein kleines finnisches Dorf, das auf einem der Hügel liegt – rundherum leben Finnen. Ich habe genau 18 Tage in diesem Dorf gelebt. In der ersten Zeit war dort alles ruhig. Wir sind immer um sieben Uhr aufgestanden, und um acht Uhr waren wir schon auf der Fernstraße. In den Pausen gingen wir zu einem riesi-

* Ortsvermittlungsstelle im Leningrader Telefonnetz.

** Russisch Dudergof, heute Moschaiski, in der zu Sankt Petersburg gehörenden Stadt Krasnoje Selo.

*** Finnischer Name nicht zu ermitteln.

gen Heuschober und legten uns dort in den Schatten. Um zwölf Uhr brachte uns der Diensthabende Mittagessen. Danach arbeiteten wir bis sechs Uhr abends weiter. Um Viertel nach sechs waren wir bereits zu Hause. Unsere Schule, in der wir hausten, war von Weitem gut zu sehen. Dieses einigermaßen große einstöckige Haus stand genau am Hügelkamm. Vor dem Haus befand sich eine enge Baugrube, die von allen Seiten mit kleinen, leicht abfallenden Erhebungen umsäumt war. In der Mitte durchquerte ein Feldweg die Baugrube. Von der Fernstraße bis zum Haus war es nicht mehr als ein halber Kilometer. Das Schulgebäude bestand aus zwei Klassenzimmern, einem Flur und einen Vorraum. Erst war es folgendermaßen: ein Zimmer für die Mädchen, eins für die Jungen. Die erste Zeit lebten in unserem Zimmer Mädchen aus der Schule Nr. 15, im Zimmer nebenan irgendwelche fremden Jungen. Von den Mädchen aus der Schule Nr. 15 mochte ich am meisten zwei: Soja und Walja. Soja ist schon 16, aber sie sieht aus wie 13–14. So ein kindliches, unschuldiges Gesicht. Klein, schlank, zwei hellbraune Zöpfe. Ein sehr hübsches Gesicht hat Soja. Ovale Gesichtsform, hohe Stirn, graue Augen, Augenbrauen wie Pfeile, eine schöne Nase und ein etwas breiter, nicht so schöner Mund. Dieser Mund verlieh dem Gesicht so einen unschuldigen, unberührten, ein wenig traurigen Ausdruck.

Walja ist ein großes Mädchen, gut gebaut, dünn, mit hochgeschnittenen dunkelbraunen Haaren und lachenden, schelmischen braunen Augen. Ein breites Gesicht mit hervorstehenden Wangenknochen, die Augen schielen leicht.

Das Gesicht ist keineswegs hübsch, aber hat irgendwie einen anziehenden, vielversprechenden Ausdruck. Eines Abends haben wir uns alle versammelt, und sie erzählten uns von ihren Liebesabenteuern. Stellt sich heraus, dass Soja gar nicht der unschuldige Säugling ist, der sie beim ersten Anblick zu sein scheint, sondern sogar im Gegenteil eine ziemlich »verdorbene« Göre ist. Sie erzählte, dass sie in ihrem Leben von vielen Jungs geliebt worden ist und dass sie im Scherz auch geliebt hat und dass sie dreimal geküsst worden ist. Auf die Stirn, in den Nacken und auf die Wange.

»Also letztes Jahr war ich auf der Krim im Sanatorium«, erzählte Soja, »und da hat sich ein Junge in mich verliebt, Serjoscha hieß er, der hat mich vielleicht geliebt, so sehr hat er mich geliebt, einfach unbeschreiblich. Ich habe mich auch in ihn verliebt. Dann wurde ich einmal krank und wurde deshalb auf die Isolierstation verlegt. Und dieser Serjoscha wich mir einfach nicht von der Seite. Ich hatte hohes Fieber. Ich lag da halb besinnungslos, und immer, wenn ich die Augen öffnete, saß er auf einem Stuhl neben mir so traurig, in seinem weißen Kittel, und schaute mich so zärtlich an …«

Soja schloss für einen Moment die Augen, dann drehte sie sich verärgert weg.

»Und wisst ihr, Mädels, ein andermal war es mir so peinlich, einfach schrecklich, ich musste zum Beispiel mal wohin, und das war so peinlich …« Soja lächelte verlegen.

»Und später … ich war schon gesund, und im Sanatorium wohnten die Mädchen in einem anderen Haus als die Jungs, also einmal, da war ich im Zimmer. Plötzlich rufen mich die Mädchen: ›Soja, komm her, Serjoscha will dich sprechen.‹ Ich rannte auf die Veranda, und er kam mir entgegen. ›Ich bin gekommen, um mich von dir zu verabschieden, Soja. Ich muss jetzt fahren. Noch einmal werden wir uns wahrscheinlich nicht sehen. Leb wohl!‹ Er schwieg einen Moment, dann griff er plötzlich mit seinen Händen an die Schläfen, drückte mich stürmisch an sich und küsste mich auf die Stirn. Wisst ihr, Mädels, er drückte mich und küsste mich so zärtlich, so liebevoll. Und dann drehte er sich plötzlich um und rannte davon. Ich habe ihn nie wiedergesehen …«

Ein paar Tage später sind diese Mädchen wieder weggefahren. Daraufhin kamen für drei Tage Wowa, Mischa, Janja und Kira Krutikow. Ich habe sie wenig gesehen. Ich habe es nie geschafft, mal mit Wowa zu reden. Ich war feige, habe mich nicht getraut, selbst auf sie zuzugehen, und sie sind nicht auf mich zugegangen. Also waren Wowa und ich wie Fremde. Vor seiner Abfahrt traf ich Wowa im Flur und bat ihn, bei uns zu Hause vorbeizugehen und ausführlich zu erzählen, wie ich hier lebe, und Mama eine Postkarte von mir zu übergeben. Da blitzte wieder mein guter, treuer Kamerad vor mir auf. Wir tauschten einen kräftigen Händedruck aus, er wünschte mir alles Gute und fuhr dann. Ich ging zur Fernstraße, und abends, als ich zurückkam und mein Zimmer betrat, erkannte ich nichts wieder: Das Zimmer war voll mit kräftigen Jungs, im Übrigen rauchten die alle noch, und es war so ein Lärm, einfach schrecklich.

So begann meine Bekanntschaft mit der Schule Nr. 15. Sie sind zu sechzehnt gekommen: ein Lehrer, 13 Jungs und zwei Mädchen. Eines der Mädchen entpuppte sich als meine alte Bekannte. Nelja Klenotschewskaja ging früher in unsere Schule, in unsere Klasse, dann zog sie um, und jetzt geht sie in die Schule Nr. 15. Das andere Mädchen war ihre Freundin Kira Samyschljajewa. Und bereits an diesem Abend fiel mir, obwohl es total dunkel war, nachdem ich mich umgeschaut und umgehört hatte, ein Junge auf, der sehr unter den anderen hervorstach.

Seine Freunde sahen wie siebzehn-, achtzehnjährige Jungs aus, sie hatten alle tiefe Stimmen, während er, er hieß Andrei, durchschnittlich groß war, kleiner als alle anderen, eine übermutige, jungenhafte Art und eine hohe Jungenstimme hatte. Andrei erinnerte an einen Jungen, der nicht älter als fünfzehn sein konnte. Ich dachte noch, dass das Gesetz über die Mobilisierung von Fünfzehnjährigen für Spezialdienste vielleicht in Kraft tritt.

Die Jungs begannen einer nach dem anderen zu rauchen. Andrei saß auf seinem Platz und wechselte manchmal ein Wort mit seinem Nachbarn. Ich dachte: Gut, dass wenigstens dieser Junge nicht raucht. Und genau in diesem Moment stand Andrei auf, zog aus seiner Manteltasche einen flachen Gegenstand heraus, steckte eine Zigarette in den Mund, zündete flink ein Streichholz an seiner Schuhsohle an, steckte die Zigarette an. In diesem Moment sah ich zum ersten Mal sein Gesicht, er gefiel mir sehr.

»Andrjucha, wirf mir mal die Streichhölzer her!« Er warf sie, durchquerte leicht watschelnd das Zimmer Richtung Tür.

»Ach!«

»Zum Teufel, du hättest mich verbrühen können!«

»Ach! Wie heißen Sie denn, Sie wundervolle Schönheit?«

»Wirst du später erfahren, du siehst doch, ich bringe gerade heißes Wasser.«

So geschah die Bekanntschaft von Andrei und Walja Korobkowa. Nachdem sie Tee getrunken hatten, gingen alle Jungen hinaus. Wir Mädchen wollten schon zu Bett gehen, als zwei das Zimmer betraten: Andrei und Sorja. Sie kamen rein und zündeten sich Zigaretten an.

»Jungs, hört bitte auf, im Zimmer zu rauchen, es ist stickig«, bat Walja.

»Darf ich mich erkundigen, wer da piepst?«, sprach Sorja.

»Nicht piepst, sondern spricht, erniedrige mich nicht«, antwortete Walja.

Jemand machte einen Schritt auf Walja zu, beugte sich zu ihr, zündete ein Streichholz direkt vor ihrer Nase an und beleuchtete ihr Gesicht.

Walja pustete und blies es aus.

»Ach, die ist das also«, sagte Andrei.

Dann zündete er ein Streichholz vor meiner Nase an.

Ich: »Hinter mir schlafen unsere Mädels.«

»Andrei, Blödmann, warum verschwendest du Streichhölzer! Mach es aus!«

»Wir lernen gerade die jungen Damen hier kennen«, antwortete Sorka.

»Ein schönes Kennenlernen ist das. Verzeiht ihm, ihr Mädels. Er ist ein weit bekannter Flegel.«

»Und du, Saschka, komm runter«, antwortete Andrei. »Jetzt ist alles gut, sonst hätten wir ja nicht gewusst, wer die Mädels hier sind. Sie hätten uns im Schlaf erstechen können.«

Jemand kam lärmend ins Zimmer gestürmt.

»Ich sage dir doch, du Sch... Ich sage dir, diese Stadt haben wir zurückerobert.«

»Ruhe im Karton, Damen im Anmarsch.« Andreis Stimme. »Leise, Jungs, hört wenigstens zu streiten auf, Damen sind anwesend.«

»Die Mädels schlafen bestimmt schon wie ein Stein.«

»Mädels, ihr schlaft nicht, oder?«

Stille.

»Mä-dels! Schlaf ihr?«

Wir schwiegen. Ein Streichholz wurde angezündet, erleuchtete den Raum.

»Sie schlafen.«

So lebten wir also. Lustig. Laut. Ausgelassen.

Am nächsten Tag blieben Walja und Andrei zurück, um Stubendienst zu machen. Als alle zurückkamen, hatten sie auch schon heißes Wasser aufgesetzt, und das Zimmer war aufgeräumt und das Geschirr abgespült. Alle lobten die Diensthabenden um die Wette.

Andrei sagte: »Meine Walka ist nicht nur ein Mädchen, sie ist ein Goldstück.«

»So eine Frau zu haben – richtig appetitlich!«

»Heiraten, heiraten sollen sie!«, riefen alle.

»Aber klar, Leute, da gibt es keine Widerrede. Der Bräutigam ist bereit.«

»Haben Sie die Zustimmung der Braut erhalten?«

»Auch das noch, die Bräute muss man fragen.« Andreis Stimme.

»Ach was, Jungs. Sie weiß vor Freude nicht, was sie sagen soll.«

Walka hielt sich die sie bedrängenden Jungs vom Leib, so gut es ihr möglich war.

»Zum Teufel sollt ihr alle gehen. Seid ihr jetzt alle verrückt geworden, oder was?«

»Geht alle weg von ihr«, befahl Andrei. »Ihr wisst nicht, wie man mit Frauen umzugehen hat. Frauen brauchen eine besondere Annäherung.«

Walja schüttelt sich vor Lachen. Alle anderen auch.

»Walja ist ein kluges Mädchen, nicht, dass ihr was Falsches denkt«, sagte Andrei und wandte sich an Walja, nahm sie an der Hand. »Du bist jetzt meine Frau für die Ewigkeit. Ja? Ja?«

»Ja! Ja! Ja! Ja! Lasst mich nur in Ruhe. Ihr macht mich fertig.«

»Sie hat angenommen. Sie hat angenommen«, kreischten alle. »Herzlichen Glückwunsch, Andrjuscha, zu der neuen Eroberung.«

Andrei lacht: »Danke, danke, lasst es euch nur schmecken!«

Die Jungs stolperten aus dem Raum. Walja ließ sich auf die Decke fallen. Errötet, lachend, mit glücklichen Augen schaute sie sich unter uns Mädchen um.

»Diese Teufel. Die machen mich regelrecht fertig.«

Dann drehte sie sich um und blieb mit dem Rücken zu uns liegen; das Gesicht hatte sie in die Kissen vergraben.

An der Türschwelle ist Andrei aufgetaucht.

»Walka, komm schnell. Ohne dich klappt nichts.«

Walja rührt sich nicht einmal.

Andrei geht zu ihr. Walja hat ihr Gesicht mit den Händen verdeckt. Andrei schaut sie an, hockt sich hin.

»Walja, du, was ist mit dir?«

Er rutscht näher zu ihr. Ich höre sein Flüstern.

»Walja, was ist mit dir, bist du gekränkt? Waletschka, wir haben doch nur Witze gemacht. Haben wir dich gekränkt? Ja? Walja? Antworte. Verzeih uns, wir waren zu grob. Verzeihst du uns? Wir machen so was nicht mehr.«

»Andrei, lass mich in Ruhe!«

Andrei richtete sich sofort auf, stand in voller Größe da.

»Oh, du Elende! Du kannst mir gestohlen bleiben. Sie bockt, nicht mal einen Spaß darf man mit ihr machen.«

Andrei geht zur Tür.

»Walja, ich frage zum letzten Mal, kommst du uns helfen?«

Walja hob blitzschnell den Kopf.

»Wobei braucht ihr denn Hilfe?«

Andrei besorgt: »Ach, weißt du, wir wollen Kaffee kochen.«

»Ach, das ist doch ein Kinderspiel. Könnt ihr das nicht?«

»Wir doch nicht«, antwortete Andrei.

»Nichtskönner seid ihr.«

Walja sprang schnell auf.

»Warum nicht gleich so. Da ziert sie sich, ich kann's nicht leiden, wenn Mädchen sich zieren…« Und mit einem Grinsen fügt er hinzu: »Und das soll meine Ehefrau sein.«

»Also das mit der Ehefrau würde ich an deiner Stelle nicht herumposaunen.«

Sie lief weg.

Andrei nahm eine Tasse vom Fensterbrett und ging auch, vor sich hin singend: »Heiraten werden wir beide, meine Teuerste!«

Ich habe fast die gesamte Freizeit mit Tamara verbracht. Wir kletterten gern auf den Hügel, auf den gegenüber der Schule, da sangen wir dann alle Lieder, die uns in den Kopf kamen. Oder grübelten darüber nach, was Liebe ist oder wie man mit anderen Worten den Begriff Naivität umschreiben kann.

Einmal lag ich nach der Arbeit am Abhang des Hügels und dachte über verschiedene Dinge und Menschen nach. Es war gegen sieben Uhr. Das Wetter war schön, lau, die Sonne wärmte mich. In meiner Fantasie zogen an mir Gesichter von Menschen vorbei, die ich irgendwann einmal gekannt hatte. Plötzlich glaubte ich ganz deutlich die Worte zu hören: »Heiraten werden wir beide, meine Teuerste!« Ich stellte mir vor, dass Andrei in voller Größe vor mir stand. Mit einem furchtlosen, fast dreisten Gesichtsausdruck. Schlank, schön, eine gelockte Haarsträhne fällt ihm in die hohe Stirn. Mein Gott, warum sieht Wowka ihm nicht ähnlich, und sogleich tauchte Wowka in meiner Vorstellung auf. Da war er: groß, schlank, so gut. Warum liebt er mich nicht, so sehr wünsche ich mir, dass er mich so lieben würde wie Serjoscha Soja. Bin doch nicht schlechter als Soja.

In der Theatervorstellung sitzen wir nebeneinander. Wir sehen »Das Glas Wasser«*. Ich blicke verstohlen zu ihm. Da sitzt er ganz nah bei mir, so vertraut und so fremd, ich will so sehr meine Hand auf seine legen. Aber er nimmt mich gar nicht wahr. Er ist von den Geschehnissen auf der Bühne gefesselt.

Da ist er mit einer abgetragenen Kappe auf den wirren Haaren. Er liegt auf dem Bauch, das Gesicht auf die Hände gestützt, und blickt nachdenklich irgendwohin. Und der Zug rast immer weiter. Die großen Güterwaggons poltern. Wir fahren in die Stadt. Ich finde es schön, auf einer der oberen hölzernen Liegen auf der Seite zu liegen. Hinter meinem Nachbarn liegt Wowka, neben ihm schläft Mischa Iljaschew.

Da dreht er sich zu mir. Und sein nachdenklicher Gesichtsausdruck verwandelt sich in ein Lächeln. Ein glückliches, kindliches Lächeln. Er sagt nichts zu mir, er schaut mich an und lächelt breit, freundschaftlich. So kann nur ein Kamerad lächeln, der seinem Freund zeigen will, was gerade in seiner Seele vorgeht. Ich blickte in seine glücklichen, leuchtenden Augen und lächelte ebenso glücklich. Selten war Wowa in einem solchen Gemütszustand wie jetzt gerade. Noch eine Weile schauen wir uns an, und der eine versteht den anderen ohne Worte.

Da steht er an der Straßenecke mit seinen Freunden. Komplett in Weiß steht er da und lutscht ein »Eskimo«-Eis. So ruhig, so gleichgültig allem gegenüber, als könnte ihn nichts auf der Welt berühren.

---

* *Le Verre d'eau*, Komödie (1840) von Eugène Scribe (1791–1861).

Und da ist das ehemalige Büro des Schulleiters. Ich stehe am Ofen, Wowa sitzt auf dem Sofa neben meiner Mama. Und wir schauen einander an, und er lächelt wieder dieses Lächeln, das ich schon kenne, und ich weiß nicht, was er damit ausdrücken will. Entweder ist er wieder glücklich, oder er freut sich, eine »alte Bekannte« zu sehen, oder über etwas anderes …

Flugzeuglärm unterbricht meine Grübeleien. Ich kehre zur Wirklichkeit zurück. Vom Hügel steigen die Schüler aus der Schule Nr. 15 in lauten Scharen hinunter. Sie singen irgendein Lied, wiederholen dabei die ganze Zeit »Stampf, staaampf!«. Sie sind auf dem Weg zum Fuß des Hügels, auf dem ich sitze. Jetzt kann ich den Text dieses Liedes hören. Ein derbes, anzügliches Lied. Man könnte denken, hier haben sich Raufbolde von der ehemaligen Ligowka* versammelt. Danach stimmten sie ein anderes Lied an. Schon besser. Es hat mir sogar gefallen. Folgende Zeilen habe ich mir gemerkt:

Gleit dahin, unser Gaunerboot! Ha ha!
Wo trägt dich die Strömung hin?
So ist das Leben der Diebe! Ha ha!
Niemand vergeht darin.

Wir haben kein Dach, stattdessen ein Boot! Ha ha!
Mit ihm trägt uns die Strömung dahin.
Geld, Mädchen und Wodka! Ha ha!
Davor haben wir Respekt immerhin!

---

* Vor der Revolution und in den ersten Jahren der Sowjetunion war das Viertel um die Ligowskajastraße herum (heute Ligowski-Prospekt) eines der »schlechten« Viertel.

Alle waren dabei: Saschka, Sorka, Andrei, Schenka, Nader, Igor, Ljowka.

Übrigens, da wir von Nader sprechen. Nader ist kein Spitzname, es ist tatsächlich sein echter Name. Er heißt Nader, und sein Nachname ist Awschar. Von der Nationalität her ist er Perser. Er sieht aus wie 18, sogar 19, aber es stellte sich heraus, dass er erst vor Kurzem 16 geworden ist. Er ist groß, muskulös, gut gebaut. Ein dunkelhäutiges, knochiges Gesicht mit einer großen östlichen Nase, auf der ein kleiner Höcker zu sehen ist. Schwarze östliche Augen, schwarze lockige Haare. Nader trägt fast immer eine Kappe, und sie steht ihm sehr, bei niemandem sieht sie so gut aus. Überhaupt ist Nader ein sehr hübscher Kerl. Er sieht einem Spanier sehr ähnlich. Von Nelja erfuhr ich übrigens später, sie gehen in dieselbe Klasse, dass Nader ein ausgesprochen netter, ehrlicher Junge ist. Manchmal geht er grob mit Freunden um. Aber das ist nur manchmal.

Ich hörte Schreie, die Jungs gingen auseinander, eine Schlägerei begann. Sorka und Schenka sind aneinandergeraten. Zwei Worte über Sorka. Groß, schlank, ein ziemlich hübscher Jude. Ein Flegel höchsten Grades. Vollkommen abgebrüht. Er ist unverschämt und dreist im Umgang mit Mädchen. Wenn er spricht, kommt alles, was er sagen will, wie aus der Pistole geschossen.

Ich mag seinen dreisten, schnellen, durchdringenden Blick und seine vollen Lippen nicht. Dieser Sorka brachte dann irgendwann aus der Stadt sein Koffergrammofon mit und spielte den ganzen Abend lang eine Schallplatte nach der anderen. Als Jazzliebhaber war er hin und her gerissen von all diesen Sängerinnen, von all diesen Klawdija Schulschenkos und Edit Utjossowas*. Er liebt es, sich vor den Mädchen aufzuführen, und stößt sie mit seiner Dreistigkeit ab.

Sie kämpften erbittert miteinander. Weder der eine noch der andere gab nach. Sie rollten sich schon lange auf dem Boden hin und her, wälzten sich von einer Seite auf die andere. Als Sieger ging Schenka hervor.

Übrigens, Schenka. Ein gewöhnlicher Junge. Nichts Besonderes. Ein ziemlich angenehmes Gesicht. Eine Stupsnase. Fröhlich, flink. Spielte sich gern vor den Mädchen auf, tanzte ausgezeichnet, nach dem Tanzen machte er einen Kratzfuß, blies gekonnt Rauchkringel in die Luft. Trug eine blaue Kappe.

Nun fingen alle an zu schreien, Radau zu machen. Später gab Schenka Sorka die Hand, half ihm hoch. Andrei rollte in dieser Zeit von irgendwoher einen alten Reifen heran. Die Jungs spielten nun Fußball. Andrei war Torwart. Der andere Torwart war Sorka. Andrei lief hinkend zur Seite, zog seine Hose aus, und ich sah, dass sein linkes Bein verbunden war.

Andrei stellte sich neben den Reifen und rief mit seiner hellen Stimme: »Hej! Was macht ihr da? Der Torwart macht sich Sorgen«, und begann, einen nervösen Torwart nachzuahmen, das konnte er richtig gut. Er spreizte die Beine, krümmte sich und sprang hin und her, wobei er den Kopf nach vorne streckte.

---

* Klawdija Schulschenko (1906–1984) und Edit Utjossowa (1915–1982) gehörten jahrzehntelang zu den beliebtesten sowjetischen Sängerinnen.

Das Spiel begann. Sorka erwies sich als ein schlechter Torwart, er hielt keinen einzigen Ball. Dafür war Andrjuscha richtig gut. Er hat keinen einzigen Ball durchgelassen. Klein, flink, rollte er sich unter die Füße der Spieler, fing den Ball ab und jagte ihn vor sich her, während er sich jedes Mal flink zur Seite wand, wenn jemand ihm ein Bein stellte. Aber geflucht hat er auch ganz schön. Mit seiner hellen Stimme stieß er am häufigsten Flüche hervor. Ich hatte das Zuschauen satt und ging.

Am Abend desselben Tages holte ich Milch. Und da laufe ich mit einer Milchflasche in der Hand zurück, und mir kommen zwei entgegen, die sich miteinander unterhalten. Ich machte einen Schritt zur Seite, um sie vorbeizulassen, schaute genau hin, und wer war es? Andrjuscha Hand in Hand mit Walja Korobkowa. Er war elegant gekleidet, hatte die Hose nicht in die Stiefel gesteckt und trug eine schöne Wollstrickjacke. Walja mit einer neuen weißen Mütze, über den Schultern Andrjuschas Mantel. Sie sind gleich groß, sie laufen nebeneinander, Andrei erzählt ihr gemächlich etwas. Er ist so ruhig, still. Kaum zu glauben, dass es derselbe Andrei ist, der noch vor Kurzem einen Fußball vor sich her gekickt und geflucht hat wie sonst was. Der Neid stach mich wie mit einer scharfen Nadel, ich blickte den zwei Figuren, die sich gerade entfernten, noch einmal nach und schlenderte nach Hause. Als ich mich der Schule näherte, war es schon ganz dunkel. Aber es war noch nicht zehn. Walja und Andrei kamen nach elf zurück. Als fast alle schon schliefen. Erst kam mir das alles komisch vor. Und dann habe ich mich daran gewöhnt.

Walja und Andrei gingen danach jeden Abend spazieren. Und manchmal kamen sie sehr spät zurück. Ich hörte auf, sie zu beneiden. Sie sind ja beide 18, und ich bin erst 16. Meine Zeit wird noch kommen, ich werde noch genug spazieren gehen.

Obwohl jetzt zum Beispiel Soja, sie ist erst 16, und die geht auch schon mit Jungs spazieren und küsst sie.

Das ist doch das, was man will in meinem Alter, so spazieren zu gehen, dass die gleichaltrigen Mädels neidisch werden.

Ach, was soll das.

Als wir noch kein Grammofon hatten, haben die Jungs für uns jeden Abend Konzerte mit ihrem eigenen Jazz veranstaltet. Sie haben alle ziemlich gut und harmonisch mit ihren Bassstimmen gesungen, nur Andrjuscha tat sich mit seiner hohen, weichen Stimme unter allen hervor. Die Musik haben sie mit den Stimmen gemacht, gejault, mit der Zunge geschnalzt, wie Hähne geschrien, und das haben sie richtig gut gemacht. Ihre Lieblingslieder waren »Tanjuscha« und »Im Kaukasus gibt es einen Berg«. Hier sind sie:

In die schöne Tamara hat sich Karapet verliebt,
Doch die Schöne sich mit ihm nicht abgibt.

(Weiter singt Andrei ziemlich ähnlich, wie Tamara auch singt.)

Lass mich in Ruhe, du alter Karapet!
Ich habe einen Mann, der heißt Achmed!
Sollte er deine Worte hören,
Wirst du deinen Kopf verlieren!

(Alle):

Im Kaukasus steht ein Berg. Sehr groß ist er.
Unter ihm, da fließt die Kura. Trüb kommt sie daher.
Klettert man auf den Berg und stürzt man sich hinunter,
So gibt man dann den Löffel wahrscheinlich auch schon ab.

– – –

Nichts weiß ich,
Nichts will ich wissen,
Nur eins weiß ich,
Dich werde ich immer lieben.
Meine Liebe, gib es zu,
Weißt du das denn auch,
Wie es ist zu leiden,
Voller Schmetterlinge im Bauch?

(Und mit noch größerem Elan:)

Ich leide den ganzen Tag,
Nachts liege ich wach,
Nichts weiß ich,
Alles liegt brach.
Nur dein Lächeln
Kann ich nicht vergessen,
Und jetzt weiß ich nicht,
Wie ich je ohne dich gewesen.*

---

* Beide Lieder für die deutsche Ausgabe gekürzt.

An manchen Abenden versammelten sich die jungen Leute vor der Schule. Es ging lustig und laut zu. Sorkas Grammofon läuft. Aber ich will das alles nicht. Ich entferne mich von diesem Lärm. Gehe am Pfad entlang den Hügel hinunter. In der Ferne ebben die Jazzlaute, das Geschrei, das Lachen ab.

Hier, am Fuße des Hügels, ist es ganz still. Ich schaue mich um, was für ein wunderbarer Abend, große Sterne blicken auf mich herab. Was für ein wunderbar warmer und stiller Abend. Ein leichter, warmer Windhauch bewegt mein Haar. Mein Herz füllt sich langsam mit Traurigkeit. Ich beginne, mich selbst zu bemitleiden. Ich setze mich auf das warme Heu und grüble, grüble. Traurige Gedanken tauchen auf. Hier sitze ich nun allein, und niemanden kümmert das. Alle haben ihre Sorgen, ihren Kummer und ihre Freuden. Andrei und Walja gehen gerade irgendwo spazieren. Walja ist glücklich. Warum habe ich kein Glück? Warum? Tamara schläft jetzt wahrscheinlich, die Glückliche. Ja, sie denkt wahrscheinlich noch nicht einmal über solche Dummheiten nach. Aber vielleicht denkt sie ja genauso darüber nach, wer weiß.

Und warum ist jetzt niemand bei mir? An so einem schönen Abend! Es ist richtig ärgerlich. So ein schöner Abend, verschwendet. Ich will nicht allein sein, aber ich will auch keinen Lärm. Ich wäre so gerne mit jemandem zusammen, den ich liebe und der mich liebt. Aber mich liebt niemand. Ich liebe. Aber was bringt es, dass ich ihn liebe. Nur vergebliche Leiden. Denn er liebt mich ja nicht und weiß noch nicht einmal, dass ich ihn liebe. Wozu sollte ich ihm das zeigen, wenn ich weiß, dass er das nicht erwidern kann. Ja, schade, dass mein sechzehntes Jahr so öde verläuft. Ja, natürlich wird mich später irgendjemand lieben. Aber was soll ich mit später. Später kommt auf jeden Fall. Aber ich will jetzt geliebt werden, genau jetzt. Solange ich sechzehn bin. Ich will spüren, dass mich jemand liebt.

Wie trist ist es, an einem solchen Abend allein zu sein. Und Wowa schläft wahrscheinlich, in Leningrad, oder nein, er hält Wache auf dem Dachboden. Aber er ist mir egal. Sollen sie verdammt sein, diese gefühllosen Jungs.

Ich kehre langsam zur Schule zurück. Bleibe am Grammofon stehen. Von der Schallplatte erklingen Tangoklänge. Andrei sammelt die Schallplatten ein. Der Tango ist zu Ende. Andrei will das Grammofon zumachen.

Mädchen kommen gelaufen: »Andrei, noch eine!«

»Nein, Mädels, für heute reicht es. Gutes in kleiner Dosierung.«

»Andrjuscha, nur noch die Rückseite.«

Er holt eine Schallplatte hervor.

»Andrei, welche ist das?«

»Tanzt, Mädels! Der letzte Walzer!«

Walzerklänge erklingen. Andrei fordert eines der neben ihm stehenden Mädchen auf. Da, er umfasst sie flink an der Taille und führt sie mühelos und behutsam, schaukelt sie hin und her, dann wirbelt er sie im Kreis, wirbelt sie schnell, gekonnt, so schön … Die Schallplatte ist zu Ende. Andrei bedankt sich bei seiner Partnerin, geht zum Grammofon, nimmt die Schallplatte herunter, legt sie in die Kiste.

»Andrei, eine letzte. Das kostet dich doch keine Mühe.«

Andrei zieht die Kurbel heraus: »Nein, Mädels, heute bleibe ich unerbittlich.«

»Es ist doch noch nicht mal elf.«

»Trotzdem, Mädels, wir müssen alle ins Bett. Solchen kleinen Kindern wie euch tut es nicht gut, so spätabends noch auf zu sein.«

29. August

Heute hat mir Mama Lena eine furchtbare Wahrheit offenbart. Heute hat sie sich getraut, mir zu sagen, dass meine Mama nicht mehr lebt*. Ich glaube es noch nicht. In mein Bewusstsein ist es noch nicht eingedrungen. Aber ich spüre schon, wie die Leere der Einsamkeit mich lahmzulegen beginnt. Worte können nicht wiedergeben, wie sehr wir einander geliebt haben. Nur die leibliche Mutter und ihre Tochter können sich so sehr lieben.

Mein klarer Stern, der du bist!
Mein Blümchen in der Wiese!
Das so schön ist,
Mein Vöglein aus dem Paradiese.
Es gibt keine Worte dafür,

* Lenas Mutter Marija Nikolajewna Muchina war lange schwer krank; deshalb lebte Lena bei ihrer Tante Jelena Nikolajewna Bernazkaja, der Schwester ihrer Mutter, die sie Mama Lena nannte.

Wie lieb Lenusja ist,
Kein Mädchen auf dieser Welt hier
Ist besser als Lenusja mein.

Mir zittert die Hand. Das Herz flattert in der Brust. Sie ist schon am 1. Juli von uns gegangen.

– – –

Am 1. Juli 1941, während des blutigen Krieges gegen die Deutschen, bist du in deinem 44. Lebensjahr von uns gegangen, und ich weiß noch nicht einmal die Einzelheiten über deinen Tod.

Meine Mama, meine geliebte, teuerste Mama. Du bist nicht mehr unter den Lebenden. Wie kann ich das überleben? Es bricht mir das Herz. Da ist er, der erste Schlag, den mir das Schicksal schickt. Ich zittere am ganzen Körper. Ich habe Angst. Ich muss sofort zu Tamara gehen.

Ich will zu Wowa gehen. Ich will nicht zu Hause bleiben. Alles ekelt mich an.

– – –

Die Deutschen haben Dnjepropetrowsk eingenommen. Man sagt, sie nähern sich Gatschina. In unserer Stadt werden Bunker gebaut. Leningrad verwandelt sich in eine Festung.

Wie sehr wünsche ich mir, einen geliebten Menschen zu haben, damit wir uns in dieser schrecklichen Zeit einander schwören könnten, dass wir, wenn wir am Leben bleiben, in einigen Jahren unser Leben für die Ewigkeit aneinander binden werden.

Oh, was für ein Kummer! Wie weh das tut. Nun, da meine liebste Mama nicht mehr auf der Welt ist, möchte ich so sehr geliebt werden.

Wie weh das tut. Ich zittere am ganzen Körper. Da ist er, der erste Schicksalsschlag. Ich bin erst 16 Jahre alt, und ich habe bereits den ersten Schicksalsschlag erlitten. Was hat das Schicksal noch für mich vorgesehen? Ich weiß es nicht.

Tausende Menschen kommen an der Front ums Leben, und unter ihnen sind 16-jährige Jungen, so alt wie ich.

Seit heute bin ich nach dem neuen Erlass von Woroschilow* vom Arbeitsdienst befreit. Weil ich 16 bin, und nach dem neuen Erlass werden junge Frauen erst ab 18 zum Arbeitsdienst eingezogen, junge Männer ab 16. Heute kam Tamara mich besuchen, wir hatten es schön miteinander. Sie hat mir viel Interessantes erzählt. Später habe ich die Geschichte »Der Hund« von Turgenjew** vorgelesen.

Nun einige Erinnerungen an Vergangenes:

Einmal stürmte abends jemand in unser Zimmer und rief: »Leute, schaut mal, da brennen Flugzeuge!«

Wir sind natürlich alle hinausgerannt. Wir sahen, dass vor uns auf dem Feld drei gigantische Feuer loderten und dicker schwarzer Rauch aufstieg. Da brannten tatsächlich drei Flugzeuge. Wie sich später heraus-

* Kliment Woroschilow (1881–1969), sowjetischer Marschall, 1941–45 Mitglied des Staatlichen Verteidigungskomitees.

** *Sobaka* (1866), Erzählung von Iwan Turgenjew.

stellte, war eins davon eines unserer Jagdflugzeuge und die anderen beiden deutsche Bomber. Die ganze Nacht brannten diese drei ungewöhnlichen Feuer. Und auch morgens noch qualmten ihre Überreste leicht. Mit unserer Ruhe war es vorbei. Aber schon vier Tage später hatten wir uns an alles gewöhnt: Über unseren Köpfen tobten Luftkämpfe, wie irrsinnig kreisten über uns Flugzeuge, in unterschiedlicher Tonlage knatterten die Maschinengewehrsalven. Über unseren Köpfen flogen Flakgranaten pfeifend vorbei, und wir sahen, wie sie in der Höhe explodierten: erst ein feuriger Blitz und dann eine leichte weiße Wolke, die einem geöffneten Fallschirm sehr ähnlich sieht. Danach löst sich diese Wolke langsam auf. Alle Flakgeschütze hören sich anders an: Die einen donnern, die anderen röhren, die dritten knallen. Manchmal findet ein so lautes Flakkonzert statt, dass man direkt Angst bekommt. Das Donnern und Krachen ist ohrenbetäubend und wird von einem neuen Laut durchdrungen, einem hohen, schrillen Pfeifen, es pfeifen die Granaten. Bumm, bumm – pfft. Krach, bumm – pfft. Kawumm, bumm, kawumm – pfft.

Zu alldem gesellte sich das kaum hörbare, aber stetige und unheilverkündende Brummen feindlicher Flugzeuge. Sie sind kaum zu sehen, diese feindlichen Flugzeuge. Normalerweise sind es kleine weiße Punkte am klaren blauen Himmel und schwarze Punkte vor dem Hintergrund der Wolken. Da sind sie, die Feinde, neun Stück. Die Flak schießt wütend, aber sie fliegen, sie fliegen zielstrebig, sie fliegen unbeirrt, sie fliegen dorthin, wo im blauen Dunst mein teures Leningrad liegt. Werden die Flakgeschütze sie etwa nicht erreichen? Aber nein. Da teilt sich die Neunergruppe in kleinere Gruppen auf. Sie biegen seitwärts ab, sie steigen noch höher, sie verstecken sich hinter den Wolken, sie fliegen in die Sonne. Plötzlich bleibt eines zurück, man hört es genau: Der Motor hat Aussetzer, das Flugzeug fliegt immer tiefer. Er ist von Lichtblitzen der Explosionen umgeben, nach ihnen bilden sich sofort weiße Wolken. Plötzlich erscheint hinter dem Flugzeug eine graue Wolke. Sie folgt ihm unaufhaltsam.

»Es brennt, schaut nur, es brennt!«, ruft jemand neben mir.

»Wo?«

»Da, siehst du, die graue Wolke hinter ihm?«

»Ja, sehe ich. Heißt das, es brennt?«

»Ja, klar.«

Ich richte meinen Blick wieder auf das sterbende Flugzeug. Es sinkt, auch wenn nicht sehr schnell, aber es sinkt. Die graue Wolke wird größer. Gleich wird es hinter dem Hügel verschwinden. Aber was ist das? Es kippt zur Seite und stürzt fast senkrecht ab.

»Fertig«, sagte jemand.

– – –

Jetzt werde ich eine Begebenheit aus lange zurückliegender Zeit schildern. Als ich mit der Schakt zur Tarkowitschi-Station fuhr, habe ich dort drei Tage lang gearbeitet. Wir haben von sechs Uhr abends bis sechs Uhr morgens geschuftet. Was für eine Qual das war. Am Ende war ich völlig entkräftet. Meine Kräfte reichten gerade so, um mich nach Hause zu schleppen. Wir konnten uns kaum auf den Beinen halten, uns war schwindlig. Den ganzen Tag lagen wir dann bis sechs Uhr abends auf bloßen Brettern völlig kraftlos. Wir waren so geschafft, dass die Zeit nicht ausreichte, um Kraft für die neue Arbeitsschicht zu schöpfen. Wie sollte man auch Kraft schöpfen? Wir bekamen ja kaum etwas zu essen. Am ersten Tag haben wir gar nichts erhalten. Am zweiten Tag hat jeder von uns 100 g Brot bekommen und etwa um drei Uhr herum eine Schüssel Weizenbrei. Aber was war das für ein Brei! Obwohl ich sehr hungrig war, habe ich ihn kaum hinunterschlucken können und musste mir große Mühe geben, mich nicht zu erbrechen.

Am selben Tag kam ein Lastkahn mit Lebensmitteln bei uns an. Und um fünf Uhr haben wir 50 g Wurst und 100 g Käse und Brot pro Person bekommen. Auf dem Lastkahn wurden auch Piroggen mit Fleischfüllung verkauft, Konservendosen »Erbsen mit Fleisch« und eine riesige Menge Limonadeflaschen. Aber das war alles nur für Geld zu haben.

Der vierte Tag meiner Erdarbeiten war angebrochen. Sobald wir von der Arbeit zurückkamen, legte ich mich auf die Bretter, wickelte mich in die Decke ein, und eine Minute später schlief ich bereits tief und fest.

Später erwachte ich halb und hörte leise Stimmen: »Der Vorarbeiter hat darum gebeten, eine Liste der 16-Jährigen zu erstellen. Wahrscheinlich sollen sie nach Hause geschickt werden.«

Eine Frau sagte: »Ja, das wäre richtig. Sie sind völlig am Ende, die Armen.«

Als ich das hörte, wachte ich endgültig auf und stützte mich auf die Ellbogen. Soja war schon dabei, eine Liste zusammenzustellen, in die ich auch eingetragen wurde. Erst befürchtete ich, dass ich träume. Ich traute meinen Ohren nicht. Ich hatte solche Angst, dass sie es sich anders überlegen könnten und uns nicht nach Hause schicken. Alle blickten neidisch auf uns.

»Mädels, ihr habt so viel Glück, ihr dürft fahren«, hörten wir unentwegt.

Besonders ärgerte sich ein 17-jähriges Mädchen: »Herrgott, warum bin ich nicht 16?«

»Ihr Lieben«, sprach eine Frau, »wann werden wir Leningrad wiedersehen? Vielleicht werden wir es nie wiedersehen.«

Ich lag da und grübelte. Hat sich das Schicksal etwa meiner erbarmt? Werde ich dieser Hölle tatsächlich entrinnen können?

Der Vorarbeiter kam, nie werde ich ihn vergessen, er war ein so wunderbarer Mensch, jedenfalls kam er zu uns und sagte, es ging schon auf sechs zu: »Ihr Mädchen, packt eure Sachen und geht mit dieser Liste zum Stab, ich komme später nach. Und wir«, wandte er sich an die anderen, »gehen jetzt arbeiten, Genossen.«

»Wann dürfen wir denn fahren?«

»Das weiß ich nicht, nichts weiß ich, Genossen. Ich weiß nur, je schneller wir mit der Arbeit fertig sind, desto schneller werden wir fahren dürfen.«

Wir packten rasch unsere Sachen zusammen und verabschiedeten uns von allen. Es ist schwer zu beschreiben, wie sehr wir beneidet wurden.

Wir gingen zur Stabsstelle. Da gab es schon einen Menschenauflauf. Es stellte sich heraus, dass es alles Kranke waren. Wir machten es uns an der Seite gemütlich. Bald darauf rückten uns Zigeuner auf die Pelle. Dann verschwanden sie alle wieder, aber eine Zigeunerin, ein Mädchen in unserem Alter, kam zu uns und bot uns an, uns wahrzusagen. Wir lehnten ab. Aber es blieb so hartnäckig, dass wir uns schließlich einverstanden erklärten. Sie las allen aus Zucker die Zukunft. Ich ließ mich auch dazu verleiten.

»Dir ist Folgendes vorbestimmt, meine gnädiges Fräulein, meine Teuerste. Du wirst in naher Zukunft deinen König wiedersehen. Und diese Begegnung wird unerwartet und unverhofft sein, und dadurch wirst du in deinem Herzen eine unsägliche Freude empfinden.«

Sie sprach schnell, im Singsang, blickte mal zu mir, mal in den Spiegel.

»Und vor dir liegt noch ein glücklicher Weg. Dich wird auf diesem Weg eine riesengroße Freude durch deinen geliebten blonden König erwarten.«

»Woher weißt du denn«, fragte ich, »dass mein König blond und nicht dunkelhaarig ist?«

»Das, mein gnädiges Fräulein, meine Liebe, meine Teuerste, zeigt mein Spiegel.«

»Ach, du lügst doch wie gedruckt«, sagte jemand. »Das ist doch ein gewöhnlicher Spiegel, den du da hast.«

»Wenn es ein gewöhnlicher wäre, würde ich was ganz anders sagen«, erwiderte sie mit zornblitzenden Augen, lächelte dann plötzlich wieder süßlich und fuhr fort.

Aber ich fragte sie: »Dann sag mir doch bitte, wenn dein Spiegel so außergewöhnlich ist, wie mein König heißt.« Sie schaute mich irgendwie beleidigt und erbost an.

»Ja, ja, das ist interessant«, sagten die anderen.

»Wolodja*«, brummte sie und setzte mit ungewöhnlichem Eifer ihren Singsang fort: »Und so wirst du, gnädiges Fräulein, im Leben durch deinen innig geliebten Mann märchenhaftes Glück erleben. Und so wirst du leben und vor Glück trällern. Keine bösen Tage erleben.«

So sagte mir die Zigeunerin wahr. Und anderthalb Stunden später traf ich tatsächlich unerwartet Wowka. Und einzig durch ihn war der Weg nach Leningrad für mich glücklich.

Was für interessante Zufälle es im Leben doch gibt.

2. September

»Der Feind steht vor den Toren Leningrads. In der unmittelbaren Umgebung von Leningrad kämpfen die tapferen Soldaten der Roten Armee ...!!« Das sagte die Rundfunksprecherin.

Ich habe geschlafen, aber man erzählt, dass man in dieser Nacht deutlicher als früher den Kanonendonner hörte.

Seit heute wurden die auf die Lebensmittelkarten zustehenden Rationen verringert. Wir bekommen jetzt nur noch ein Kilogramm Brot am Tag.

Bin gerade draußen herumgelaufen. Habe die Lebensmittelläden abgeklappert. Wie trist und leer es doch

* Neben Wowa eine weitere Kurzform von Wladimir.

überall ist! Im Roskond, wo zwar alles immer teuer war, es dafür aber alles im Überfluss gab, sind die Regale jetzt leer: kein einziger Kuchen, keine Torten. Alle Schaufenster sind mit Brettern zugenagelt. Zwei Laster sind vorbeigefahren. Der erste mit Anhänger, auf dem der mit einer Plane abgedeckte völlig demolierte Rumpf eines propellerlosen Jagdflugzeugs mit einem kaputten Leitwerk lag. Auf dem anderen Laster wurden die Flügel separat transportiert; sie waren auch kaputt und trugen rote Sterne. So wehmütig wurde es mir da ums Herz.

Jetzt muss ich mit eigenen Augen erleben, was ich bisher nur im Radio gehört habe, in Büchern gelesen oder von der Verwandtschaft gehört habe. Aber jetzt geht es ja noch, jetzt erzittern noch keine Wände vom Kanonendonner, noch klaffen keine Schusslöcher in der Wand.

4. September

Es gab schon lange keinen Fliegeralarm mehr, aber gestern um Viertel nach sieben heulte die Sirene wieder. Der Fliegeralarm dauerte genau eine Stunde. Nachts um halb zwei gab es einen zweiten Fliegeralarm.

Heute Morgen dauerte der Fliegeralarm anderthalb Stunden.

Er ist erst seit Kurzem vorbei, aber das Geschützfeuer hört nicht auf. Die Einschläge kommen immer näher. Sie lassen schon die Fensterscheiben erzittern. Gut, dass ich sie gestern mit Mull beklebt habe. Was werden wir noch alles durchmachen müssen?!

Heute kurz vor acht, direkt nach dem Fliegeralarm, der eine Dreiviertelstunde gedauert hatte, bin ich zu Tamara gegangen und bis halb zehn bei ihr geblieben. Wir haben wenig gesprochen, weil wir Grammofon gehört haben. Da hören wir also Grammofon, plötzlich vernehmen wir aufgeregte Stimmen im Flur. Olga Antonowna ist hinausgegangen, um zu erfahren, was passiert ist. Bald kam sie zurück und teilte uns mit: »An der Ecke Predtetschenskaja und Glasowskaja hat eine Granate ein dreistöckiges Gebäude getroffen, das Dach ist ganz geblieben, aber aus dem dritten und dem zweiten Stockwerk sind zwei Wohnungen komplett herausgerissen worden.« Tamara und ich konnten es nicht glauben. Bis wir es mit eigenen Augen sehen, werden wir es nicht glauben. Außerdem erzählte jemand, dass heute nicht weit von der Fontanka* mehrere Bomben auf die Straße gefallen sind. Es gab Opfer.

Noch am 3. hieß es im Radio, dass dank unserer glorreichen Stalin'schen Falken noch keine einzige Bombe auf Leningrad abgeworfen worden sei. Dass in Leningrad noch kein Haus zerstört wurde. Dass es in Leningrad noch kein einziges Opfer gebe.

Und das war die Wahrheit noch am 3., und heute haben wir schon ein zerstörtes Haus, wir haben Bomben und bereits die ersten Opfer. Die Faschisten sind Bestien, wie groß ist der Hass aller Leningrader und

* Einer der Mündungsarme der Newa, der durch das Stadtgebiet von Sankt Petersburg (Leningrad) fließt.

auch meiner auf sie. Was wollen sie mit unserer Stadt machen? Wie stark war heute schon der Beschuss. Einfach entsetzlich. Dabei hat nur eine Kanone geschossen. Was wird sein, wenn es 20 sind? Was wird aus unserer Stadt? Werden wir am Leben bleiben? Wenn ich jetzt ins Bett gehe, ziehe ich mich nur zur Hälfte aus. Wie schrecklich, dass der Winter bevorsteht. Wie wird dieser Winter sein? Was werden wir alles ertragen müssen? Wenn die Deutschen in Leningrad einmarschieren, wenn in den Straßen meiner Stadt gekämpft wird, werde ich fliehen, ich werde nicht hier bleiben. Sollen Mama* und Aka machen, was sie wollen. Ich weiß, was mir zustoßen wird, wenn ich bleibe. Tamara und ich werden gemeinsam fliehen.

6. September

Heute waren den ganzen Tag lang von Zeit zu Zeit einzelne Schüsse zu hören. Heute habe ich Ljusja besucht. Wie langweilig es bei ihr ist. Sie beginnt nie als Erste das Gespräch, zu keinem Thema. Ganz anders Tamara. Indes, als ich Tamara schlecht kannte, kam sie mir auch langweilig, wenig gesprächig vor. Aber jetzt, wo wir uns näher kennen, quatschen wir die ganze Zeit, ohne nach Gesprächsthemen zu suchen. Aber Ljusja kenne ich gut. Sie ist einfach von Natur aus so. Nein, Tamara, die ist eine wahre Freundin. Als wir uns abends zusammen meinem Haus näherten, habe ich ihr in aller Of-

* Künftig nennt Lena »Mama Lena« nur »Mama«.

fenheit gestanden: »Tamarotschka, wann sehen wir uns wieder? Ich habe doch niemanden außer dir!«

»Ich habe auch niemanden außer dir.«

»Ach wie, was ist mit Nadja, was ist mit Ljowa?«

»Ach, Nadja sehe ich gar nicht, und Ljowa – da ist nichts. Er braucht mich doch gar nicht. Er lernt jetzt immer in seinem Technikum.«

»Hast du ihn lange nicht gesehen?«

»Ja, seit dem 31. Ich werde mich auf keinen Fall je wieder selbst bei ihm einladen. Sonst muss ich es nachher noch bereuen.«

Tamara lachte. »Ist doch blöd, so zu reden, nicht wahr?«, sagte sie.

»Weißt du«, fuhr sie fort, »vielleicht braucht er mich auch gar nicht. Vielleicht sagt er nur aus Höflichkeit jedes Mal, bevor ich gehe, dass ich wiederkommen soll.«

»Nein, Tamara. Er findet dich einfach gut, und er freut sich, wenn du ihn besuchst.«

»Aber nein. Ihm war einfach nur langweilig. Und jetzt lernt er, ihm ist nicht mehr langweilig. Es ist schon so viel Zeit vergangen, ohne dass er mich angerufen hat. Dass er mich nicht besuchen kommt, ist klar, aber anrufen hätte er mich können, wenn er gewollt hätte. Also will er nicht.«

»Ach, was redest du, Tamara!«

»Was rede ich, was rede ich. Als er wollte, hat er mich angerufen. Hat mich gebeten, ihn zu besuchen. Da sind wir zusammen ins Kino gegangen.«

»Also hat er dich angerufen. Was ist dann das Problem?«

»Er hat angerufen. Doch das war damals, als ich zurückgekommen bin.«

»Na, du hast wenigstens das. Ich habe nicht mal das.«

Tamara hat diesen Worten keine besondere Bedeutung beigemessen. Im Unterschied zu mir. Tamara hat nämlich einen richtigen Freund. Ein Freund, der, als er Tamara sehen wollte, sie angerufen, sie eingeladen hat.

Ich habe auch einen sogenannten »Freund«. Aber was für ein Freund ist er, wenn er sogar vergessen hat, dass ich existiere? Wir haben uns so lange nicht gesehen, aber das kümmert ihn gar nicht. Solche Menschen kann man nicht als Freunde bezeichnen. Gut, er hat kein Telefon, aber er hätte mir über Tamara eine Nachricht zukommen lassen, mich zu sich einladen oder mich besuchen können. Aber warum nennt er sich weiter »Freund«?

Meine Meinung dazu: Entweder du verzichtest auf diesen Titel, oder du erweist dich seiner als würdig. »Freund« ist kein leeres Wort. Es verpflichtet einen nämlich zu etwas.

7. [September]

Heute ist der Internationale Jugendtag*. Allgemeiner sonntäglicher Arbeitseinsatz. Mama arbeitet auch. Im Radio wurde heute ein Frauenmeeting** aus Moskau übertragen. Ich hörte die erregten Stimmen von Bar-

---

* 1915 von der sozialistischen Jugendinternationale beschlossen und bis 1945 gefeiert.

** »Frauen der ganzen Welt – auf in den Kampf gegen den Faschismus«.

sowa, Marina Raskowa, Dolores Ibárruri*, einer deutschen Schriftstellerin, einer Rumänin und vieler anderer.

Tief bewegende Worte!

Es heißt, dass gestern um zwölf Uhr abends Bomben auf den Stary Newski abgeworfen wurden, die drei Gebäude zerstört haben. Bislang bin ich am Leben, aber was später sein wird, weiß niemand.

8. September

Morgens gab es einen kleinen Fliegeralarm. Gestern habe ich das Buch von Wodowosowa »Im Frührot der Zeit« ausgelesen. Ljusja hat mir ein Buch gegeben: »Curumilla« von Gustave Aimard**.

Heute kam Mama wie immer um sieben Uhr. Sie brachte Tomaten, Kohl mit, und wir setzten uns zum Essen. Wir hatten kaum drei Löffel gegessen, als die Sirene laut aufheulte. Wir aßen ruhig weiter, öffneten nur das Fenster ein wenig. Aber wir hatten kaum zwei Löffel gegessen, als wir die ersten Flaksalven hörten, dann noch mehr und immer näher, dann knatterte etwas. Und schließlich war es nicht mehr möglich, im Zimmer zu bleiben. Mama lief los, um in Erfahrung zu bringen, was los war. Meine Augen weiteten sich

---

* Walerija Barsowa (1892–1967), Opernsängerin; Marina Raskowa (1912–1943), Pilotin; Dolores Ibárruri (1895–1989), spanische Revolutionärin.

** *Curumilla* (1860) von Gustave Aimard (1818–1883), französischer Romancier, populärer Verfasser von Abenteuerromanen.

vor Angst, ich sprang wie von der Tarantel gestochen auf, weil etwas Unbegreifliches vor sich ging, es war ein Krachen, ein Lärm, dass man das Gefühl hatte, dass der Himmel selbst zerbarst. Ich dachte schon, dass Bomben explodierten, dass das Ende gekommen sei. Ich schnappte meinen Mantel, versuchte, ihn mit zitternden Händen anzuziehen, stülpte mir die Schirmmütze über und raste in den Luftschutzkeller hinunter. Die Leute kugelten wie Erbsen die Treppe herab, manche schleppten Kinder im Arm, andere zogen die Alten hinter sich her. Und auf der Straße passierte irgendetwas, irgendetwas Schreckliches. Ich hatte nur einen Gedanken: schnell nach unten, dort wartet die Rettung.

Der Luftschutzkeller ist voller Menschen. Irgendwie drängten wir uns in den zweiten Raum durch, und dort setzten wir uns hin. Hinter der Wand aber krachte und donnerte es, obwohl es im Luftschutzkeller sehr laut zuging.

Als es ganz still wurde, ging Mama nach Hause, da sie hungrig und müde war. Auch Aka ging nach Hause. Ich blieb. Bald kehrte Mama zurück, beugte sich zu uns herab, damit andere sie nicht hören konnten, und sagte, nicht weit von uns gebe es einen riesigen Brand, da eine Rauchsäule den halben Horizont verdecke. Bald darauf gab es Entwarnung. Ich rannte auf die Straße. Als ich im Hof war, merkte ich, dass es ganz dunkel war. Alle blickten nach oben, ich auch und erschrak. Wirbelnd und sich windend breitete sich eine Rauchwolke wie eine Gewitterwolke über dem Himmel aus. Unheil verkündend und bedrohlich bot sie ein imposantes Bild und erinnerte an einen Vulkanausbruch. Noch nie hatte ich etwas Ähnliches gesehen. Ich rannte zur Iwanowskajastraße. Dort war alles in Bewegung. Alle eilten mit den Armen fuchtelnd irgendwohin, wedelten mit den Armen. Junge Männer und Jugendliche strebten, die Passanten beiseitedrängend, in Scharen dorthin, woher diese furchterregende Wolke kam. In der Luft roch es nach Verbranntem. Ich ging die Iwanowskaja entlang bis zur Prawdastraße und folgte dieser ein wenig. In den Lücken zwischen den Häusern sah ich, dass dieser Rauch unten purpurrot war, er wirbelte und kroch langsam über den Himmel. In der Swenigorodskaja rasten Feuerwehrkommandos, ein Auto nach dem anderen. Eine Frau bemerkte im Vorübergehen, »es« sei hinter dem Alexander-Newski-Kloster, etwa drei Kilometer von hier.

»Die Chemiefabrik brennt. Da, wo Lacke und Farben…«, sagte sie und rannte weiter.

Ich ging nach Hause. In der Iwanowskaja gaben Kinder mit der Zahl von Granatsplittern an, die sie gefunden hatten. Auf dem Sagorodny rasten ebenfalls Einsatzwagen des elften Feuerwehrkommandos vorbei. Ja, ein schönes Geschenk haben die Faschisten Leningrad gemacht. Wie konnten sie, diese Halunken, nur so weit vordringen? Das verstehe ich nicht.

Es heißt, Bomben hätten auf dem Stary Newski ein sechsstöckiges Haus zerstört. Die Gegend sei dort von der Milizija abgesperrt, und heute seien den ganzen Tag Leichen abtransportiert worden.

Heute werde ich mich nicht ausziehen. Gott, wie wird diese Nacht nur sein!

Von halb elf bis Viertel vor eins dauerte dieser Fliegeralarm an. Ich hatte mich gerade hingelegt und wollte einschlafen. Als hätte ich geahnt, dass es einen Alarm geben wird, hatte ich mir nicht mal die Schuhe ausgezogen. Sobald die Sirene aufheulte, sprang ich auf, zog meinen Mantel an und verließ mit den anderen die Wohnung. Ich rannte in den Luftschutzkeller. Meine Eile war nicht übertrieben, schon als wir in den Keller hinuntergingen, krachte und donnerte es auf der Straße. Im Luftschutzkeller waren noch mehr Leute als tagsüber. Draußen tobte die Flak, dann hörte man Granatfeuer, und unter uns zitterte der Boden. Für eine Minute war der Strom weg, und alles versank in Dunkelheit.

Wir saßen gar nicht so lange im Luftschutzkeller, vielleicht zwei Stunden lang, aber zum Schluss waren wir völlig erschöpft. Die Kinder weinten, wollten nach Hause, die Mütter konnten sie nicht mehr auf dem Arm halten, alle wollten schlafen. Während der ersten Stunden kamen immer mehr Menschen mit in Decken gewickelten Kindern an. Der Luftschutzkeller war gerammelt voll. Und das waren nur zwei Stunden. Was wäre gewesen, wenn wir sechs oder acht Stunden da hätten sitzen müssen? Wie hätten wir das ausgehalten? Ich bin heute überhaupt nicht ausgeschlafen. Mein Kopf dröhnt.

Das Informbüro teilte heute mit, dass bei Smolensk einige feindliche Divisionen nach 26-tägigen Kämpfen zerschlagen wurden. Die Reste dieser Divisionen ziehen sich rasch zurück.

Heute wurde zum ersten Mal gemeldet: »Luftangriff deutscher Flugzeuge auf Leningrad«. Es hat sich herausgestellt, dass eine Gruppe feindlicher Flugzeuge den Schutzschild der Luftabwehr durchbrochen hat und beim ersten Anflug Brandbomen über verschiedenen Stadtvierteln abgeworfen wurden. In Wohngebäuden und Lagern entstanden einige Brände, die schnell gelöscht wurden. (Schön »schnell« – fünf Stunden lang hat es gebrannt.)

Beim zweiten Luftangriff warf der Feind Sprengbomben ab. Es wurden Gebäude zerstört. Es gibt Tote und Verletzte. Militärische Ziele wurden nicht getroffen.

Jetzt ist es noch nicht einmal neun Uhr. Gerade ist ein kleiner Fliegeralarm zu Ende gegangen. Merkwürdig ist jedoch: Schon lange wurde Entwarnung gegeben, aber ich habe deutlich Flugzeuglärm und einzelne Schüsse der Flak gehört.

Auch jetzt Flugzeuglärm. Es ist ein Aufklärungsflugzeug, das die Ergebnisse der Arbeit der gestrigen Gäste begutachtet.

Also für den Anfang nicht schlecht. Gestern sind das Gaswerk, die Badajew-Lebensmittellager, Textilwarenlager und die Warenentladestation der Witebsker Eisenbahnlinie abgebrannt. Und wie der Fußboden gezittert hat! Wahrscheinlich waren es Bomben größeren Kalibers. Ja, ein schönes Geschenk Hitlers! Aber wir werden uns rächen, für alles werden wir uns »an ihnen« rächen.

Auge um Auge! Zahn um Zahn! Diese Untiere mit menschlichem Antlitz lassen sowjetische Bürger, die ihnen in die Klauen geraten, so schrecklich foltern, dass es alle Foltermethoden des Mittelalters übertrifft. Sie hacken zum Beispiel einem Menschen Arme und Beine ab und werfen den noch lebendigen Stumpf ins Feuer.

Nein, sie werden dafür bezahlen. Für die durch Bomben und Granaten getöteten Leningrader, Moskauer, Kiewer und viele andere, für die gequälten, zerfetzten und verwundeten Kämpfer der Roten Armee, für die erschossenen, zerfetzten, erstochenen, gehängten, lebendig begrabenen, verbrannten, zerquetschten Frauen und Kinder werden sie voll bezahlen. Für die vergewaltigten Frauen und jungen Mädchen, für den gehenkten Jungen Sascha, der keine Angst hatte und das rote Halstuch* trug, für die von Kugeln durchlöcherten Kleinkinder und Frauen mit Säuglingen im Arm, die von den wilden Bestien hinter dem Steuer der Flugzeuge aus Spaß gejagt wurden – für all das, für alles werden sie büßen.

Heute ist der 9. September. Jetzt ist es zwölf Uhr nachts. Heute gab es neun Fliegeralarme, von denen zwei mehr als zwei Stunden dauerten. O Gott, wie sehr einen diese häufigen Fliegeralarme zermürben. Meiner Meinung nach wird es in der Stadt, wenn es zehn Tage lang jeden Tag neunmal hintereinander Fliegeralarm gibt, mehr Geistesgestörte geben als geistig gesunde Menschen. Ich sage das nur deshalb, weil nur ein einziger solcher Tag vergangen ist und wie nervös die Menschen jetzt schon sind. Auf den Straßen ein Durch-

* Das rote Halstuch trugen die Pioniere, Mitglieder der sowjetischen Kinder- und Jugendorganisation. Lena bezieht sich auf einen Bericht über einen Jungen, der von deutschen Soldaten erhängt wurde, weil er das rote Halstuch offen trug.

einander, ein Wirrwarr. Die Menschen rennen wie von Sinnen auf den Bürgersteigen. An den Straßenbahnen hängen sie, vor dem Trolleybus eine Warteschlange. Das sagt sich natürlich leicht: Es gab neun Mal Fliegeralarm. Aber was waren das für Fliegeralarme: Die Flak feuerte aus allen Rohren, die Explosionen der Bomben donnerten und erschütterten alles ringsum.

Jeder Fliegeralarm hat Dutzende Menschenleben gefordert. Jeder Fliegeralarm bedeutet zerstörte Gebäude, bedeutet Opfer.

Neun Fliegeralarme, das sind Hunderte Menschenleben, Dutzende zerstörte Gebäude, das sind Verschüttungen, Einschusslöcher, Bombentrichter.

Der letzte, neunte Fliegeralarm war furchtbar. Ich hatte von neun bis elf Dienst in der Hausverwaltung. Da saßen auch Mama und noch eine Ehrenamtliche. Immer wieder erbebte die Erde von den Explosionen der Sprengbomben. Und während des gesamten Fliegeralarms hörte man pausenlos Flugzeuglärm, obwohl unsere Flak aus allen Rohren feuerte. Bomben explodierten, wie es schien, ganz in der Nähe. Und jedes Mal rollten wir uns instinktiv zusammen, wir hatten das Gefühl, eine Bombe werde jetzt gleich unser Haus treffen. Aber wir hatten Glück.

10. September

Es ist erst elf Uhr, doch es gab schon drei Fliegeralarme. Ich gehe nun jedes Mal in den Luftschutzkeller. Ich ziehe meine Winterklamotten und Gummigaloschen an und nehme mein kleines Köfferchen mit. Ich werde mich nun bis zum Kriegsende nicht mehr von ihm trennen, ich habe darin ein leeres Heft, Wowas Foto, Geld, zwei Taschentücher, eine Flasche mit Tee, Brot und ebendieses Tagebuch. Innen auf dem Kofferdeckel habe ich meine Telefonnummer und Adresse notiert; sollte mir etwas zustoßen, kann man das bei mir zu Hause melden. Jetzt gerade ist kein Fliegeralarm, aber man hört die Flak schießen.

Gott, wie sehr wimmelt es in unserer Stadt vor Feinden. So viele Kollaborateure wurden schon gefangengenommen, und dennoch, sobald es einen nächtlichen Luftangriff gibt, verraten vom unfassbaren Feind abgefeuerte Leuchtraketen Ziele für Bombenabwürfe. So haben viele Leute, die gestern während des Luftangriffs am Tor, auf dem Dachboden, auf dem Dach waren, berichtet, dass über dem Platz, wo sich die Bank (an der Fontanka), der Witebsker Bahnhof und andere wichtige Objekte befinden, so lange Leuchtraketen aufstiegen, bis dort Bomben abgeworfen wurden.

Noch ein Moment, wo der Feind dreist wird: Während eines Luftangriffs hat vor der Nase der Diensthabenden und des Hauswarts irgendein Typ auf der Straße Petroleum verschüttet und es angezündet. Der Schuft wurde sofort festgenommen, aber das brennende Kerosin konnte man nicht gleich löschen, da es sich über die gesamte gepflasterte Straße ausgebreitet hatte.

Der vierte Fliegeralarm dauerte ungefähr zwei Stunden. Jetzt ist es 12 Uhr 55 mittags. Gerade ist der achte Fliegeralarm zu Ende gegangen. Jetzt ist es ungefähr fünf. Der neunte Fliegeralarm ist vorbei.

Jetzt ist es Viertel nach zehn. Mama und Aka schlafen. Ich habe das Gefühl, dass die »Nachtvorstellung« bald wieder losgehen wird. Ich lege mich jetzt auch schlafen. Ich habe mich nicht geirrt. Die Sirene heult. Halb elf. Entwarnung hat es um zwanzig nach zwölf gegeben.

Halb eins wieder Fliegeralarm. Und erst um Punkt eins wurden unsere Seelen in Ruhe gelassen.

11. September

Jetzt ist es halb zehn. Es hat schon zwei Fliegeralarme gegeben. Während des zweiten Fliegeralarms wurden Bomben abgeworfen. Nein, diejenigen irren, die sich einreden, am Tage sei nichts zu befürchten, da am Tage nur Aufklärungsflugzeuge flögen. Aber nein, auch am Tage werden Bomben abgeworfen! Schrecklich!

Wird nun die Entwarnung Ruhe bringen?! Vor Bomben muss man sich nicht fürchten, aber vor Granaten. Jede Minute kann man von einem Geschoss getötet werden! Auch jetzt gibt es zwar keinen Alarm, aber irgendwo knallt irgendwas.

Schon den dritten Tag werden die Leute zermürbt. Es gibt keine Ruhe, weder tagsüber noch nachts. Ein

Fliegeralarm löst den anderen ab. Gestern gab es zehn Fliegeralarme. Am dritten Tag neun. Insgesamt 21 Fliegeralarme – und das in nur zweieinhalb Tagen. Und wie viele solche Tage liegen noch vor uns?

Der Arbeiter steht den ganzen Tag an der Werkbank. In den freien Stunden bleibt er auf seinem Posten. Und kaum ist er für gerade mal zwei, drei Stunden zu Hause, beginnt ein Fliegeralarm. Ein Fliegeralarm folgt dem nächsten. Vor lauter Müdigkeit wankend, geht er aufs Dach. Die meisten Leute sind matt wie Fliegen. Solange sie laufen, geht es noch, aber sobald sie sich hinsetzen, fallen ihnen die Augen zu.

Heute gibt es zumindest eine kleine Freude von der Front. Die Unsrigen haben Wilna vom Feind zurückerobert.

Ich bin schon völlig erschöpft. Der fünfte Alarm dauerte eineinviertel Stunden. Nach kaum fünf Minuten ging schon wieder ein Fliegeralarm los. Bereits der sechste. Ich ziehe meinen Mantel nun nicht mehr aus. Es dröhnen die Abschüsse der Fernkampfartillerie.

Schwere Tage sind angebrochen. Aber ich bin gerade jetzt stolz darauf, eine Leningraderin zu sein. Auf uns schaut die ganze uns freundlich gesinnte Welt. Auf uns blickt das ganze Land. Tausende und Millionen sowjetischer Bürger sind bereit, uns Leningradern zu Hilfe zu kommen.

Uns stehen noch so viele Schwierigkeiten, Entbehrungen, Kämpfe bevor! Aber der deutsche Stiefel wird unsere Straßen nicht betreten. Erst wenn der letzte Leningrader gestorben ist, wird der Feind seinen Fuß in unsere Stadt setzen. Aber die Macht des Feindes ist nicht unbegrenzt. Unsere Nerven sind angespannt, doch die des Feindes auch. Der Feind wird vor uns entkräftet sein. So muss und so wird es sein.

Wie schön ist es, wenn der Hornist Entwarnung gibt. Denn dieser Trompetenklang und die Internationale um elf Uhr sind die einzige »Musik«, die wir hören. Schon lange gibt es im Radio keine Lieder, keine Musik mehr. Nur Nachrichten, eine Jugendsendung (statt der Chronik) und ab und zu eine Sendung für ältere Schüler. Und immer mehr aufmunternde, eindringliche Texte. Der Sinn bleibt immer gleich: »Vor uns liegen schwere Prüfungen und Opfer, aber der Sieg wird unser sein. Wir sind nicht allein. Hinter uns steht das ganze Land, hinter uns steht die ganze zivilisierte Welt. Alle beobachten uns, alle sind sich unseres Sieges gewiss. Leningrader, nimm alle deine Kräfte zusammen. Lass es nicht zu, dass der ruhmreiche Name unserer Stadt beschmutzt wird.«

14/IX 41

Die Deutschen schießen mit weit tragenden Geschützen auf uns. Gestern war unser Stadtbezirk dem Beschuss ausgesetzt. Unser Haus ist vorerst ganz geblieben, aber direkt in unserer Nähe sind Geschosse explodiert: in der Iwanowskaja, in der Rasjesschaja 16, im Wladimirski-Park, in der Maratstraße, in der Prawdastraße, beim Großen Dramatischen Theater, unweit vom Alexandra-Theater und an anderen Orten. Die Geschosse flogen über unser Haus hinweg oder erreichten es nicht ganz oder machten einen Bogen um uns herum. Aber jede Minute können wir getötet werden. Warum entdecken die Unsrigen diese verdammten Geschütze nicht und zerbomben sie? Vielleicht könnten zwei kleine Bomben à 2000 Kilogramm abgeworfen werden, und 1000 Menschenleben wären gerettet. Denn alle wollen leben. Die, die schon getötet wurden, wollten auch leben. Unter den Toten sind Kinder, Säuglinge, alte und junge Menschen: Junge Frauen, junge Männer, alle wollten so sehr leben. Aber ein Geschoss sucht sich sein Opfer nicht aus, es ist blind, es ist ein Unheil bringendes Metallstück, es verschont niemanden, und man kann ihm nicht entfliehen, die einzige Rettung besteht darin, in einem Keller zu sitzen. Aber für viele ist das unmöglich.

Ich habe mit meinen eigenen Ohren das Heulen einer feindlichen Granate gehört, dann ein Pfeifen, einen lauten Knall, das Krachen eines einstürzenden Hauses und ein dumpfes Echo. Beängstigend! Schrecklich!

Aber dafür gibt es keine Fliegeralarme.

Seltsamerweise gab es am 10. zehn Fliegeralarme, am 11. elf, aber am 12. nur zwei: morgens um zehn Uhr und abends um zehn Uhr, wobei der nächtliche Fliegeralarm noch nicht einmal eine »Vorstellung« zu bieten hatte. Am 13., gestern, gab es nur einen Fliegeralarm, und zwar um eine Zeit, in der niemand damit gerechnet hatte, um drei Uhr nachts.

Wir Leningrader haben uns an diesen schrecklichen drei Tagen, am 8., 9. und 10. September, daran gewöhnt, dass genau gegen elf Uhr die Sirene heulte, alle in den Bunker rannten (denen ihr Leben lieb war) und die Vorstellung begann: Raketen, Flugzeuglärm, das laute Krachen der Sprengbomben, das Pfeifen der Brandbomben. Deshalb gingen am 11. viele schon vorzeitig hinunter, aber der Fliegeralarm dauerte nur eine halbe Stunde. Am 12. begann jedoch ein intensiver Artilleriebeschuss, und daher übernachten viele im Luftschutzkeller, vor allem diejenigen, die im fünften Stock jenes Gebäudeteils wohnen, der der Gegend zugewandt ist, aus der geschossen wird.

Und im Übrigen heißt dieser Kellerraum fälschlicherweise Bombenschutzkeller. Es ist eher ein Granatenschutzkeller, denn Bomben wird er nicht standhalten können. Durch Beobachtungen in diesen drei Tagen der Bombardierung Leningrads wurde erkannt, dass der Luftschutzkeller bei Bombentreffern fast immer entweder komplett durchschlagen oder verschüttet wurde. So war es zum Beispiel in der Krasnoarmeiskajastraße. Eine Bombe mit großer Sprengkraft traf ein sehr massives steinernes neunstöckiges Haus und zerstörte es zum großen Teil bis auf die Grundmauern, aber ein Teil der Wand genau über der Stelle, wo sich der Luftschutzkeller befand, war stehen geblieben, drohte aber jede Minute zusammenzustürzen, und deshalb war es unmöglich, die Verschütteten im Luftschutzkeller zu bergen, man musste die Wand niederreißen. Aber während man damit beschäftigt war, sind viele der Unglücklichen ums Leben gekommen.

19. September

Heute um vier Uhr nachmittags heulten die Sirenen los. Das war der vierte Fliegeralarm. Ich zog mich schnell an und las mein Buch weiter, irgendwie beruhigte ich mich mit dem Gedanken, dass tagsüber keine Bomben abgeworfen würden. Ich bin also nicht sofort hinuntergegangen, habe mich aber angezogen.

Die Flak begann zu schießen. Immer näher, immer näher. Es ist nämlich so, dass hinter unserem Haus auf der Eisbahn ein Militärstützpunkt eingerichtet wurde, wo Flakgeschütze aufgestellt sind. Das ist sehr gefährlich. Und als die Flak von der Eisbahn zu donnern begann, habe ich entschieden, dass es an der Zeit sei zu gehen. Als ich zur Treppe hinausrannte, hörte ich direkt über meinem Kopf, so kam es mir vor, ein fürchterliches Heulen und Pfeifen. Aus den Wohnungen kamen die Menschen gerannt und flitzten nach unten.

»Schnell, schnell, wir werden bombardiert«, rief jemand.

Wir rannten noch schneller. Irgendeine dumpfe Explosion war zu hören, dann noch eine und noch eine. Wieder ein Pfeifen, ein Heulen und dann eine Explosion. Wir zuckten instinktiv zusammen, wir hatten das Gefühl, dass die Decke über uns zusammenbricht.

Endlich waren wir im Luftschutzkeller. Wir zitterten alle. Wir waren gerettet. Aber niemand konnte dieses Glück glauben. Wir hatten tatsächlich Glück gehabt, die Bomben waren nicht auf die Häuser, sondern auf die Straße gefallen.

Am Abend erfuhren wir, welche Folgen das Bombardement hatte: Es wurden Sprengbomben abgeworfen. Drei sind an den »Fünf Ecken«* heruntergekommen, drei haben die Fläche zwischen den »Fünf Ecken« bis zum Nachimsonplatz getroffen. Eine Bombe hat ein Haus in der Kolokolnajastraße zerstört und eine andere in der Prawdastraße eingeschlagen. Dank einem glücklichen Zufall ist unser Haus ganz geblieben. Sogar die Fenster sind ganz. Dagegen sind auf beiden Seiten der Straße, wo die Bomben eingeschlagen haben, die Fenster herausgedrückt. Ach ja, ich habe noch vergessen zu erwähnen, dass eine Bombe auf dem Nachimsonplatz eine leere Straßenbahn getroffen hat. Die Fahrgäste waren schon alle ausgestiegen.

Die Bomben haben an vielen Stellen die Straßenbahnlinie zerstört. Die Stromleitungen sind gerissen, weshalb alle Straßenbahnen stehen.

Ja, ein furchtbarer Tag, aber wie viele solcher Tage liegen noch vor uns!

22. September

Ich bin noch am Leben und kann Tagebuch schreiben.

Ich bin jetzt gar nicht mehr davon überzeugt, dass Leningrad nicht aufgegeben wird.

So viel ist geredet worden, so viele große Worte und Reden haben wir vernommen: Kiew und Leningrad sind unbezwingbare Festungen!! … Niemals wird

---

* Umgangssprachlicher Name einer Leningrader Straßenkreuzung.

ein Faschist den Fuß in die blühende Hauptstadt der Ukraine setzen, niemals wird er die nördliche Perle unseres Landes – Leningrad – betreten. Doch heute wird im Radio gemeldet: … nach erbitterten mehrtägigen Kämpfen hat unsere Armee Kiew … verlassen! Was bedeutet das? Niemand versteht es.

Wir werden beschossen, wir werden bombardiert.

Gestern um vier Uhr ist Tamara zu mir gekommen, wir sind spazieren gegangen. Als Erstes haben wir uns die zerstörten Häuser angesehen. Das ist ganz in der Nähe. Auf der Bolschaja Moskowskaja neben dem Haus von Wera Nikititschna hat eine Bombe ein Haus getroffen und fast das ganze Gebäude in Schutt und Asche gelegt. Aber die Zerstörung ist von der Straße aus nicht zu sehen, sie befindet sich auf der Hofseite. In den angrenzenden Häusern, unter anderem in dem von Wera Nikititschna, fehlen die Fenster. Auf dem Nachimsonplatz ist der Asphalt an vier Stellen beschädigt, das sind Bombenspuren. Weiter, auf der Seite, wo die Zoohandlung ist, vom Knick der Nachimsonallee an bis zur Seitenstraße gegenüber dem Neuen Jugendtheater, fehlen ebenfalls die Fenster. Aber noch furchtbarer sind die Zerstörungen in der Strelkingasse. Dort sind an einer Stelle die Gebäude auf beiden Seiten der Gasse völlig zerstört. Die Gasse ist mit Trümmern bedeckt. Nirgendwo ein Fenster. Aber am schlimmsten sieht ein Gebäude aus: Eine ganze Ecke ist abgeschnitten, und man sieht alles, Zimmer, Dielen und ihren Inhalt. In einem Zimmer im sechsten Stockwerk steht an der Wand ein Büfett aus Eiche, daneben ein kleiner

Tisch, an der Wand hängt (das ist sehr merkwürdig) eine antike Uhr mit einem langen Pendel. Mit dem Rücken zu uns steht ein Sofa, auf dem eine weiße Überdecke liegt.

Als Tamara und ich nach Hause gingen, begegneten wir Mischa Iljaschew. Während unserer ganzen Begegnung lächelte er irgendwie verlegen, womit er auch uns verlegen machte. Wir haben uns mit Handschlag begrüßt. Ein bisschen geredet und dann mit Handschlag verabschiedet. Er sagte, er sei auf dem Weg zur Kantine, um was zu futtern. Ich habe mich schon wieder nicht so verhalten, wie ich es hätte tun sollen. Ich habe ihn nicht angeschaut, sondern nur mal angeblickt. Ich hatte wieder vor irgendetwas Angst. Mischa ist ein Mann geworden, kräftiger. Seine Hände sind rau, Arbeiterhände. Er hat sich sehr verändert, der Junge.

Nachdem wir uns von Mischa verabschiedet hatten, buchstäblich fünf Schritte weiter trafen wir Grischa Chaunin. Er hat uns nicht bemerkt oder tat so, als hätte er uns nicht bemerkt, das weiß ich nicht, jedenfalls sind wir einfach so aneinander vorbeigelaufen.

Danach standen Tamara und ich in der Bäckerei in der Schlange für Sodawasser an, dann saßen wir eine halbe Stunde lang im Luftschutzbunker, dann haben wir uns eine halbe Stunde gestritten, wer wen besuchen soll. Ich habe gewonnen, wir gingen zu mir. Tamara saß bei mir wegen eines Fliegeralarms bis acht Uhr fest, zusammen haben wir eine Notiz von mir an Wowka geschrieben. Es ist nämlich so, dass dieser Schuft wieder so mit mir umgegangen ist, dass es eine Schweinerei ist:

Das ganze Haus kalkt die Wände des Dachbodens, für unseren Anteil am Dachboden müssen wir 15 Rubel zahlen. Mama und ich haben entschieden, dass wir selbst streichen können. Ich habe beschlossen, meinen Freund zu Hilfe zu rufen, vor allem, weil das für ihn nicht neu ist. Ich bin zu ihm gegangen, er war nicht zu Hause, ich habe ihm eine Notiz hinterlassen, die ich seinem Vater übergeben habe. Ich bat darin, zu mir zu kommen und zu helfen. Aber er ist nicht gekommen. Wenn er beschäftigt wäre, hätte er kurz vorbeikommen können, um zu sagen, »ich bin, wollte ich nur sagen, beschäftigt«. Nein, das ist unverzeihlich. Und selbst wenn er nur ein Bekannter wäre (von einem Freund ganz zu schweigen), dann hätte er aus einem ritterlichen Gefühl heraus, das allen wohlerzogenen Jungen seines Alters eigen sein müsste, kommen müssen. Ich habe ihm eine sehr scharf formulierte Notiz geschrieben und Tamara um die Übergabe gebeten. Mit Tamara habe ich dann ausgemacht, sie solle, wenn es eine Antwort gibt, selbst nach fünf zu mir kommen, und wenn es keine gibt, würde ich zu ihr gehen.

Heute ist Tamara nicht gekommen, und ich bin auch nicht zu ihr gegangen, weil es die ganze Zeit Fliegeralarme gibt. Deshalb weiß ich auch nicht, ob es eine Antwort gibt oder nicht. Da bin ich sehr gespannt. Meiner Ansicht nach ist es so: Wenn Wowa doch noch denkt, dass wir Freunde sind, und er ein schlechtes Gewissen wegen seines schweinischen Verhaltens bekommt, wird er natürlich eine Antwort schreiben. Wenn diese Notiz für ihn ein leeres Stück Papier ist und er nichts von mir wissen will, wird es keine Antwort geben. Obwohl es auch so sein kann: Er zeigt diese Notiz den Jungs, und sie schreiben mir alle zusammen rasch eine Antwort. Aber dann wird so eine Antwort keinerlei Bedeutung für mich haben.

4/X 41

Wie lange ich nicht mehr geschrieben habe. Aber heute bricht es aus mir heraus. O mein Gott, was machen die mit uns, mit uns Leningradern, mich eingeschlossen?

Ich arbeite im Hospital, das zum Klara-Zetkin-Institut für Mütter- und Kindergesundheit* gehört. Wir Sanitäterinnen haben Vierundzwanzig-Stunden-Schichten: Von neun Uhr morgens bis neun Uhr morgens des nächsten Tages arbeite ich, dann ruhe ich mich vierundzwanzig Stunden bis neun Uhr morgens des nächsten Tages aus. Also muss ich jede zweite Nacht schlafen. Das ist sehr schwer, aber noch erträglich. Aber wenn ich überhaupt nicht zum Schlafen komme, sondern nur im Luftschutzkeller dösen kann, das ist schrecklich. Jetzt ist es zum Beispiel Viertel vor sieben am Morgen. Zwischen halb acht Uhr abends gestern bis sechs Uhr früh gab es sechs Fliegeralarme, von denen zwei drei Stunden lang dauerten, zwei zwei Stunden und von den anderen zwei einer eine halbe Stunde und der andere eine Stunde. Ich arbeite im Hospital, und die Arbeit ist sehr schwer, aber so langsam gewöhne ich mich daran. Dafür bin ich an meinen Diensttagen satt

* Heute die Staatliche Petersburger Pediatrische Universität.

und bekomme die Lebensmittelkarte der ersten Kategorie mit 400 g Brot am Tag.

Seitdem wir damals abends die Nachricht an Wowa gedichtet haben und uns verabredet haben, uns am nächsten Tag zu sehen, habe ich Tamara nicht gesehen. Gestern habe ich eine Nachricht an sie geschrieben und Rosalija Pawlowna gebeten, sie Osja zu geben, damit er sie Tamara gibt. Deshalb weiß ich bis heute nichts über das Schicksal meiner Botschaft an Wowa. Aber ich bereue nicht ein bisschen, dass ich ihm in so scharfen Worten geschrieben habe.

Einmal während eines Fliegeralarms habe ich mich mit Ida Issajewna über die Freundschaft zwischen Männern und Frauen unterhalten. Lieben kann man doch nur einen, aber neben der Liebe kann man mit vielen Männern befreundet sein. Ida Issajewna erzählte mir, sie hätte, als sie 17 Jahre alt war, Freunde unter den Jungen gehabt. Und bis heute wird diese Freundschaft durch nichts getrübt. In ihrer Klasse waren sie zu fünft befreundet, zwei Mädchen und drei Jungen.

Wir sind ja auch zwei Mädchen: Tamara und ich, und drei Jungen: Wowa, Mischa, Janja. Warum sind wir nicht miteinander befreundet – ich weiß es nicht. Mögen die Jungen uns etwa nicht – nein. Würden sie etwa nicht als Freunde passen – auch nein, im Gegenteil. Genau mit diesem Typ Jungen, wie sie es sind, kann man befreundet sein. Was ist denn los? Ich weiß es nicht. Aber meiner Meinung nach wissen wir nicht, wie wir einander näherkommen können.

Es ist schade, richtig schade. In den rauen Tagen des Krieges sind wir fünf die Einzigen aus der ganzen Klasse, die in Leningrad geblieben sind. In dieser Zeit hätten wir uns so gut für das ganze Leben anfreunden können! Niemand stört uns ja. Kein Dima, keine Emma, keine Rosa, keine anderen Mädchen. Aber!

Tamara und ich sind von Natur aus nicht besonders stürmisch. Die Jungen sind auch irgendwie distanziert. Unser Verhältnis ist irgendwie gespannt, wir gehen zu respektvoll miteinander um. Und außerdem passt Janja nicht besonders gut dazu. Er ist so ein Professor. Wie kann man mit ihm befreundet sein? Wir könnten uns anfreunden, wenn unser Verhältnis einfach, unkompliziert wäre. Ein gewöhnliches Verhältnis zwischen Jungs und Mädchen. Wenn wir nur einander gefallen, sie mit uns anbändeln und wir uns anständig benehmen würden…

5. [Oktober]

In der Nacht vom 4. auf den 5. war es noch schlimmer als in der vorangegangenen. Es gab zwar nur vier Fliegeralarme und nicht sechs. Aber wie fürchterlich die waren. Der Boden zitterte ununterbrochen von den Explosionen der Sprengbomben. Während des zweiten Alarms saß ich neben zwei Frauen, einer jüngeren und einer älteren. Die junge Frau weinte und klagte die ganze Zeit. Bald erfuhren wir von ihr, was sie während des ersten Fliegeralarms durchlebt hatten. Sie sind direkt aus der Straßenbahn in einen der Luftschutzkeller auf dem Sagorodny-Prospekt gekommen. Sie (Mutter und Tochter) sind eben in diesen Lufschutzkeller hereingekommen, aber viele, vor allem Männer, blieben vor dem Eingang stehen. Und in diesem Moment schlug eine Bombe ein und schüttete den Eingang zum Luftschutzkeller zu, und alle, die sich am Eingang befunden hatten, wurden verschüttet. Diejenigen, die drinnen waren, blieben am Leben, nur die Decke senkte sich ein wenig. Sie hoben eines der Fenster aus und kletterten hinaus. Sie sahen, wie die Verschütteten ausgegraben wurden, viele waren am Leben geblieben, aber wahnsinnig geworden.

Während des dritten Alarms passierte Folgendes: Ich wachte vom Hin und Her im Korridor auf, gleichzeitig heulte die Sirene. Ich zog mich schneller an als die anderen und rannte hinunter. Vom Hof hörte ich laute und erregte Stimmen. Ich warf einen Blick in den Hof. Ich hörte: »Es brennt, es brennt unter dem Torbogen und auf dem Dachboden!« Ich verstand nichts Zusammenhängendes, verstand nur, dass irgendwas in unserem Haus brannte. Ich rannte im Laufschritt zu uns, warnte die Unsrigen vor der Gefahr und lief in den Luftschutzkeller hinunter. Da war es voll. Irgendwelche halb angezogenen Menschen mit Kindern, großen Koffern saßen und standen. Dann ging die Schießerei los.

12. Oktober

Ich werde als Sanitäterin im Militärhospital arbeiten. Ich werde verletzten Soldaten helfen. Ich bin Ida Issajewna sehr dankbar. Das hat sie alles arrangiert. Ich werde denjenigen helfen, dank denen ich noch ein Dach über dem Kopf und meine Familie habe. Ich werde alle Kräfte dafür hergeben. Zu Hause werde ich ein gleichberechtigtes Familienmitglied sein. Niemand wird es wagen, mich einen Nichtsnutz zu nennen. Ida Issajewna sagt, dass viele junge Frauen Sanitäterinnen seien. Vielleicht werde ich mich mit einer von ihnen anfreunden. Und die Soldaten, die Verletzten – das sind alles Menschen. Und vielleicht sind unter den Verletzten Jungs, Siebzehn-, Achtzehnjährige. Vielleicht gefalle ich jemandem und finde so einen Freund. Ja, ich werde nicht eine Minute darüber nachdenken, ob ich Sanitäterin werden soll oder nicht.

Natürlich werde ich arbeiten gehen und der Familie helfen und werde mein eigenes Geld haben und werde gleichberechtigt sein.

Mich plagen keine Sorgen,
Der Teufel hol das Morgen.
Bald siehst du meine Mühen satt,
Du schöne Stadt, du Heldenstadt!

Liebe, Hilfe zu geben bin ich entschlossen,
Für die, die ihr Blut für uns vergossen.
Wir, Leningrader, werden alles geben,
Um unsre Stadt aus der Gruft zu heben.

Aus London schickt man uns einen brüderlichen Gruß. Sie sagen uns: »Die Themse ist die Schwester der Newa. London und Leningrad sind Brüder im Kampf gegen die faschistischen Tiere.«

Zehn vor vier. Der siebte Alarm ist vorüber. Mein Kopf dröhnt. Ich will schlafen. Der achte Fliegeralarm ist vorüber. Tamara kam mich besuchen. Wir haben uns unterhalten, da war schon wieder Fliegeralarm. Wir gingen in den Luftschutzkeller hinunter, haben uns da ausgiebig unterhalten. Entwarnung. Ich habe Tamara überreden können, noch für ein halbes Stündchen zu mir heraufzukommen. Aber schon als wir die Küche betraten, heulte die Sirene wieder. Wir gingen wieder hinunter, diesmal nicht für lange. Im Luftschutzkeller trafen wir Kapa Lobanowa, haben uns mit ihr unterhalten. Danach ging Tamara wieder. Wie schön ich es mit ihr finde. Wie offen wir uns über alles plaudern können, was uns in den Kopf kommt.

Jetzt ist es Viertel vor acht. Es gab schon zehn Fliegeralarme.

Interessant, Tamara mag keine kleinen Kinder. Ich hingegen liebe sie. Tamara kann es nicht ertragen, wenn sie weinen. Weinen bringt sie auf die Palme. Sie will dann am liebsten handgreiflich werden. Ich hingegen möchte ein weinendes Kind streicheln, damit es Vertrauen zu mir fasst.

12. [?, der Text davor fehlt]

Ich habe mich schon völlig an die Arbeit gewöhnt. Die Kranken mögen mich. Am 8. habe ich zum ersten Mal einen Toten gesehen. An diesem Tag sind auf unserer Station gleich zwei Personen gestorben: eine Frau, die schwanger und am Bauch verwundet war, und ein Mann, der an Gasbrand starb. Ich habe überhaupt keine Angst vor Toten. Sie tun mir nur unendlich leid. Vor allem der Mann, weil ich ihn noch vor Kurzem lebend gesehen habe, er hat wie andere gelächelt, eine Zigarette geraucht, sein Gesicht hat mir sehr gefallen, so ein Junger, Sympathischer. Dann wurde er ins Verbandszimmer gebracht, wo er fünf Stunden lang lag. Er hat alle möglichen Heilbehandlungen bekommen: eine Bluttransfusion, Spritzen u.a. Endlich wurde er auf den Flur hinausgeschoben, und ich erfuhr, dass er in den Operationssaal gebracht werden sollte, wo sein Bein amputiert werden sollte. Er lag da und lächelte, dann wurde er weggebracht. Und als er zurückgebracht wurde, war er nicht wiederzuerkennen, er atmete schwer, stöhnte vor Schmerzen, war blass und fiebrig. So erinnere ich mich an ihn vor seinem Tod. Und dann schickten sie mich rasch in die Apotheke, um Sauerstoff zu holen. Als ich zurückkam, traf ich im Flur den Arzt, und er sagte: »Muchina, Sie brauchen sich nicht zu beeilen, der Sauerstoff wird nicht mehr gebraucht, er ist gestorben.« Ich traute meinen Ohren nicht, rannte auf meine Station, und da lag er schon, aus dem Krankenzimmer hinausgekarrt, das Gesicht mit einem Bettlaken zugedeckt. Furchtbar.

Am 7. gab es den größten Alarm von allen. Von halb acht bis halb zwei. Genau sechs Stunden harrten Tamara und ich im Luftschutzkeller aus. Man stelle sich das nur vor, sechs Stunden.

Und gestern (ich war nicht zu Hause) gab es auch wieder schlimme Fliegeralarme. In unserem Bezirk wurden viele Sprengbomben abgeworfen worden. Viele von ihnen sind nicht explodiert und wurden rechtzeitig entschärft. Man sagt, auf der Jamskaja sind sechs Sprengbomben explodiert.

Morgen (falls ich bis morgen überlebe) sehe ich Tamara.

13. Oktober

Jetzt ist es Viertel nach sieben.

Gerade ist ein Fliegeralarm zu Ende gegangen. Er dauerte nicht lange, war aber schrecklich. Unser Sagorodnaja-Prospekt wurde von Sprengbomben überschüttet. Ich beschloss, nicht in den Luftschutzkeller zu gehen, sondern gleich zur Hausverwaltung, da ich dort heute von acht bis elf Dienst hatte. Als ich auf die Straße trat, sah ich sofort, dass in Richtung Witebsker Bahnhof eine Straßenbahn lichterloh brannte und von den Dächern grüne Sternchen, brennende Phosphorstückchen, flogen. An den »Fünf Ecken«, und zwar im Haus, wo es radiotechnisches Zubehör gibt, brannte es. Das Türmchen auf diesem Haus stand in Flammen.

Und bei unserem Haus stand die »Neun«. Die Straßenbahn wurde von einer Brandbombe getroffen, die neben den Waggon gefallen war. Wenn unsere Jungs nicht gewesen wären, die sie gelöscht haben, hätte die Straßenbahn gebrannt. Die Jungs aus unserem Haus haben die Straßenbahn gerettet. Irgendwo in der Nähe ist eine Sprengbombe eingeschlagen, wodurch das ganze Haus in seinen Grundmauern erschüttert wurde. Es sind ja tolle Tage, die begonnen haben. Aber heute Mittag waren Tamara und ich im Kino »Oktjabr« und haben uns neue Filme angesehen, alles Kurzfilme, einer mit einem kleinen Konzert, »Die alte Garde«, und »Korsinkinas Abenteuer«. Der letzte Film ist sehr lustig, wir haben herzhaft gelacht.

16. Oktober

Der Winter ist da. Gestern ist der erste Schnee gefallen. Die Deutschen rücken wie eine unüberwindliche Mauer gegen uns vor. Ich habe Angst, auf die Karte zu schauen. Die letzten Nachrichten sind bedrückend. Unsere Armee hat sich aus Mariupol, Brjansk, Wjasma zurückgezogen. Intensive Kämpfe finden im Kalininer Frontabschnitt statt. Na, das bedeutet wohl, dass man Kalinin* als eingenommen betrachten kann. Das ist doch schrecklich, was da passiert. Wjasma ist 150 Kilometer von Moskau entfernt. Das bedeutet, die Deutschen sind 150 Kilometer von Moskau entfernt. Heute wurde das erste Mal im Radio verkündet: »An der Westfront ist die Lage ernst. Die Deutschen hatten

* Name der Stadt Twer von 1931 bis 1990.

eine beträchtliche Menge an Panzern und motorisierter Infanterie konzentriert bereitgestellt und konnten unsere Abwehr durchbrechen. Unsere Truppen haben sich unter gewaltigen Verlusten zurückgezogen.« Ja, genau das ist uns im Radio mitgeteilt worden. Noch nie wurde uns etwas Vergleichbares mitgeteilt.

Die Stimmung ist gedrückt. So langsam hat es den Anschein, als ob wir helle Tage nicht mehr erleben dürfen. Als würden wir bis zum hellen, Freude bringenden Mai nicht überleben.

Wahrscheinlich werden die Deutschen Leningrad in Trümmer legen und dann einnehmen. Wir alle, die es schaffen werden zu fliehen, werden in Wäldern leben. Und dort werden wir auch sterben oder in der Kälte erfrieren oder verhungern, oder wir werden getötet.

Ja, der furchtbare Winter ist da, Kälte und Hunger für viele Tausende Menschen. Heute kommt Tamara zu mir, und wir werden zusammen mit Aka Englisch lernen. Morgen werde ich wieder arbeiten gehen. Dort ist es auch nicht einfacher. Anjetschka ist gestorben und zwei weitere Frauen. Ich habe fast meinen ganzen letzten Dienst am Bett einer Sterbenden verbracht.

Ich habe flüchtig Waleri gesehen, er wird, wie es scheint, nicht bei uns arbeiten. Er stand ohne Kittel im Flur, ich habe ihn nicht erkannt. Er hat mich als Erster begrüßt. Ein guter Junge, schade, dass unsere Bekanntschaft so kurz war.

Heute Nacht und gestern, als ich tagsüber schlief, habe ich immerzu von Wowka geträumt. Er kam im Traum ohne Kleidung und hungrig zu mir, und ich gab ihm zu essen, zog ihn an, und er bedankte sich sehr und sagte, erst jetzt erkenne er, was ein wahrer Freund ist. Und später hat mich jemand mit einem Messer gejagt. Er hatte mich – es war im Herbst in einem Park – schon fast eingeholt, da sah ich plötzlich Wowka mit den Jungs, er stellte meinem Verfolger ein Bein, und ich war gerettet …

18. Oktober

Gestern Abend hatte ich große Angst. Um acht Uhr war Fliegeralarm. Gerade war das Abendessen an die Kranken ausgeteilt worden. Die Flak begann sofort ganz in der Nähe zu schießen. Plötzlich krachte es laut, und wie, und man hörte das Bersten von Fensterscheiben. Ich war gerade im Frauenkrankenzimmer. Die Patientinnen fingen sofort an zu schreien, zu stöhnen, viele wurden hysterisch. Anissimow und der diensthabende Arzt kamen angerannt. Sie konnten die Kranken irgendwie beruhigen. Als es etwas ruhiger geworden war, brachten eine Sanitäterin und ich das Geschirr in die Kantine zurück. Mir wurde gesagt, ich dürfe den Kessel mit den Breiresten auskratzen. Ich begann gerade die Reste aufzuessen, da hörte ich draußen einen merkwürdigen Lärm, Schreie und Pfiffe von Milizionären. Ich fragte eine der Krankenpflegerinnen, was los sei. Sie war sehr erstaunt: »Weißt du denn nicht, dass da ein Brand ist, eine Straße weiter brennt das Karl-Marx-Werk. Da, komm, schau mal.« Sie führte mich ins Bad und zog den Vorhang beiseite. Draußen war es hell, heller als am Tag. Riesige Feuerzungen loderten, und roter Rauch stieg in

Schwaden empor. Ja, das war ein riesiger Brand im Karl-Marx-Werk, eine Straße weiter als unser Gebäude. Nun wusste ich, was für ein Lärm das war. Da arbeiteten Feuerwehrleute, die ankommenden Feuerwehrautos lärmten, die Pumpen dröhnten, Rufe der Mannschaft waren zu hören. Das Feuer war erst gegen vier Uhr morgens gelöscht.

In dieser Nacht ist Wladimirowa gestorben, und eine neue Kranke mit einer Kopfverletzung sowie ein kranker 17-jähriger Junge wurden gebracht. Er ist am Hals verletzt, er war Feuerwehrmann auf dem Dach.

11. X. [November]

Es ist bereits November. Überall liegt Schnee. Es herrscht Frost. Ich gehe in die Schule, lerne, und alles, was ich im Oktober* durchmachen musste, kommt mir jetzt wie ein Albtraum vor. Es ist sogar schwer, sich vorzustellen, dass ich noch vor Kurzem um sechs Uhr früh aufgestanden bin. Schon um Viertel nach sechs haben Mama und ich das Haus verlassen. Es war kalt, dunkel. Dann die Straßenbahn, vollgestopft mit Menschen, die Pförtnerloge, der gerade durch den Garten getrampelte Pfad. Ich ziehe mich aus, und schon trage ich einen weißen Kittel, ein weißes Kopftuch ... Da sind sie, die Kranken, die Bettpfannen, Ermahnungen: Lena, geh dorthin, Lena, komm hierher, Lena, lauf zur Apotheke,

---

* Am 26. Oktober 1941 gab es den Erlass, dass für Schüler der achten bis zehnten Klasse das Schuljahr am 3. November in den normalen Schulgebäuden beginnt.

Lena, lauf ins Labor, Lena, bring den Urin zur Untersuchung. Ja, das ist kein Traum, das ist die Wahrheit. Ich habe Geld verdient. Und plötzlich wurde ich entlassen. Und nun bin ich wieder in der Schule. Ich gehe in die Schule Nr. 30 in der Tschernyschewgasse. Aus unserer Klasse waren es gestern noch fünf Jungen und vier Mädchen: Mischa I., Mischa Z., Wowa I., Janja Ja., Osja B. und Tamara A., Nadja K., Lida S., Bella K. und dann noch Galja W. Ja, und gestern habe ich noch Wowa gesehen, aber heute sind alle fünf nicht gekommen. Von Tamara habe ich erfahren, und sie weiß es von Osja, die ihn heute früh im Korridor getroffen hat, dass Mischa I., Mischa Z., Janja, Wowa Itkinson nun in eine andere Schule gehen, nämlich in die Nr. 36 in der Borodinskaja. Wie ist doch alles im Leben unbeständig.

Acht Jahre lang sind wir mit ihnen in dieselbe Klasse gegangen. Wir waren Schulkameraden, und plötzlich gehen sie fort, ohne uns ein Wort zu sagen, sogar ohne sich zu verabschieden. Wowa, wie sehr habe ich dich doch (es lohnt sich nicht, das Wort auszusprechen). Wir standen doch einander eine Zeit lang so nahe, wir sind doch zusammen ins Kino gegangen, haben hitzige Debatten geführt, wir waren doch Freunde, und plötzlich werden er, sein Name, sein Gesicht aus meinem Leben ausgestrichen, für immer. Ich kann nicht verstehen, wie sie dich dazu bringen konnten. Ist es etwa so einfach, plötzlich in eine andere Schule zu gehen? Aus welchem Grund? Nichts davon haben sie erklärt. Sind wir denn durch nichts mit ihnen verbunden? Bedeuten ihnen etwa acht Jahre nichts? Wie konnten sie diesen Schritt wagen? Nein, das ist nicht zu glauben. Aber warum? Im

Gegenteil, es ist alles so einfach! Einfacher als einfach! Was für eine Eigenbrötlerin ich doch bin! Ich muss mich daran gewöhnen. Alles läuft so in unserer Zeit.

Verbundenheit! Kameradschaftsgefühl! Nein, diese Begriffe sind von uns, der heutigen Jugend, genauso weit entfernt wie wir von der Sonne.

Also ist alles vorbei. Wowa, wir haben einander gekannt und uns getrennt. Alles wird sich in Rauch auflösen, und wir werden einander vergessen, und nur, wenn du irgendwann mal dein Album mit den Fotos anschauen wirst, wirst du dich daran erinnern, dass es mal irgend so eine Lena Muchina gegeben hat, ein gutmütiges Mädchen, und du wirst lächeln, wenn du auf der Rückseite des Lichtbilds liest: »Dem hässlichen Entlein von Lena«. Vielleicht wird das Schicksal uns noch irgendwo zusammenbringen, aber, Wowa, ich werde dich nie vergessen.

Mein Leben lang an dich denken werde ich.
Dich nicht lieben – kann ich nicht.
Niemals vergessen werde ich dich,
Mit Leid denk ich an dein Gesicht.

Auch wenn du der letzte Nichtsnutz auf der Erde bist. Eine niedere Kreatur, die keine Aufmerksamkeit verdient. Aber nein, du bist meine erste Liebe, du bist der Junge, der, ohne es zu wissen, etwas in meiner Seele entfacht hast, und dieses Etwas wird in mir brennen, solange ich lebe, mal lichterloh, mein ganzes Wesen mit Bitterkeit und Schmerz erfüllend, mal schwach glimmend. Du bist mir der liebste Mensch auf Erden. Glücklich sollst du in deinem Leben sein, keine Sorgen und keinen Kummer kennen.

> Gott soll dir nur das Allerbeste geben!
> Leb wohl, Wowka!
> Leb wohl.

Pfui, ich habe mich zu sehr aufgeregt. Lohnt sich das? Es werden sich andere Jungen, andere Freunde finden. In unserer Klasse gibt es bessere Jungen als Wowka. Wowka Fridman, Genka K. u. a. Also der Freundschaftspionierleiter, wie ähnlich er doch Andrei sieht. Sowohl von der Stimme als auch von der Art her. Und Genka, der hinter mir sitzt, ist auch ein netter Kerl, nur kommt es mir so vor, als wäre er ein Duckmäuser. Aber macht nichts, wir haben noch Zeit, einander kennenzulernen.

Lass den Kopf nicht hängen, Lena. Der ersten Liebe folgt immer die zweite.

Nur Mut, vorwärts.

Wenn ich am Leben bleibe, wird alles wie am Schnürchen laufen.

Aber werde ich wohl am Leben bleiben? Jeden Tag werden ziemlich unangenehme Geschenke durch die Luft in unsere Stadt geschickt. Leningrad ist eingekesselt. Der Feind kreist Moskau ein. Der Deutsche steht vor Tula. Die ganze Ukraine ist besetzt. Der Donbass*. Die USA helfen uns mit Waffen und Lebensmitteln. Was noch kommt, wissen wir nicht. Aber egal, was

* Das ukrainisch-russische Steinkohle- und Industrierevier Donezbecken.

noch kommt, ich will leben, und solange ich lebe, will ich lieben, und wen, das werden wir noch sehen. Vielleicht sitzt genau in dieser neuen Klasse zwischen diesen neuen Jungs mein zukünftiger Freund.

12/XI

Jeden Tag furchtbare Bombardements, jeden Tag Artilleriebeschuss.

16/XI

Schon wieder Fliegeralarm. Ist es halb acht Uhr abends, ist der Deutsche, bitte schön, pünktlich da.

Heute ist der Tag irgendwie blöd verlaufen. Aka ist um neun Uhr losgegangen, um etwas Essbares aufzutreiben, und ist erst um fünf Uhr zurückgekehrt. Mama und ich haben uns schon an den Gedanken gewöhnt, dass Aka nichts bekommen hat und wir heute überhaupt nichts zu Mittag essen können, da taucht Aka wieder auf, und zwar nicht mit leeren Händen, sondern mit Sülze. Sie hat 500 g Fleischsülze mitgebracht. Wir haben sofort Suppe gekocht und je zwei Teller heiße Suppe gegessen. So wie wir jetzt leben, ist es noch erträglich, aber wenn die Lage schlechter wird, weiß ich nicht, wie wir überleben sollen. Früher, eigentlich noch gar nicht so lange her, konnte Mama noch bei ihrer Arbeitsstelle Suppe ohne Lebensmittelkarte bekommen, und in der Schule haben sie uns am ersten Tag auch

Suppe gegeben. Aber am nächsten Tag wurde bereits angeordnet, dass es auch Suppe nur gegen Lebensmittelkarten gibt.

150 g Brot reichen uns ganz offensichtlich nicht. Aka kauft morgens Brot für sich und für mich, ich esse fast alles vor der Schule auf, und dann sitze ich den ganzen Tag ohne Brot da. Ich weiß nicht, wie ich das machen soll, vielleicht sollte ich lieber so verfahren: Jeden zweiten Tag in der Schulkantine 50 g Hauptgericht mit Lebensmittelkarten holen und an diesem Tag dann kein Brot nehmen und mich am nächsten Tag von 300 g Brot ernähren. Muss ich mal ausprobieren. Mein Befinden ist derzeit überhaupt nicht gut. Irgendwas nagt die ganze Zeit an mir. Bald, am 21. dieses Monats, habe ich Geburtstag, ich werde 17. Irgendwie werde ich das schon feiern, gut, dass es der erste Tag der dritten Dekade* ist, so wird es auf jeden Fall Konfekt geben. Ich habe solchen Hunger.

Wenn sich nach dem Krieg wieder alles eingependelt hat und man alles kaufen kann, werde ich ein Kilo dunkles Brot kaufen, ein Kilo Lebkuchen, einen halben Liter Baumwollsamenöl. Ich werde das Brot und die Lebkuchen zerbröseln, reichlich mit Öl übergießen, das alles gut zerreiben und vermischen, dann werde ich einen großen Löffel nehmen und es genießen, bis zum Umfallen werde ich essen. Dann werden Mama und ich verschiedene Piroggen backen, gefüllt mit Fleisch, mit Kartoffeln, mit Kraut, mit geriebenen Karotten. Und

---

* Jeder Monat war in drei Dekaden eingeteilt, die die Ausgabe von Lebensmitteln zeitlich strukturierten.

dann werden Mama und ich Kartoffeln braten und die gebräunten, noch zischenden Bratkartoffeln direkt vom Feuer essen. Und wir werden Schweineohren mit saurer Sahne essen und Pelmeni* und Nudeln mit Tomatensoße und gebratenen Zwiebeln und noch warmes Baguette mit einer knusprigen Kruste, das wir mit Butter bestreichen und mit Wurst belegen oder mit Käse, wobei das auf jeden Fall eine dicke Scheibe Wurst sein muss, damit die Zähne geradewegs in diesem belegten Brot versinken, wenn man abbeißt. Mama und ich werden einen körnigen Buchweizenbrei mit kalter Milch dazu essen und dann denselben Brei, mit Zwiebeln in einer Pfanne anbraten, in einer Pfanne, die vor lauter Öl trieft. Schließlich werden wir heiße, fette Blinis mit Marmelade essen und dicke runde Pfannkuchen. Mein Gott, wir werden so viel essen, dass wir Angst bekommen.

Tamara und ich haben beschlossen, ein Buch über das Leben sowjetischer Jugendlicher unserer Zeit, der neunten oder der zehnten Klasse, zu schreiben. Über vorübergehende Schwärmereien und die erste Liebe, über Freundschaft. Also so ein Buch wollen wir schreiben, das wir selbst gern lesen würden, das es aber leider nicht gibt.

Entwarnung, Entwarnung, der Fliegeralarm ist vorbei. Jetzt ist es Viertel nach acht. Ich sollte schlafen gehen. Morgen ist Schule.

Bis zum nächsten Mal.

---

* Gefüllte Teigtaschen.

21. November 1941

Heute habe ich Geburtstag. Ich bin 17 geworden. Ich liege mit erhöhter Temperatur im Bett und schreibe. Aka ist losgegangen, um irgendwo Butter, Getreide oder Nudeln aufzutreiben. Wann sie zurückkommt, weiß ich nicht. Vielleicht kommt sie mit leeren Händen zurück. Aber ich bin trotzdem zufrieden, heute Morgen hat mir Aka meine 125 g Brot und 200 g Bonbons gegeben. Das Brot habe ich schon fast ganz gegessen, was sind schon 125 g, das ist eine kleine Scheibe, aber die Bonbons muss ich irgendwie auf zehn Tage verteilen. Erst habe ich mit täglich drei Bonbons gerechnet, aber ich habe schon neun Stück gegessen, deshalb habe ich beschlossen, zur Feier des Tages noch vier Bonbons zu essen und ab morgen die Ordnung streng einzuhalten und täglich nur zwei Bonbons zu essen.

Die Lage in unserer Stadt bleibt sehr angespannt. Wir werden aus Flugzeugen bombardiert, aus Geschützen beschossen, aber das ist noch gar nichts, wir haben uns so sehr daran gewöhnt, dass wir uns selbst darüber wundern. Aber dass unsere Verpflegungssituation sich mit jedem Tag verschlechtert, das ist furchtbar. Wir haben nicht genug Brot. Man muss England danken, sie schicken uns einiges. So zum Beispiel Kakao, Schokolade, Bohnenkaffee, Kokosmilch, Zucker – das kommt alles aus England, und Aka ist sehr stolz darauf. Aber Brot, Brot, warum schickt uns niemand Mehl? Die Leningrader müssen Brot essen, sonst sinkt ihre Arbeitskraft. Alle sagen, und im Radio wird von nichts anderem geredet, dass wir den Feind bald von Leningrad vertreiben werden, dass es nun nicht mehr lange dauert. Und sobald der Feind vertrieben ist, werden sich Ströme von Lebensmitteln nach Leningrad ergießen. Aber so lange müssen wir durchhalten. Wir halten ja auch durch, aber das ist so schwer. Manchmal verzweifelt man auch, manchmal denkt man, nein, wir werden alle wie die Fliegen verrecken, wir werden den hellen Tag des Sieges nicht mehr erleben. Aber solche Gedanken muss man verscheuchen. Das sind schädliche Gedanken. Mein Gott! Wie sehr wünsche ich mir, dass Aka und Mama Lena und ich, dass wir alle diese schwere Zeit wohlbehalten überstehen und wieder frei atmend leben können! Wie sehr wünsche ich mir, dass Mama wieder zunimmt und Aka sich auch gut fühlt. Ich habe solche Angst um Mama und Aka. Denn echten Hunger werden sie nicht überleben. Und wir wissen ja nicht, was uns noch erwartet. Vielleicht wird Brot nur noch jeden zweiten oder jeden dritten Tag ausgegeben, und in den Kantinen wird es nichts mehr geben. Was dann? Aber nein, das dürfen sie nicht zulassen! England und die USA müssen uns mit Nahrungsmitteln versorgen. Das liegt doch in ihrem Interesse, dass die Deutschen eine Niederlage bei Leningrad erleiden. Weil ein Sieg bei Leningrad doch die beste Hilfe für Moskau ist! Und die Zerschlagung der Deutschen bei Moskau wird den Tag näher bringen, an dem es eine Wende in diesem historischen Krieg gibt, nämlich den Beginn des Rückzugs des Feindes. Das soll bitte bald, ganz bald geschehen! Jeder Tag bringt neue Hoffnung darauf, dass der feindliche Ring um Leningrad durchbrochen wird.

Tamara ist zu mir gekommen und hat… mitgebracht. Gestern gab ich ihr meine Lebensmittelkarten für Getreide und Fleisch mit und bat sie, in unserer Schulkantine ein Mittagessen für mich mitzunehmen, nämlich zwei Beilagen für die Getreidemarke und, wenn möglich, zwei Frikadellen oder zwei Portionen Wurst für die Fleischmarke, was immer sie da haben. Sie hatte es versprochen.

Aka und ich hatten alle unsere Hoffnungen darauf gesetzt, was Tamara mitbringen würde. Wir hatten uns überlegt, dass Aka aus den Beilagen, aus dem Brei oder den Nudeln oder aus sonstwas eine wunderbare dicke Suppe kochen würde, zwei Töpfe voll, und dass wir die Frikadellen zur Feier des Tages auf drei aufteilen und mit Frikadellen belegte Brote essen würden. Und dann, o Schreck! Tamara kommt und bringt nichts mit, gar nichts, keine Beilage, keine Suppe, nichts… Erbost und stolz schwört sie, sie werde niemals und niemandem mehr etwas versprechen und nichts mehr für jemanden tun. Aus dem Gesagten verstehe ich nur, dass sie zwei Pausen lang in der Schlange stand und nichts mehr für sie übrig war. Es gab keine Beilagen mehr, deshalb hat sie eine Portion Suppe gekauft und verschüttet. Wie sie es geschafft hat, die Suppe zu verschütten, ist mir bis jetzt ein Rätsel. Was ich jedoch verstehe, ist, das das alles schrecklich ist.

Bald wird Aka zurückkommen, frierend, müde und wahrscheinlich mit leeren Händen. Das ist das Ende. Sie wird erfahren, dass Tamara nichts mitgebracht hat, und ich weiß nicht, wie sie das verkraften wird. Und später wird Mama kommen, müde und hungrig, sie wird versuchen, heute früher heimzukommen, sie weiß, dass ich heute Geburtstag habe und was, o Gott, wäre, wenn Aka nichts zu essen machen kann? Ja, da werden wir meinen Geburtstag so richtig »feiern«. Nein, ich werde Tamara weder vor Aka noch vor Mama verteidigen, aber ich will auch nicht über sie schimpfen. Sie hat Pech gehabt, denn was passiert ist, ist ein Unglück, es wäre genauso, als wenn man ihr die Lebensmittelkarten gestohlen hätte oder etwas Ähnliches. Jedem kann so ein Unglück zustoßen.

Natürlich ist es traurig, zum Heulen traurig, dass wir ausgerechnet an meinem Geburtstag hungrig, ohne Essen, dasitzen werden, und das wegen meiner allerbesten Freundin.

Also, jetzt kann ich auch das Stückchen Brot essen, das ich für die Frikadelle aufbewahrt habe. Und dann könnte ich versuchen einzuschlafen, bis morgen zu schlafen.

Meine liebe, über alles geliebte Mama wird hungrig nach Hause kommen. Ich werde sie an mein Herz drücken, fest, ganz fest drücken und ihr von dem über uns hereingebrochenen Unglück berichten. Sie wird nicht böse sein, glaube ich. Sie wird wahrscheinlich schon irgendwas gegessen haben. Sie soll nur nicht böse sein, mir den Feiertag nicht verderben. Mehr will ich nicht. Wir werden ein Glas Wein trinken und dann Tee mit Bonbons.

Bloß nicht streiten, alles soll bloß harmonisch und friedlich sein. Das ist mein größter Wunsch.

Es ist schon halb sieben, aber Mama ist immer noch nicht da. Durch das Fenster hört man unsere Flak verwegen feuern, der zweite Alarm dauert an. Hitler will uns heute eine richtige Tracht Prügel verpassen, für gestern und für heute.

Ja, so wie ich gedacht hatte, ist es auch gekommen. Um fünf Uhr kam Aka, müde, verfroren, mit leeren Händen nach Hause. Sie hat nach Nudeln angestanden, und es hat nicht mehr für sie gereicht. Tante Sascha war eher dran, die hat welche abbekommen, aber Aka nicht mehr. Tante Sascha hat Aka nicht mal angeschaut. Was für ein Mensch! Hat das alte Mütterchen nicht vorgelassen. Gott, es ist unvorstellbar, was für ein Pech wir haben. Als hätten sich alle Götter und Teufel gegen uns verschworen.

Ich habe schrecklichen Hunger, fühle eine furchtbare Leere im Magen. Ich sehne mich nach Brot. Ich würde, glaube ich, jetzt alles geben, um etwas in meinen Magen zu bekommen.

Wann werden wir wieder satt sein? Wann hört diese Qual auf? Wann werden wir wieder etwas Kräftiges, etwas Sättigendes essen, einen vollen Teller Brei oder Nudeln, mit flüssiger Nahrung kommt man nicht weit. Wir essen doch schon über einen Monat lang nur Flüssigkeiten. Nein, so zu leben ist undenkbar. Allmächtiger, wann endet denn endlich diese Qual!! Und heute ist mein Feiertag, mein Geburtstag, den hat man nur einmal im Jahr. Ich weiß noch, Aka hat an diesem Tag immer Kuchen und Brezeln gebacken. Wir saßen um den Tisch herum, haben Tee getrunken, haben mit Wein angestoßen. Auf dem Tisch waren immer Bonbons, Piroggen und manchmal Torte, Wurst- und Käsebrote. An diesem Tag, vor allem in den letzten Jahren, hatten wir keine Gäste, aber wir haben zu dritt diesen Tag richtig schön gefeiert. Nein, ich werde den 21. November des Jahres 1941 niemals vergessen. Mein ganzes Leben lang werde ich mich an diesen Tag erinnern. Am 21. November 1942 werde ich (falls ich noch am Leben sein werde) an diesen Tag denken, während ich mir eine riesige Scheibe dunkles Brot abschneide und dick mit Butter bestreiche, ich werde an diesen Tag denken, wie er vor einem Jahr, 1941, war, und diese dicke Scheibe Brot mit Butter wird für mich wertvoller sein als alle luxuriösen Delikatessen, als alle leckeren Dinge zusammengenommen, als alle Piroggen, alle Torten. O Gott, wie sehr werde ich das Abbeißen und das Kauen dieses Brotes genießen, Brot, echtes Brot.

Mamotschka, meine liebe Mamotschka, wo bist du? Du liegst unter der Erde, du bist tot. Du hast für immer deine Ruhe gefunden. Ich hingegen, ich quäle mich, ich leide zusammen mit Hunderten und Millionen sowjetischer Bürger. Und warum? Wegen der Wahnideen dieses Psychopathen. Er hat beschlossen, die ganze Welt zu erobern. Das ist soo ein Irrsinn, und deshalb hungern und leiden wir. Allmächtiger, wann hört das alles auf? Das muss doch irgendwann aufhören!?!!

22/XI

Heute Morgen habe ich meinen gestrigen Tag gefeiert. Um sieben Uhr ist Aka losgegangen, um Schokolade aufzutreiben, und um neun Uhr gab sie mir meinen Tee, mein Brot, 125 g, und 50 g Schokolade, echte englische Schokolade. Wir hatten noch nie echte ausländische Schokolade. Echte englische Schokolade, fett, duftend, hart, schwer, schön. Sie ist in große Tafeln aufgeteilt. Vier wiegen 50 g. Das heißt, eine wiegt 12,5 g. Und wie köstlich, bittersüß, also mit einem Wort, echte Schokolade, geradewegs aus Indien.

Wenn das Brot in Leningrad nicht mehr reicht und wir stattdessen Schokolade bekommen, werden wir nicht verhungern. Und Schokolade hat uns England wahrscheinlich genug geliefert und wird noch mehr liefern. Auf eine Kinderkarte bekommt man solche englischen Lebensmittel wie echtes Sago, Rosinen, [...]*. Aber das gibt es alles auf die Kinderkarte, auch Grieß und Reis.

Das ist mal eine Suppe, die beste Suppe! Aka hat sie aus der Schule mitgebracht. Aber wie ärgerlich, warum sind wir nicht gleich darauf gekommen, Aka hätte ja gestern genauso gut hingehen und das Mittagessen holen können, ich hätte gar nicht Tamara beauftragen müssen.

Heute hat Aka dort zwei Hauptspeisen geholt, und zwar eine Portion Reisbrei mit Butterstückchen. Ein Butterstückchen hat Aka mir gegeben, und das andere hat sie in den Reis getan und eine wunderbare Suppe gekocht, so köstlich und so viel, dass jeder einen vollen Teller bekommen hat und noch drei Kellen obendrauf.

Jetzt werden wir alles umstellen. Ich werde alle drei Nährmittelkarten an mich nehmen und so kalkulieren, dass sie für die ganze Dekade reichen, und zwar für

---

* Nicht leserliches Wort.

acht Tage. Wäre gut, wenn es 100 g Nährmittel pro Tag wären, oder im äußersten Fall nehmen wir 75 g, also eine Suppe und eine Hauptspeise.

In meinem Glas ist statt drei hochwertiger Schokoladetafeln, wie ich zuerst angenommen hatte, nur noch ein winziges Reststückchen übrig, das ich auch bald aufessen werde, weil es lächerlich ist, so ein Stückchen aufzubewahren. Und was ist von meinem Konfekt übrig? Gestern hat mir Aka doch ein Tütchen mit Konfekt gegeben. Ich habe die Süßigkeiten gleich gezählt. Es waren 34 runde, schöne Stücke Konfekt. Vier Stücke Konfekt habe ich gegen zwei Stücke Sojakonfekt getauscht. Den heutigen Tag haben nur noch fünf klägliche Stücke Konfekt erlebt. Wohin sind die anderen verschwunden? Ja, ich habe sie alle gestern aufgegessen, denn gestern habe ich ja nicht zu Mittag gegessen. Ja, gestern habe ich mich von Brot und Konfekt ernährt. Gestern habe ich allein 25 Stück von diesem Konfekt aufgegessen und mich mit dem Gedanken getröstet, dass ja heute mein Geburtstag ist, heute werde ich mich daran satt essen, und morgen werde ich kein einziges essen. Aber das »Morgen« ist angebrochen, und die fünf armen Tropfe, die von mir verschont worden sind, haben auch ihr Ende in meinem unverschämten Mund gefunden. Ich schäme mich geradezu, ja, gestern war ich hungrig, ja, das ist was anderes. Aber heute, heute hatte ich Brot, Schokolade, Suppe, da hätte man doch diese unglückseligen Opfer zwei Tage lang in Ruhe lassen können, sie sind sowieso zum Aufessen verurteilt. Aber nein, ich habe es nicht ausgehalten, habe mich lange zusammengerissen, schließlich eins gegessen, und das hieß, dass ich nicht mehr aufhören konnte, bis ich alles vernichtet hatte, was ess- und greifbar war. Also habe ich angefangen zu essen und alles Konfekt und die ganze Schokolade aufgegessen. Und vor mir liegen acht Tage. Und ich werde an diesen acht Tagen wieder Tee ohne irgendwas dazu trinken und mich darüber ärgern, wie ich auf die Idee kommen konnte, an einem Tag 25 Stück Konfekt zu essen.

Meine Schokoladentafel, meine schöne, echte englische Schokoladentafel, wo bist du geblieben? Warum habe ich dich aufgegessen? Man hätte sich nur an deinem Anblick erfreuen sollen, aber ich habe dich aufgegessen. Ich bin schlimm. Jetzt gibt es nur eine Hoffnung, d. h. genau genommen einen Trost. Wenn Mama mit uns teilen will, bekomme ich noch eine Tafel. Aber ich werde sie nicht essen, nein, Gott behüte. Ich werde mich nur an ihrem Anblick ergötzen und sie erst essen, wenn Mama keinen Krümel Schokolade mehr hat.

Ich habe gerade mein Tagebuch wieder gelesen. Gott, wie kleinlich ich geworden bin. Ich denke und schreibe nur noch über Essen, aber außer Essen existieren doch doch noch viele andere Dinge.

Wie übermütig die Deutschen inzwischen geworden sind. Sie schießen immerzu mit ihrer Fernartillerie. Aber das macht nichts. Bald wird man sie zum Schweigen bringen. Gerade ist direkt über den Dächern ein Flugzeug in genau die Richtung geflogen, aus der geschossen wird.

Die Stadt lebt weiterhin normal. Fabriken stellen ihre Produkte her. Geschäfte verkaufen ihre Waren. Es gibt Kino-, Theater- und Zirkusvorstellungen. Die

Schüler lernen. Allerdings wurde das Leben auf eine neue Art umgestellt: Das Gas funktioniert nicht, Petroleum wird nicht verkauft, die Menschen kochen ihr Mittagessen auf den Öfen mit Brennholz und Spänen. Aber die meisten Menschen sind auf verschiedene Kantinen angewiesen. Inzwischen geht kaum jemand mehr in den Luftschutzkeller hinunter, weil die Menschen aufgrund systematischer Unterernährung nicht mehr die Kraft haben, Treppenstufen herauf- und hinunterzusteigen. Jetzt ist gerade eine Zeit, wo man nichts kaufen kann, und deshalb haben die Jungen immer viel Geld bei sich. Sie gehen fast jeden Tag ins Kino und ins Theater, und in den Pausen und während der Fliegeralarme im Luftschutzkeller vertreiben sie sich mit Kartenspielen die Zeit. In allen Pausen und sogar in manchen Unterrichtsstunden spielen sie um Geld Blackjack. Das ist doch wirklich ein Laster! Ich habe ihr Spiel oft beobachtet. Sie gewinnen tatsächlich pro Spiel fünf bis sieben, manchmal auch acht Rubel. Und ich habe gesehen, wie sie jeden Respekt vor dem Geld verlieren, wie achtlos ein »Dreier«, drei Rubel, auf die Schulbank, in »die Bank«, geworfen wird. Und wenn ein Rubel zufällig herunterfällt, beeilt sich der Besitzer nicht, sich zu bücken, um ihn aufzuheben, und von 20 Kopeken müssen wir gar nicht reden. Manche Jungen stecken das gewonnene Geld mit einer solchen Gier weg, andere hingegen mit einer betonten Nachlässigkeit.

Gestern habe ich meine Postkarten durchgesehen. Was für schöne Postkarten mit verschiedenen Panoramen wurden doch früher herausgegeben, jetzt dagegen werden so schlampige Postkarten herausgegeben, ohne jede Mühe und Sorgfalt. Durchgesehen habe ich auch alle Postkarten mit Mitteilungen an mich auf der Rückseite, die mir Mama aus Pjatigorsk vor drei Jahren geschickt hat.

Und ich habe mich daran erinnert, dass Mama und ich irgendwann einmal davon geträumt haben – es ist übrigens noch gar nicht so lange her, im letzten Winter –, mit einem Dampfer auf der Wolga zu fahren. Wir haben uns erkundigt und geprüft, was das alles kosten würde. Ich weiß noch, Mama und ich hatten fest beschlossen, im Sommer irgendwohin zu reisen. Und das wird uns nicht verwehrt sein. Mama und ich werden uns noch in einen Wagen erster Klasse mit hellblauen Vorhängen und einer Lampe mit Lampenschirm setzen, und dann wird dieser glückliche Moment kommen, wo unser Zug die Glaskuppel des Bahnhofs verlassen und in die Freiheit brausen und wir in die weite Ferne reisen werden. Wir werden an einem Tischchen sitzen, etwas Leckeres essen und wissen, dass auf uns Abenteuer, leckere Speisen, unbekannte Orte, die Natur mit ihrem blauen Himmel, ihrem Grün und ihren Blumen warten. Auf uns werden Spaß und Vergnügen warten, eins besser als das andere. Und wir werden sagen, während wir sehen, wie Leningrad hinter uns in der Ferne entschwindet: Diese Stadt, in der wir hungrig in einem kalten Zimmer gesessen haben und das Donnern der Flak und das Brummen feindlicher Flugzeuge gehört haben. Und wir werden diese Erinnerungen beiseitewischen wie einen schlimmen Albtraum und unseren Blick nach vorne richten, in die Ferne, dorthin, wohin der Expresszug mit dem Roten Stern mit uns eilt. Hier auf dieser Erde sind die Deutschen gelaufen, damals war sie mit Schnee überdeckt, von Geschosstrichtern und Schützengräben durchzogen, von Stacheldraht umzäunt, kalter, eisiger Wind pfiff um die Ohren. Diese Bahnlinie, auf der wir gerade dahineilen, war demontiert. Es waren Partisanen, die sie demontiert hatten. Und unterhalb dieser Böschung lagen zerhackte Waggons, und hier und da hoben sich auf der Böschung die zur Hälfte mit Schnee bedeckten Leichen feindlicher Soldaten schwarz ab. Und Mama und ich werden unwillkürlich das dicke Gras der Böschung beäugen, aber wir werden dort nichts mehr sehen, was an den Krieg, den wir überlebt haben, erinnert. Wenn auch nicht der fernen Vergangenheit, aber dennoch der Vergangenheit werden bereits jene historischen Tage angehören, wo die Wende kam und die Deutschen nicht mehr vorgerückt sind, sondern anfingen, den Rückzug anzutreten, wo die Deutschen flohen, wo wir in Berlin einmarschierten, wo das letzte Geschützfeuer erdröhnte, die letzte Granate explodierte und der letzte Gewehrschuss fiel. Hinter uns liegt bereits, durch einen Dunstschleier verdeckt, das ferne graue Leningrad, liegen jene Tage, in denen wir unsere siegreichen furchtlosen Krieger – wahre Helden – empfangen haben, deren Ruhm auch an Jahrhunderten nicht getilgt werden kann. Das alles ist entschwunden, in den Hintergrund getreten und hat Neuem Platz gemacht. Und dieses Neue ist auch schon vorbei. Wir haben schon unsere ruhmreichen, im Kampf gefallenen Soldaten begraben, ehren sie und behalten sie in ewiger Erinnerung. Leningrad hat seine Wunden geheilt, wir haben neue Fenster eingesetzt und zerstörte Gebäude wieder aufgebaut. Ja, das alles ist schon vorbei. Auch jener Tag, an dem zum ersten Mal auf dem Gaskocher in der Küche das Gas wieder zischend aufgeflammt ist und es zum ersten Mal »Eskimo«-Eis gegeben hat.

Mama und ich schauen aus dem Fenster, und mein Gott, wie glücklich wir sind. Und immer wieder schwirren Erinnerungen durch den Kopf. Wir erinnern uns an die Vergangenheit und freuen uns darüber, dass sie nicht mehr wiederkehren wird. Wir erinnern uns daran, wie das letzte Entwarnungssignal klang, wie das festliche Leningrad nicht mehr durch Brände erhellt wurde, sondern durch das Licht der elektrischen Beleuchtung, wie die Schaufenster nicht mehr mit Bretter zugenagelt, sondern wieder hell erleuchtet waren, wie die Straßenbahnen klingelten und die Autos zu hupen begannen und die Scheinwerfer aufleuchten ließen und wie das Licht tausendfach in den Fenstern der glücklichen Häuser aufflammte. Und die Reklame und die Aushänge, alles funkelte und blitzte an diesem ersten Festtag …

23. November

Gestern habe ich meiner Mama meine Fantasiegeschichte vorgelesen, und sie hat ihr sehr gefallen. Weiter will ich nicht daran schreiben. Ich werde das jetzt so machen, dass ich nach der Schule im leeren und stillen Klassenzimmer bleibe und alle Hausaufgaben erledigen werde, die wir gerade bekommen haben. Denn die Intervalle zwischen den Fächern im Stundenplan sind, na, höchstens zwei, drei Tage. Und ich denke, wenn ich heute zum Beispiel Geografie lerne, die gerade aufgegebene Hausaufgabe, in einer Atmosphäre der Stille und Ruhe, dann werde ich doch nicht alles in drei Tagen völlig vergessen haben, und selbst wenn ich es vergesse, werde ich nicht lange fürs Wiederholen brauchen. Dafür kann ich, wenn ich meinen Plan genau erfülle, zu Hause lesen, ich werde zu Hause lesen. So bald wie möglich muss ich »Große Erwartungen« von Dickens zu Ende lesen und etwas anderes zu lesen beginnen. Ich will ein »Regal des Bolschewiken« einrichten und verschiedene Broschüren kaufen. Ja, später muss ich noch eine russische Grammatiksammlung kaufen und alle Rechtschreibregeln wiederholen, um meine Aufsätze in Literatur nicht durch Analphabetentum zu entwerten. Aber genug sinnlos gequatscht. »Taten sagen mehr als Worte!« Jetzt werde ich Literatur lernen, dann die anderen Fächer. Bis dahin hat Aka die Suppe aufgewärmt, wir essen, danach stehe ich auf und schreibe Algebra ab.

27/XI 41

Heute kam ich um halb zwei aus der Schule zurück. Und das ist noch gut, am 25.11. kamen wir um fünf Uhr aus der Schule zurück, gestern um vier Uhr. Es ist nämlich so, dass es an allen diesen Tagen so kam: In der fünften Stunde ertönt drei bis fünf Minuten vor dem Kingelzeichen ein unterbrochenes Klingeln, wir ziehen uns eilig an, unsere Garderobe befindet sich schon hier im Klassenzimmer, und gehen hinunter, überqueren schnell den Hof und gehen hinunter in den Luftschutzkeller unserer Schule. Unser Luftschutzkeller ist gut, er besteht aus fünf separaten Räumen, die durch eine Hauptwand getrennt sind. In jedes separate Zimmer passen zwei Klassen. Hier ist es hell und warm, die Luft ist sauber (die Belüftungsanlage funktioniert). Hier stehen Bänke, Sitzbänke, hier ist auch eine Tafel mit Kreide. Wir nehmen in den Bänken Platz, der Lehrer nimmt seinen Platz an der Tafel ein, und die Schulstunde geht weiter. Heute kam mitten in der Literaturstunde die Schulleiterin und informierte uns über den Artilleriebeschuss, der begonnen hatte. Die Literaturstunde ging im Luftschutzkeller weiter, dann hatten wir Geschichte, und dann hätten wir wieder laut Stundenplan Literatur haben sollen. Aber die Schulleiterin kam und erklärte, der Fliegeralarm sei vorbei. Lauft schnell nach Hause. Das haben wir uns nicht zweimal sagen lassen, weil keiner besonders Lust hat, vier, fünf Stunden hungrig im Keller zu sitzen, und wir rannten los nach Hause. Kaum waren wir hinterm Tor… Alarm. Also wir haben es gerade eben so geschafft durchzukommen. Gerade schreibe ich diese Zeilen während des Alarms.

Aka wärmt die Suppe auf, gleich werden wir essen. Heute haben Mama und ich beschlossen, kein Brot zu nehmen, um am 30. am Wochenendtag nicht ohne Brot dazusitzen. Wir haben noch etwas Leinsamen. Gerösteter Leinsamen ist, so stellte sich heraus, etwas sehr Leckeres. Gestern waren wir alle drei satt, und heute werden wir auch nicht hungern. Aber was dann sein wird, wissen wir nicht. Übrigens bekommt man auf Lebensmittelkarten statt Fleisch Schokolade und Konfekt, und statt Butter hat es früher Käse gegeben und gibt es jetzt Apfelmus.

In der Schule bekommen wir ja weiterhin jeden Tag ein Schokoladenkonfekt für 30 Kopeken. Früher mussten wir in die Kantine hinuntergehen, weshalb sich Schlangen bildeten und manche zu spät zur Unterrichtsstunde kamen, aber jetzt sieht die Sache anders aus. In der Mitte der zweiten Unterrichtsstunde kommt die Schulleiterin in Begleitung des Büfettiers in einem weißen Kittel mit einem großen Paket und mehreren Tellern in den Händen. Die Zahl der Anwesenden wird festgestellt, der Büfettier zählt die entsprechende Anzahl der Konfektstücke ab, dann geht einer der Schüler mit diesem Teller durch das ganze Klassenzimmer, gibt jedem ein Stück Konfekt und sammelt Geld ein, das die Schulleiterin gleich mitnimmt. Danach geht die Schulstunde weiter. Gut, natürlich ist die Aufmerksamkeit dahin, mehr als die Hälfte der Klasse kaut ein Stück Konfekt. Und niemand von uns geht noch hinunter, um in der Kantine Tee, d.h. heißes Wasser, zu trinken.

Heute saß ich im Luftschutzkeller neben Genja Kobyschew. Das ist der Junge, der mich gleich vom ersten Treffen an interessiert hat. Er scheint ein bescheidener, stiller Junge zu sein. Niemals tut er seine Meinung kund. Fängt nie als Erster ein Gespräch an.

In der Pause vor Geschichte hat er, während sich alle um ihn herum unterhalten haben, »Die toten Seelen«*

---

* *Mertwyje duschi* (1842), Roman von Nikolai Gogol (1809–1852).

gelesen. Ich fragte ihn: »Gefallen dir die ›T. S.‹?« Er antwortete wortlos, mit der unbestimmten Geste, die man immer versteht. Dann fragte ich ihn: »Welches Fach magst du am liebsten?« Er antwortete wieder mit dieser unbestimmten Geste verlegen lächelnd. Aber das reichte mir nicht. »Na … magst du Geschichte?« »Nein.« »Geografie?« »Ja, Geografie ist in Ordnung. Mathematik mag ich.« »Mathematik? Und Naturwissenschaft?« »Nein, mag ich nicht.« Weitere Gesprächsthemen habe ich nicht gefunden. Aber er schaute mich noch eine Zeit lang irgendwie nachdenklich an, dann fuhr er fort, die »T. S.« zu lesen.

Genja ist klein, ziemlich schlank. Die hellen Haare bilden am Scheitel einen lustigen Wirbel. Der Blick seiner blauen Augen ist irgendwie warm, weich, der Gesichtsausdruck unschuldig, entschuldigend. Das Lächeln verlegen, manchmal sogar irgendwie einschmeichelnd. Wäre interessant zu wissen, wie er an sich ist.

Es ist schon Viertel nach drei, aber der Alarm dauert immer noch an. Mal verstummt die Flak, mal schießt sie wieder häufiger.

Gleich werde ich anfangen, Hausaufgaben zu machen. Vor allem Literatur.

Der Alarm endete um Viertel vor sechs. Aber um halb sieben begann ein Artilleriebeschuss. Mama kam zu Fuß nach Hause. Gerade haben wir den Beitrag des Akademiemitglieds Orbeli* gehört, aus dem wir erfahren haben, dass die Deutschen die Peterhofer und

---

* Iossip (Joseph) Orbeli (1887–1961), armenisch-sowjetischer Orientalist.

Puschkiner Schätze erbeutet haben. Sie haben Samson zersägt und nach Deutschland gebracht, außerdem das Bernsteinzimmer in Puschkin zerstört und auch nach Deutschland gebracht. Das deutsche Volk wird, koste es, was es wolle, für die Restaurierung des Bernsteinzimmers Bernstein auftreiben müssen.

In letzter Zeit passiert irgendwas in meiner Seele, was ich selber nicht verstehe. Wenig Wünsche, wenig Pläne, Fragen, so viele Gedanken, und sie alle haben sich zu einem Knäuel verflochten, das man nicht entwirren kann. Wenn man wenigstens ein Ende zu fassen bekäme. Mal scheint mir alles klar zu sein, dann ist plötzlich wieder alles in Nebel gehüllt, und ich verstehe nichts. Vor allem kann ich mich niemandem anvertrauen. Mama? Sie kommt nach Hause, isst und geht schlafen. Sie ist jetzt immer so müde. Tamara? Wie soll ich mich ihr anvertrauen, und was wird sie von dem, was ich ihr sagen werde, verstehen, und was soll ich überhaupt anvertrauen? Denn in mir ist eine Leere, eine richtige Leere. Ich verstehe nichts, beziehungsweise ich verstehe alles, ich weiß nur nicht, was ich verstehen soll.

Ich kann Wowka überhaupt nicht vergessen, ich träume jeden Tag von ihm. Habe ich ihn denn wirklich geliebt? Ich kann mir gar nicht darüber klar werden. Und warum kann ich keinen Jungen aus unserer Klasse kennenlernen? Galja Wiron wird schon von allen Jungs Galka gerufen, aber mir gehen sie aus dem Weg, und manche siezen mich. Woran liegt das? Warum will ich immer mit jemandem ein Gespräch beginnen, weiß aber nicht, zu welchem Thema. Gott weiß, was los ist.

Ich bin überhaupt kein Mensch, sondern ein einziges Missverständnis. Niemandem gefällt der Chemielehrer, ja, buchstäblich alle lachen ihn aus irgendeinem Grund aus. Aber mir gefällt er, ich sehe in ihm, Gott weiß wieso, einen sowjetischen Lehrer, und ich würde mir wünschen, dass er unser Klassenlehrer wird und uns alle umerzieht und so unsere Herzen erreicht. Wir alle würden sowjetische Schüler werden, aufrichtige Kommunisten. Und dass er uns unser ganzes Kulturbanausentum austreibt, dass wir uns mit ihm eine Sinfonie anhören, dass uns die Augen für die ganze Welt geöffnet werden und wir erkennen: Wir leben, wir leben unser einziges Leben. Und dass sich jeder von uns fest vornimmt, sein Leben, wie es sich gehört, zu leben. Dass wir uns unserer Eltern wirklich als würdig erweisen und noch besser sein werden als sie. Kultivierter, gebildeter. Und selbst Eltern werden, die ihre Kinder so großziehen, dass sie besser sein werden als wir. Dann wird der Mensch ein glückliches, nutzbringendes und frohes Leben führen. Und wenn wir alt sind, könnten wir uns über das vergangene Leben freuen. Wichtig ist zu wissen: Es wurde so gelebt, dass man es nicht bedauern muss. O mein Gott, wie sehr wünsche ich mir, dass damit begonnen wird, die Jugendlichen umzuerziehen.

Wie sehr wünsche ich mir, irgendwo an einem anderen Ort zu leben, unter anderen Jugendlichen, und vieles mehr. Und ich wünsche mir, dass Tamara anders wäre. Und dass Wowka anders wäre. Und dass sie alle nach etwas Hellem, Wunderbarem strebten. Vielleicht möchte ich, dass alle Jugendlichen Romantiker wären. Vielleicht. Aber ich glaube nicht. Nein. Natürlich nicht.

Ich will, dass wir so leben, wie Lenin es gelehrt hat. Und dass die Schule anders wäre und die Umstände auch.

Lenin sagte: »Lernen, lernen und nochmals lernen!« Das ist meiner Meinung nach das Erste, woran ein sowjetischer Schüler denken muss! Und ein sowjetischer Schüler muss das Abschreiben, die Spielkarten, die Zigaretten bekämpfen. Und noch vieles andere.

Wie soll ich nur einen Menschen finden, der sich für die Naturwissenschaft, die Geologie, die Mineralogie interessiert. Im Mineralogischen Museum gibt es Steine. Warum fesseln sie mich so? Ich weiß es nicht. Ich will die ganze Natur Stück für Stück, bis zum kleinsten Atom, erforschen. Und alles, was daran interessant ist. Und ein Buch über Menschen schreiben. Und Alben mit Fotos von den verschiedensten Gegenden unseres Landes besitzen. Ich sehne mich nach Bergen und nach dem Meer. Vielleicht will ich ein einfacher Weltenbummler sein? Vielleicht.

Nein! Nein! Nicht nur ein Weltenbummler. Ich weiß selbst nicht, was ich werden will. So ein Wirrwarr im Kopf! Ein Chaos!

28/XI

Heute kam ich um Viertel nach fünf aus der Schule. Der Fliegeralarm begann um zwölf Uhr. Die vierte, fünfte und sechste Stunde wurden im Luftschutzkeller abgehalten. Dann begann ein Bombenangriff. Bei uns blinkte das Licht, und der Strom war weg. Bis zur Entwarnung saßen wir im Dunkeln. In der Nähe wurde eine Taschenlampe eingeschaltet. Aber wir saßen da und unterhielten uns. Aber wann soll ich jetzt Hausaufgaben machen?

Um fünf vor sechs kam Mama. Sie sagte, auf dem Newski ruhe der Verkehr, und ein Haus sei komplett zerstört, das Haus existiere überhaupt nicht mehr. Inzwischen dauert jeder Alarm fünf Stunden. Als wir in den Luftschutzkeller gingen, war es Tag, und als wir ihn verließen, war es schon dunkel, Abend. Auf der Straße rennen alle eilig. Alle haben Geschirr für Essen dabei. Wie eine Hammelherde bewegen sie sich auf dem Bürgersteig, ohne sich rechts zu halten. Schubsen herum, prallen zusammen.

Die Stadt lebt weiter bis zum nächsten Alarm!

29/11

Heute bin ich bei Kerzenlicht aufgestanden, der Strom war weg. Ich kam in die Schule, dort die gleiche Geschichte, Dunkelheit. In der ersten Stunde hatten wir Physik, Abfragen. In der Mitte der Stunde bekamen wir je ein Stück Rumkonfekt. Danach hatten wir Algebra und Geschichte. In der Geschichtsstunde gab es eine medizinische Untersuchung, danach kamen sie und haben uns allen je eine Marke für Gelee gegeben. Dann, drei Minuten vor Ende der Stunde, Alarm. Dieses Mal saßen wir nicht lange im Luftschutzkeller. Entwarnung. Wir rannten sofort in die Kantine, um das Gelee zu holen, nachdem wir uns vorher im Klassenzimmer ausgezogen hatten. Im Korridor, der in die Kantine führt, ist es dunkel, das Licht ist wieder ausgegangen, in der Kantine brennt nur eine Petroleumlampe. Wir standen lange in der Schlange an, es hatte schon lange zum Unterricht geklingelt, ich denke noch, warum schicken die uns denn nicht zum Unterricht, es stellt sich raus, die neunten und siebten Klassen können direkt nach dem Gelee nach Hause gehen.

Als ich das Gelee erhalten hatte und zur Seite gegangen war, um auf einen Löffel zu warten, wurde uns mitgeteilt, dass Alarm gegeben wurde. Sobald ihr das Gelee aufgegessen habt, geht ihr sofort in den Luftschutzkeller! Ich probierte das Gelee, es war köstlich. Da beschloss ich, es zu Hause aufzuessen. Ich faltete aus Papier eine Tüte und tat das Gelee hinein. Ich ging ins Klassenzimmer, zog mich an und dachte bei mir, sie werden mich sowieso nicht nach Hause gehen lassen, dann bleibe ich eben im Luftschutzkeller. Ich trat auf den Hof hinaus, Dreck, Matsch, echtes Tauwetter. Ich blickte mich um, niemand war zu sehen, sowohl am Tor als auch in der Nähe des Luftschutzkellers. Ich ging ungehindert auf die Straße und wusste nicht, ob nun Alarm war oder nicht. Viele Leute waren unterwegs, als ob nichts wäre. An der Ecke standen sie nach irgendetwas an, nur die Straßenbahnen fuhren nicht. Ich kam um Viertel vor eins nach Hause. Und als ich das Zimmer aufräumte, begann der Beschuss, dann fielen irgendwo Bomben. Das Haus wurde ein paarmal erschüttert, ich flüchtete sofort unter den Tisch. Aka kam mit dem Mittagessen nach Hause, ich kletterte unter dem Tisch hervor. Aka und ich teilten uns das Brot, sie hat für mich und für sich Brot für zwei Tage gekauft. Ich habe Brot mit Leinöl gegessen und das Gelee versteckt. Und jetzt weiß ich nicht, wie ich mich verhalten soll. Soll ich es allein essen oder mit Mama und mit Aka teilen, sie damit überraschen? Nur dass es so wenig sein wird. Was soll man ein Glas Gelee in drei Portionen aufteilen, das reicht nur zum Probieren. Nein, besser, ich esse das diesmal allein, aber ich nehme ab jetzt unbedingt immer ein sauberes Glas mit, und wenn wir noch einmal Gelee bekommen, dann mache ich das, was ich mit Kompott vorhatte, d. h. ich spare drei Portionen zusammen und biete es ihnen dann an.

1/XII

Heute bin ich satt. Ich gehe satt zu Bett. Aka hat in meiner Schule eine Suppe und zwei Hauptgerichte bekommen. Tagsüber haben Aka und ich jede einen ganzen Teller Suppe und ein Hauptgericht gegessen, und als Mama kam, erhielt jede von uns noch einmal zwei Teller Suppe und ein zweites Hauptgericht. Außerdem hatte Mama noch eine Portion Brei und eine Frikadelle mitgebracht. Deshalb hatten wir heute Vorspeise und Hauptgericht. Außerdem hatte ich an Brot keinen Mangel: Aka und Mama zahlten mir heute ihre Schulden zurück. Es ist nämlich so, dass Mama die Karten für sich und Aka erst heute bekommen hat, ich aber schon gestern Abend. Gestern Abend habe ich auch meine 125 g für den 1. gekauft. Und die haben wir unter uns drei aufgeteilt. Gestern bin ich den ganzen

Tag nirgendwohin gegangen und habe nichts gemacht. Gestern gab es den ganzen Tag Fliegeralarm und Artilleriebeschuss. Heute musste ich um zehn in der Schule sein, aber ausgerechnet da gab es Alarm. Deshalb fiel die erste Stunde aus, auch die letzte fiel aus. Zu Geometrie kamen heute nur 17 Schüler, zur vorletzten – Chemie – nur sieben. Überhaupt ist das kein Unterricht, sondern weiß der Teufel was. Tamara war heute nicht da. Nach der Schule ging ich bei ihr vorbei, sie war nicht zu Hause. Aber sie kam danach selbst zu mir. Ich habe eine Nachricht für Wowa geschrieben, morgen werde ich sie Tamara mitgeben. Es ist sehr praktisch, dass Tamara und Osja in einer Wohnung wohnen, so können Wowa und ich uns Briefe schreiben. Übrigens, in der Schule werden wir jetzt kein Konfekt mehr erhalten. Für ein Stück Konfekt wird uns eine Marke für 10 g Zucker abgeschnitten werden. Das sind wohl alle Neuigkeiten. Ich gehe schlafen.

Heute gab es am Tage besonders heftigen Artilleriebeschuss, ich glaubte, unsere Fensterscheiben würden zerspringen, aber bis jetzt ist das noch nicht passiert. In unserem Zimmer ist es warm, die 40-Watt-Glühbirne heizt stark.

Gestern habe ich Tamaras »Geheimnis« erfahren, das sie mir anvertraut hat. Ich erfuhr, dass Tamara Ljowa Chochom liebt. Offenbar ist zwischen ihnen irgendetwas vorgefallen. Tamara war zu offenherzig, und jetzt hat sie Angst, dass Ljowa sie auslacht.

5/XII

Ein neues Unglück sucht uns heim. Es ist schon der fünfte Tag der neuen Dekade, aber wir haben kein Konfekt. Heute konnte ich es nicht mehr aushalten und kaufte 250 g Sirup auf meine Marken. Schon den zweiten Tag können Aka und ich mit unseren Lebensmittelkarten kein Mittagessen mehr bekommen, weil wir alle Marken für die erste Dekade aufgebraucht haben. Ist ja auch klar: Wir haben Marken für je 12,5 g Nährmittel. In anderen Kantinen wird es so gemacht: Eine Marke für die Suppe, zwei Marken für Brei, aber in unserer Kantine schneiden sie für die Suppe Marken für 25 g Nährmittel und 5 g Fett ab, da ist es doch ganz klar, dass in vier Tagen alle unsere Marken verbraucht sind.

Wir haben schon den zweiten Tag keinen Strom. Und keiner weiß, wann er wieder eingeschaltet wird. Das ist sehr unangenehm, keinen Strom zu haben. Gestern Nacht war es sehr schrecklich, da fühlt man sich so hilflos, es ist stockdunkel, aber ein Flugzeug brummt, dröhnt fürchterlich, aufdringlich, und dann Bomben, eine nach der anderen, eine nach der anderen, und ringsum ist es stockfinster, und du spürst nur, wie sich das Haus nach jeder Bombenexplosion leicht zur Seite neigt und zusammenzuckt.

7/XII

Draußen herrscht Frost. Heute sind wir satt. Heute ist ein arbeitsfreier Tag, Mama ist zu Hause. Gestern hat Aka von Tante Sascha ein bisschen Presskuchen* erbettelt, und wir haben daraus sowie aus 75 g kanadischen Fleischkonserven, die Aka heute Morgen ergattern konnte, eine Suppe gekocht. Der Presskuchen hat mir sehr gefallen, er ist sehr sättigend und lecker. Gestern stand ich von fünf bis neun Uhr abends in der Schlange und erstand 600 g Konfekt der Marke »Utro« für 18 Rubel und 90 Kopeken. Wir teilten sie, jeder bekam zehn und ein halbes Stück Konfekt.

Überall hört man, morgen werde die Brotration erhöht. Mal sehen. Ich glaube das, weil man uns wahrscheinlich Lebensmittel liefert: weiße Nudeln, kanadische Konserven, amerikanisches Konfekt und noch andere Dinge. Das zeigt, dass uns geholfen wird und man uns nicht verhungern lässt. Von den Fronten kamen heute gute Nachrichten, wie zum Beispiel: Die Unsrigen setzen ihren erfolgreichen Angriff auf Taganrog fort, obwohl die Deutschen alles versuchen, sie aufzuhalten. Bei Moskau haben wir einen erfolgreichen Gegenangriff gegen die Deutschen geführt, aber die Deutschen haben den Ring um Tula enger gezogen. Bei Leningrad haben die Unsrigen einige Ortschaften und Dörfer eingenommen, haben das widerliche deutsche Pack etwas zurückgedrängt**.

---

* Besteht aus ausgepressten Ölsaaten.

** Das entspricht den Tatsachen. Eine sowjetische Gegenoffensive war zu der Zeit erfolgreich.

Während ich diese Zeilen schreibe, sitze ich im Mantel im Schein eines brennenden Kerzenstummels am Fenster. Vor mir steht eine Untertasse mit einem Stückchen Konfekt und einem Stückchen Brot. Ich höre Klaviermusik im Radio und beiße winzige Stücke vom Brot ab, um mir den Genuss zu verlängern. Jetzt gehen wir schon um zehn vor sieben ins Bett. Wir müssen Kerzen sparen. Mit welcher Ungeduld werde ich morgen, noch im Bett liegend, Akas Rückkehr aus der Bäckerei erwarten. Vielleicht bringt Aka nicht 125 g, sondern mehr, wenigstens 150 g. Heute habe ich vier Stück Konfekt gegessen, dabei wollte ich zwei essen. Jetzt habe ich noch drei Stück Konfekt für den 8., 9. und 10. übrig. Für jeden Tag eines. Im Radio wird eine Sinfonie gespielt, draußen donnern Salven. Das sind die verfluchten Deutschen mit ihrem routinemäßigen Beschuss Leningrads. Und nachts wird wieder die Unheil verkündende Sirene heulen, und das Haus wird wieder von den nahen Bombeneinschlägen erzittern. Der Tod lauert die ganze Zeit auf jeden von uns, und wir haben uns so sehr daran gewöhnt, dass wir es nicht mehr bemerken oder, besser gesagt, es einfach nicht mehr bemerken wollen. Aber es geht uns noch ganz gut. Strom haben wir zwar schon den dritten Tag nicht, aber Toilette und Bad sind bei uns noch völlig in Ordnung. Wir haben die Möglichkeit, warmes Wasser zu trinken. Noch für zwei Tage haben wir Presskuchen und Fleisch für Suppe, und morgen oder vielleicht in den nächsten Tagen wird die Brotration erhöht.

So, es ist Zeit zum Schlafen.

8. Dezember

Großartige Dinge sind geschehen. England hat Finnland, Rumänien und Ungarn den Krieg erklärt und Japan den Vereinigten Staaten von Amerika. Roosevelt hat erklärt, Amerika befinde sich im Krieg mit Japan. Amerika hat mit der Mobilisierung begonnen.

Bei uns hat es heute Nacht viel geschneit, es ist schrecklich, die Fenster sind zugefroren, die Straßenbahnen fahren nicht, alle gehen zu Fuß. Wir leben schon zwei Tage ohne Fliegeralarm, nur Artilleriebeschuss, aber der ist gar nicht so schrecklich. Die Brotration wurde nicht erhöht, dafür haben Angehörige und Angestellte 100 g Fett zugeteilt bekommen, aber die Leute erzählen, die Brotration werde ganz sicher ab dem 15. erhöht. Was soll's, warten wir bis zum 15. Ja, der Dezember, der letzte Monat des Jahres 1941, wird wahrscheinlich ein historischer. Bis Neujahr sind große Ereignisse zu erwarten.

9/XII

Gestern Abend um acht war der Strom wieder da. Heute haben wir in der Schule ohne Marken einen Teller Kohlsuppe und ein Glas Gelee bekommen. Angeblich werden wir das jeden Tag bekommen. Als ich nach Hause kam, trank ich zwei Tassen heißes abgekochtes Wasser und aß dazu Brot mit Butter. Die Leute sagen, die Brotration werde bald erhöht. Zwar nur ein bisschen, um lediglich 25 g, aber das ist auch schon gut. Wir werden nicht 125 g, sondern 150 g bekommen.

Dank all dieser Neuigkeiten ist auch gleich die Stimmung gestiegen, und das Leben ist besser und fröhlicher geworden*.

10. Dezember

Hurra, hurra, unsere Truppen haben Tichwin zurückerobert, haben den Blockadering um Leningrad fast gesprengt. Bei Tichwin wurde drei deutschen Divisionen geschlagen. Das ist ein sehr großer Sieg**.

Schon vier Tage lang hatten wir nicht einen einzigen Fliegeralarm.

Heute ist Mama nicht zur Arbeit gegangen. Sie sucht eine andere, denn sie kann doch nicht jeden Tag zu Fuß hungrig auf die Wyborger Seite*** gehen und wieder zurück.

Was möchte ich jetzt? Nur eines, dass die Tage vorbeifliegen wie die Telegrafenmasten an den Fenstern eines Expresszugs. Schnell, schneller und immer schneller sollen diese harten Wintertage vergehen. Möge es bald Frühling sein, warm und grün.

---

* Lena übernimmt hier wahrscheinlich den Wortlaut aus einem Lied von 1936, das sich wiederum auf eine Rede Stalins bezieht. Stalin hatte am 17. Dezember 1935 mit ähnlichen Worten die Erfolge der sowjetischen Volkswirtschaft gefeiert.

** Deutsche Truppen hielten Tichwin etwa einen Monat lang besetzt. Mit der Rückeroberung verhinderte die Rote Armee in der Tat die völlige Einkreisung der Stadt.

*** Stadtteil von Sankt Petersburg.

Ereignisse, entwickelt euch, wie Bilder auf der Leinwand.

Rennt schneller, schneller, immer schneller, ihr Uhrzeiger.

14/XII

Noch ein Tag, und der Monat ist zur Hälfte vorbei. Dann bleibt noch ein halber Monat, und das neue Jahr 1942 wird beginnen.

Deutschland und Italien haben den USA den Krieg erklärt.

Bei Moskau sind die Deutschen vernichtend geschlagen worden. Der zweite Großangriff der Deutschen auf Moskau ist gescheitert. Der Rückzug der Deutschen hat begonnen. Eine neue Phase des Krieges hat begonnen. Für die zweite Dekade wurden alle Rationen erhöht – sowohl Nährmittel als auch Fleisch und Zucker. Morgen, so erzählt man, wird die Brotration erhöht. Wir haben es ruhig, es gibt keinen Alarm. Man kann es kaum glauben, aber es scheint so zu sein, aber die schwersten Tage scheinen nun Vergangenheit zu sein.

16/XII

Heute bin ich wieder zu spät zu Algebra gekommen. Die Klassenarbeit habe ich nicht zu Ende schreiben können. In der ersten Stunde waren wir 26 Schüler. Mittag haben 20 gegessen, aber in Geschichte nach dem Mittagessen waren wir nur zu siebt. Zu Mittag gab es heute Suppe für 26 Kopeken, eine dicke Suppe mit ungeschälten Kartoffeln und harten, dunklen Nudeln. Die Suppe war heiß und lecker, es fehlte nur etwas Salz. Morgen bekommen wir Gelee, es wird jeden zweiten Tag ausgegeben.

Im Radio wurde heute gemeldet, dass die Unsrigen Klin und Krasnaja Poljana eingenommen haben. In Literatur haben wir unsere Aufsätze zurückbekommen, meiner ist schlecht, Tamara hat als Einzige die Note sehr gut. Ihr Aufsatz wurde dann als bester laut vorgelesen. Tatsächlich, ein wunderschöner Aufsatz, er hört sich gar nicht nach Tamara an.

Ich kam von der Schule nach Hause. Aka bat mich, nach Fleisch anzustehen. Ich stand bis Viertel vor fünf in der Schlange, und zwar vergebens, das Fleisch hat nicht gereicht.

17/XII

Es ist schon der 17. Dezember. Heute haben wir gute Neuigkeiten erfahren. An der Westfront haben unsere Truppen, die Verfolgung des sich zurückziehenden Feindes fortsetzend, Kalinin und noch drei kleine Städte eingenommen. Bei Moskau ist eine der Armeen Hitlers fast vollständig vernichtet worden: etwa sechs Infanterie- und drei motorisierte Schützendivisionen, ihre Reste ziehen sich eilig zurück, dabei rauben sie alles, was ihnen in die Hände fällt. Sie ziehen die Leute direkt auf der Straße aus, nehmen ihnen alles ab, sogar

Tannenbaumschmuck. Die Partisanen fügen ihnen eine Niederlage nach der anderen zu.

Und so steht Mitte Dezember 1941 der Krieg zwischen Deutschland und der UdSSR an einem Wendepunkt. Nach sechsmonatigem Vormarsch der Deutschen hat ihr Rückzug begonnen, der… noch ist nicht klar, wie lange er dauern wird.

Das Leben ist jetzt sehr hart. Auch zur Schule zu gehen ist hart. Aber schlimmer wird es schon nicht mehr werden, wenn sich etwas ändern wird, dann nur zum Besseren.

Wir haben es jetzt sehr schwer. Ein grimmiger Winter hat begonnen. Draußen friert es. Im Haus ist es kalt, denn wir müssen mit Feuerholz sehr sparsam sein, und den Ofen heizen wir nur, um Essen zu kochen; es ist dunkel, die Fenster sind bei den meisten Leuten verrammelt, und wenn sie nicht verrammelt sind, dann verhängt, damit es wärmer ist. Einige, vor allem die, die in den oberen Stockwerken leben, haben außerdem auch kein Wasser. Sie müssen Wasser holen. Die Straßenbahnen fahren sehr schlecht, weil es oft schneit, was das Schneeräumen auf den Straßen erschwert. Heute fahren sie, morgen nicht. Dabei benutzten die meisten Leute die Straßenbahn, um zur Arbeit zu fahren. Jetzt gehen sie alle, halb verhungert, halb erfroren, zu Fuß zur Arbeit und wieder nach Hause. Sie gehen, sie stürzen, sie schleppen sich voran, sie schlurfen dahin, aber sie gehen. Und einige gehen sehr weit: die einen auf die Petrograder, die anderen auf die Wyborger Seite. Gut, dass es schon lange keine Fliegeralarme mehr gab. Und Artilleriebeschuss ist nur von kurzer Dauer.

Brot gibt es wenig: Arbeiter bekommen 250 g, Angestellte und Angehörige 125 g. 125 g, ein kleines Stückchen, das ist sehr wenig. Alle anderen Lebensmittel, die einem auf Marken zustehen, kann man nur ergattern, wenn man sich dafür anstellt. Aber in der Warteschlange zu stehen ist jetzt eine Quälerei: Füße und Hände frieren sehr, obwohl eigentlich kein so schlimmer Frost herrscht.

Das Lernen in der Schule ist schwer. Die Schule wird nicht geheizt, in einigen Klassenräumen ist die Tinte eingefroren, da ist es noch gut, dass wir Schüler jeder einen Teller heiße Suppe ohne Marken bekommen.

Aber das macht alles nichts. Bald wird es besser. Das ist nur eine Frage der Zeit.

18. Dezember

Die Unsrigen haben noch zwei weitere Städte im Frontabschnitt Kalinin eingenommen, genauer gesagt, zurückerobert. Auch an der Leningrader Front haben die Unsrigen den Feind zurückgedrängt, sodass die Straße von Tichwin zum Wolchow ganz von Deutschen befreit ist. Heute haben wir in der Schule kein Gelee bekommen, sondern Sauermilch aus Sojamilch, einen Viertelliter. Sie ist sehr lecker, ich habe sie nach Hause mitgenommen und mit Mama und Aka geteilt. Ihnen hat sie auch sehr geschmeckt. Heute hat Aka nach Fleisch angestanden und hervorragendes amerikanisches Pressfleisch bekommen; es ist fett, ohne Knochen. Mama ist schon den zweiten Tag nicht zur Arbeit gegangen. Sie hat keine Kraft, und außerdem werden sie alle sowieso bald entlassen, d. h. das dortige Lazarett wird geschlossen. Die Verwundeten sind schon auf andere Lazarette verteilt worden. Mama wird wieder ohne Arbeit sein. Keiner weiß, wo sie eine neue Arbeit finden wird.

Morgen ist schon der 19., aber wir haben noch immer weder Konfekt noch Fett bekommen.

Heute kam um sieben der Strom, deshalb schreibe ich diese Notizen bei elektrischem Licht, aber dafür gibt es kein Wasser.

Heute hatten wir eine köstliche Suppe mit Fleisch und Nudeln. Das Katzenfleisch reicht noch für zwei Mal. Und für drei Mal das amerikanische, was dann kommt, wissen wir nicht. Es wäre gut, irgendwo noch eine Katze aufzutreiben, dann hätten wir wieder genug für lange Zeit. Wirklich, ich hätte nie gedacht, dass Katzenfleisch so schmackhaft und zart wäre.

Was die Schule angeht, so läuft es, man kann sagen, beschissen. Geometrie habe ich vernachlässigt, in der Algebraarbeit habe ich eine Fünf. Zeichnen habe ich vernachlässigt. In Chemie habe ich eine Absage. Na ja, das ist dasselbe wie eine Sechs. Nur in Deutsch habe ich eine Zwei, und auch in Geschichte. Am Samstag werde ich in Geschichte einen Vortrag über die Seeschlacht von Hanko* halten und vielleicht in Geschichte eine Eins bekommen. Im Literaturaufsatz habe ich eine Fünf. Unmengen Grammatikfehler, und der Aufsatz selbst ist auch nicht toll. Morgen kann ich ihn noch

* Sie war 1714 der erste Sieg der neuen russischen Flotte gegen Schweden im Großen Nordischen Krieg.

einmal schreiben. Ich denke, ich sollte mein Glück versuchen. Vielleicht schreibe ich eine Zwei. Aber auch wenn ich ihn nicht noch einmal schreibe, bekomme ich als Quartalsnote keine Fünf, im Moment habe ich eine Zwei. Es hat mich sehr geärgert, dass die Lehrerin zu mir sagte, sie habe sich in mir geirrt, mich für besser gehalten, als ich wirklich bin. Ich sei eines der antisowjetischsten Mädchen. Nein, da hat sie nicht recht, ich bin von ganzem Herzen Sowjetschülerin, nur in der Praxis kann man das tatsächlich nicht von mir behaupten, weil ich mich gerade sehr gehen lasse, ich bin zu faul, meine Kräfte zu sammeln, ich denke zu viel über mich nach. Denn bald ist ja das erste Quartal zu Ende, und ich lerne die Lektionen überhaupt nicht, vernachlässige schrecklich den Stoff, und das bleibt natürlich nicht ohne Folgen. Mit meinen Misserfolgen betrübe ich Mama sehr. Natürlich kann man sich darauf berufen, dass es gerade sehr schwierig ist zu lernen. Aber das bestreitet auch niemand. Gerade damit könnte ich meinen Patriotismus zeigen, dass ich mich, ungeachtet aller Schwierigkeiten, allem zum Trotz, mit ganzer Kraft bemüht habe, eine gute Schülerin zu sein.

Aber was ist das Resultat? Meine Worte, meine Träume davon, dass ich würdig bin, eine Sowjetbürgerin genannt zu werden, das ist alles leeres Gewäsch. Schon die ersten Prüfungen auf meinem Weg haben mich gebrochen, in die Knie gezwungen. Ich habe aufgegeben. Ich bin ein Waschlappen. Die Schwierigkeiten haben mir Angst eingejagt. Ich hülle mich in hundert Schichten Kleidung ein und tue nichts, esse vergeblich Brot und meckere nur: »Es ist kalt, es ist kalt.«

Ja, es ist kalt. Aber ist die Kälte etwa etwas, was man nicht überwinden kann? Nein, die Kälte kann man überwinden.

19/XII

Zehn vor neun. Um neun Uhr sollen wir das Licht ausmachen. Nach den neuen Regeln darf eine 15-Watt-Birne nur drei Stunden am Tag brennen. Morgen halte ich einen Vortrag in Geschichte und werde in Chemie mündlich geprüft, das letzte Mal hatte ich abgelehnt. Er hat mir eine Fünf gegeben. Wir müssen Silizium und Kohlenstoff können. Vor Geschichte habe ich große Angst. Ich habe noch nie einen Vortrag gehalten, das mache ich zum ersten Mal. Was ist, wenn ich vorn stehe und plötzlich alles vergessen habe? Heute habe ich zum zweiten Mal den Literaturaufsatz zum Thema »Manilowschtschina«* geschrieben.

Heute haben wir in der Kantine nur eine leere Suppe bekommen. Das ist schon ein komischer Typ, dieser Adamowitsch.

* Der Begriff stammt von der Figur des Gutsbesitzers Manilow in Gogols Roman *Die toten Seelen* und ist mit der ungefähren Bedeutung »Tagträumereien« in die russische Sprache eingegangen.

Heute ist Tauwetter. Draußen ist es ganz warm. Der Schnee ist geschmolzen, und es ist so glatt, dass man kaum gehen kann. Aber es ist ein Glück, ein großes Glück, dass es nicht kalt ist. Hungrig sein kann man noch aushalten, aber hungrig und kalt, das ist ganz und gar unerträglich.

Heute Morgen hatte ich einen solchen Hunger, dass ich Aka bat, auch mir Brot mitzubringen. Bald kam Mama zurück und kochte Brühe aus Haut. Dann kam Aka und brachte Brot. Ich trank zwei Tassen heiße Brühe und aß mehr als die Hälfte von dem Brot. Ich fühlte mich so unglücklich, es schien keinen Menschen auf der ganzen Welt zu geben, der unglücklicher war als ich. Denn ich habe zwei Tage nichts für die Schule getan. Ich war entsetzt, fügte mich aber schließlich in mein Schicksal, wieder Fünfen zu bekommen. Aber ich hatte Glück, verdammt viel Glück. Die erste Stunde war Physik, und ich wurde als Erste gefragt und auch noch das Allerleichteste: über den Schall. Ich habe, scheint's, eine Zwei bekommen. In Geometrie hat er etwas Neues erklärt. Die nächste Stunde war Chemie, und ich wurde wieder aufgerufen.

»Muchina, erzählen Sie uns etwas über das Silizium: die Reaktionen zur Gewinnung von Silizium und Siliziumoxid.«

Lange stand ich an der Tafel. Es war mir ganz egal. Ich wusste, dass ich eine Fünf bekommen werde. Schließlich drehte er sich zu mir um. Und da hatte ich gerade beide Reaktionen hingeschrieben, ich hatte nachgedacht und nachgedacht und mich schließlich erinnert. Es war nämlich so, dass ich Silizium gründlich zur letzten Stunde gelernt hatte, aber da hatte er mich nicht gefragt, er hatte andere Sachen erklärt, und ich hatte mich noch geärgert, dass ich umsonst gelernt hatte. Aber es war nicht umsonst. Hätte ich das Thema letztes Mal nicht gelernt, so wäre ich jetzt auf einer Fünf sitzen geblieben.

Ohne Eile, ganz gleichgültig erzählte ich ihm alles, was ich wusste. Und er hat mich gar nicht mehr gefragt, hat mich auf meinen Platz geschickt und mir anscheinend eine Zwei eingetragen.

In Chemie gab es ein Diktat. Eine Fünf wird das nicht. Das Diktat war einfach.

In Geografie schrieben wir eine Klassenarbeit. Ich kam gerade aus der Kantine, wo ich Fladenbrot gekauft hatte, und er kam sofort und teilte die Prüfungsaufgaben aus. Ich hatte gehofft, ich könnte mir die Notizen im Heft noch einmal ansehen, aber ich kam nicht mehr dazu. Ich bekam die Aufgaben Nr. 1:

1. Die Bevölkerung Englands.
2. Die Region Südwales.
3. Die britischen Besitzungen in Westafrika.

Und wieder hatte ich Glück. Es waren so leichte Aufgaben. Ich wusste fast alles. Nun ja, einiges habe ich verwechselt, aber trotzdem hatte ich Glück, und auch hier bin ich um die Fünf herumgekommen.

Nach der fünften Stunde eilten wir zum Essen. Wir bekamen Nudelsuppe mit Filet. In meiner Suppe waren drei Stückchen Kartoffeln und acht mittelgroße Nudeln. Außerdem kaufte ich mir noch eine Portion Fladenbrot. Insgesamt kaufte ich vier Portionen Fladenbrot.

Satt und zufrieden verließ ich die Schule. Draußen war es ganz warm. Auf dem Sagorodny-Prospekt standen Straßenbahnen. In der Mitte der Straßenbahngleise*

25/XII

Was für ein Glück, was für ein Glück! Ich möchte aus vollem Halse schreien. O Gott, welch Glück!

Die Brotration wurde erhöht! Und auch noch wie. Was für ein Unterschied. 125 g und 200 g. Angestellte und Angehörige 200 g, Arbeiter 350 g.

Nein, das ist einfach unsere Rettung, denn in den letzten Tagen sind wir so schwach geworden, dass wir uns kaum auf den Beinen halten konnten. Aber jetzt, jetzt werden sowohl Mama wie Aka überleben. Ist das ein Glück, und auch, dass das der Anfang der beginnenden Verbesserung ist. Ab jetzt wird die Lage besser werden.

Neujahr werden wir fröhlich feiern. Mit Brot, mit Konfekt, mit Schokolade, mit Wein.

Hurra, hurra und noch mal hurra. Es lebe das Leben!

---

* Text bricht ab.

27/XII

Noch immer kann ich meine Finger kaum bewegen, obwohl ich schon lange nach Hause gekommen bin. Ich bin aus dem Theater gekommen. Heute war ich wieder im Theater. Ich habe »Ein Adelsnest«* in der Inszenierung des Dramentheaters** gesehen. Das tat mir sehr gut, ich würde jeden Tag ins Theater gehen, aber ich werde trotzdem in diesem Winter nicht noch einmal ins Theater gehen. Denn das Vergnügen ist so gering, verglichen mit der Qual, die die Rückkehr nach Hause bedeutet. Ich werde das alles noch genauer erklären.

Heute Morgen ging Mama um sechs Uhr früh Brot holen und brachte sehr gutes Brot mit. Weil es trocken war und wenig Presskuchen enthielt, sah das 200-g-Stück ordentlich aus. Das Brot war sehr lecker. Ich aß gleich morgens die ganzen 200 g auf. Im Radio kamen gute Nachrichten. Unsere Truppen haben ihren Angriff fortgesetzt und die Städte Beljow und Naro-Fominsk erobert.

---

* Offenbar Theaterstück nach dem Roman *Dworjanskoje gnesdo* (1859) von Iwan Turgenjew.

** Das Dramentheater wurde nach der Einkesselung Leningrads mit Schauspielern gegründet, die nicht evakuiert worden waren. Es existierte offenbar nur bis Anfang 1942.

28/XII

Gestern kam zum ersten Mal seit Langem wieder die Sendung »Theater am Mikrofon«.

Jetzt ist es ungefähr zwölf Uhr Mittag. Gerade wurde das Wasser angestellt, sodass wir Vorräte sammeln konnten. In letzter Zeit gibt es selten Wasser, wir müssen es abpassen. In unserem Zimmer ist es sehr kalt. Mama ist ins Theater arbeiten gegangen, und Aka schläft.

Aka geht es sehr schlecht. Mama hat Angst, dass sie nicht überlebt. Aka steht gar nicht mehr aus dem Bett auf. Vorgestern, als sie morgens Brot holen war, gerade an dem Tag, als die Ration erhöht wurde, ist sie dreimal gestürzt, auf den Rücken, auf die Nase, ausgerechnet auf die Nase, sie hat sich die Nase gebrochen, und seitdem geht es ihr immer schlechter. Jetzt werde ich den Haushalt machen müssen, und Mama wird arbeiten.

Ehrlich gesagt, wenn Aka stirbt, wird das sowohl für sie besser sein als auch für Mama und mich. Im Moment müssen wir alles durch drei teilen, aber dann werden wir alles nur noch durch zwei teilen. Aka ist nur ein überflüssiger Esser. Ich weiß selbst nicht, wie ich diese Zeilen schreiben kann. Aber mein Herz ist jetzt wie aus Stein. Ich habe keine Angst. Ob Aka stirbt oder nicht, ist mir egal. Aber wenn sie stirbt, sollte es nach dem 1. geschehen, dann bekommen wir noch ihre Lebensmittelkarte. Wie herzlos ich bin.

Morgen ist ist der Tag des Neujahrsfestes, aber nichts erinnert daran*. In den Geschäften gibt es nichts, nur auf Kindermarken erhält man Maismehl und Zucker. Dabei war angekündigt worden, dass es zum Feiertag zusätzlich Schokolade und noch etwas geben würde. Aber bisher gibt es nichts. Vielleicht gibt es morgen etwas.

Heute esse ich kein Brot. Dafür werde ich morgen Neujahr mit 200 g Brot feiern. Wirklich Pech haben wir diesmal mit Schokoladenkonfekt. Gestern gab es bei Mama im Theater gutes Konfekt für 22 Rubel das Kilo. Und wir hätten 800 g bekommen können, aber wir bekamen nur 300 g, weil ich am Tag zuvor im Haus Nr. 28 für neun Rubel ein Kilo Konfektmasse gekauft hatte. Das ist so ein Surrogat, wer weiß, woraus das gemacht ist. Mit einem Wort: Kitt, mit dem man eigentlich nur Fenster verkitten kann. Es schmeckt überhaupt nicht süß, aber man kann es essen, vor allem wenn man hungrig ist.

Aka ist schon den fünften Tag bettlägerig, aber jetzt geht es ihr besser. Mama kann erstaunlich schnell das Mittagessen zubereiten. Ich beschaffe das Holz, und sie kocht in einer halben Stunde ein sehr wohlschmeckendes Mittagessen. Schon drei Tage, dass wir zum

* Das russische Neujahrsfest wird am 31. Dezember gefeiert. Nach Abschaffung des russisch-orthodoxen Weihnachtsfestes ersetzte es dieses und wurde eine Mischung aus Neujahrsfeier und Weihnachten. Aus dem Weihnachtsbaum wurde der Neujahrsbaum und aus dem Weihnachtsmann »Väterchen Frost« als säkulare Figur.

Mittagessen zwei Teller Suppe pro Person haben. Und was für eine leckere Suppe, und danach noch jeder eine Tasse Kakao.

Heute hat Mama drei Teller Hefesuppe und zwei Gläser Kakao mitgebracht. Aber ich habe wenig mitgebracht, nur den Bodensatz meiner Suppe und eine Frikadelle. Heute ist die Suppe sehr dünn. Es ist Graupensuppe mit nur ganz wenigen Gerstengraupen darin. Heute bekamen wir Fruchtgelee, aber keine Presskuchenfladen.

Morgen ist der letzte Schultag, dann sind bis zum 7. Ferien. Am 7. muss ich wieder in die Schule. Am 6. aber wird es ein Jolkafest* geben. In der Kleinen Oper wird eine Neujahrsfeier für die Schüler der höheren Klassen aus unserem Bezirk abgehalten werden. Es wird ein Theaterstück gespielt werden, eine Tanzveranstaltung wird stattfinden und ein Essen im Wert von fünf Rubeln geboten werden. Ich bin gespannt, womit sie uns bewirten werden. Ja, morgen ist Neujahr. Wie werden wir es feiern?

Es heißt, die neuen Lebensmittelkarten werden nicht anders als die alten sein. Es stehe drauf, dass Angestellte und ihre Angehörigen je 125 g Brot bekommen, tatsächlich aber nicht 125 g, sondern 200 ausgeteilt würden. Und man erzählt, es werde noch etwas mehr geben. Aber es wird viel erzählt. Und glauben darf man es nicht. Wie sehr ich essen möchte. Und nicht nur essen, sondern noch etwas anderes möchte

* Jolkafest (jolka = Tannenbaum): Kinderfest mit Tannenbaum zum neuen Jahr. Nach anfänglicher Bekämpfung des Weihnachtsfests seit 1935 veranstaltet.

ich. Ich weiß selbst nicht genau, was. Ich sehne mich nach etwas Schönem und Fröhlichem. Ich möchte ein glänzendes Jolkafest erleben.

1942

2. Januar 1942

Schon lange habe ich die Feder nicht mehr in die Hand genommen. Was ist in dieser Zeit nicht alles passiert.

Das neue Jahr 1942 hat begonnen.

Jetzt sind Mama und ich allein. Aka ist gestorben. Sie ist an ihrem Geburtstag gestorben, dem Tag, an dem sie 76 Jahre alt wurde. Sie ist gestern gestorben, am 1. Januar um neun Uhr morgens. Zu der Zeit war ich gerade nicht zu Hause. Ich war Brot holen. Als ich von der Bäckerei zurückkam, wunderte ich mich sehr, dass Aka so ruhig dalag. Mama war wie immer äußerlich ruhig und sagte mir, dass Aka schlafe. Wir tranken Tee, wobei Mama mir von Akas Portion eine Scheibe abschnitt. Sie sagte, Aka esse ohnehin nicht so viel. Danach schlug Mama mir vor, mit ihr zusammen ins Theater zum Mittagessen zu gehen. Ich willigte gern ein, denn ich fürchtete mich davor, mit Aka allein zu bleiben. Wenn sie plötzlich stirbt, was soll ich dann machen. Ich hatte sogar Angst, dass Mama mich bitten könnte, mich um Aka zu kümmern, während sie fort war. Ich wollte nicht einmal zu Aka hingehen, denn es fiel mir sehr schwer zu sehen, wie sie stirbt. Ich war eine Aka auf den Beinen gewohnt, die liebe, gute, geschäftige Alte, die immer etwas zu tun hatte. Und jetzt lag Aka plötzlich hilflos da, abgemagert bis auf die Knochen und so kraftlos, dass sie gar nichts mehr mit der Hand festhalten konnte.

So eine Aka wollte ich nicht sehen, und deshalb ging ich gerne mit Mama mit. Mama schloss die Tür ab und brachte den Schlüssel zu Sascha ins Zimmer.

»Mama, warum hast du Aka eingeschlossen? Was ist, wenn sie etwas braucht?«

Aber Mama antwortete mir, dass Aka nichts mehr brauche. Dass Aka gestorben sei.

»Wann?«

»Während du Brot holtest. Ich habe dich mit Absicht weggeschickt.«

»Warum das, Mama, ich wäre von selbst nicht allein mit einer Toten im Zimmer geblieben. Hat sie sich von dir verabschiedet?«

»Nein, sie hat nichts mehr wahrgenommen.«

Und so erfuhr ich, dass Aka nicht mehr länger existiert, dass es Aka nicht mehr gibt.

Laut Mamas Worten starb sie sehr ruhig. Als sei sie erstarrt. Sie röchelte und röchelte vor sich hin und verstummte dann. Davor aber, in der Silvesternacht, ging es ihr sehr schlecht, und Mama ging ständig zu ihr. Ich schlief, aber in meinen Träumen hörte ich, wie jemand gequält stöhnte.

Aka ist gestorben.

Mama und ich sind nun allein. Ich habe niemanden mehr außer Mama Lena, und sie niemanden außer mir.

Jetzt muss ich Mama behüten wie nie zuvor. Denn sie ist alles für mich. Wenn sie stirbt, bin ich verloren.

Wohin sollte ich allein gehen? Was würde ich tun? Mama lebt jetzt fast nur noch durch ihre Tapferkeit. Ihre Tapferkeit ist groß. Sie weiß, dass sie nicht umfallen darf, weil ich bei ihr bin.

Jetzt kann ich weiterschreiben. Ich bin zur Schule zum Mittagessen gegangen. Heute gab es für 15 Kopeken Suppe ohne Marken. Die Suppe war gut, mit Graupen. Viele Graupen. Danach nahm ich eine Portion Gerstenbrei mit Fett und vier Presskuchenfladen mit.

Mal sehen, was Mama mitbringen wird. Wenn Mama viel mitbringt, werden wir nicht alles aufessen und können für morgen etwas übrig lassen. Morgen kann ich wieder um zwei Uhr zum Essen in die Schule gehen. Das ist sehr gut, dass wir in den Ferien einen Teller Suppe ohne Marken bekommen können.

Nun hat das neue Jahr begonnen, wir haben neue Marken bekommen. Aber bislang gibt es in Ernährungsfragen keine Besserung. Die Norm für Brot ist die bisherige: 200 g für Angehörige und Angestellte, 350 g für Arbeiter. In den Geschäften gibt es nichts, und wenn es etwas gibt, dann nur in den ersten beiden Dekaden. Über die dritte Dekade ist noch nichts bekannt. Uns fehlt für das letzte Drittel nur Fett, aber davon recht viel.

Ja, Fett. Das ist es, wovon wir nicht genug haben. Brot reicht noch irgendwie, aber Fett haben wir keins. Deshalb leben viele jetzt nur noch von Brot.

So leben wir. Ohne Strom, selbst zu Neujahr wurde er nicht angeschaltet, ohne Wasser, zum Wasserholen muss man ins Erdgeschoss zur Schakt gehen. Auch das

Radio läuft die meiste Zeit nicht, nur selten wird plötzlich eine Rede oder Musik gesendet, danach ist wieder Schweigen.

Wenn es Strom gäbe, könnte man immerhin noch irgendwie leben. Lesen, nähen und solche Dinge. Aber jetzt ohne Strom muss man sich um sechs Uhr abends schlafen legen, ob man will oder nicht. Denn wer will schon in absoluter Dunkelheit herumsitzen? Unter der Decke ist es wenigstens warm.

So leben wir also. Die Straßenbahn fährt schon lange nicht mehr, und Mama und mir steht noch die Freude bevor, uns zu Fuß auf die Wyborger Seite zu schleppen. Das ist so weit weg, aber gehen müssen wir. Schließlich brauchen wir Geld. Allein kann ich Mama nicht einen so weiten Weg gehen lassen. Und mir würde es das Herz brechen, wenn ich allein ginge. Aber zum Glück habe ich jetzt Ferien, und wir gehen zusammen. Irgendwie werden wir uns hinschleppen.

Mama möchte jetzt unbedingt in diesem Theater fest angestellt werden. Und vielleicht schafft sie das auch. Dann bekommt sie eine Arbeiterlebensmittelkarte und das Recht, die Kantine zu benutzen und zwei Portionen Suppe mitzunehmen. Und die Kantine dort ist sehr gut.

Aka ist nicht mehr, jetzt wird das Leben für Mama und mich billiger. Jetzt werden wir alles durch zwei teilen und nicht mehr durch drei wie zuvor, und das ist ein großer Unterschied. Zuvor lebten zwei Angehörige von Mamas Einkommen und jetzt nur noch eine. Wenn uns zuvor 600 Rubel im Monat kaum reichten, so werden uns jetzt, wie uns das Schicksal lehrt, 400 Rubel völlig reichen.

So hat der Tod selbst eines so lieben Menschen wie Aka seine positiven Seiten. Wie sagt das Sprichwort: »Glück im Unglück.« Jetzt wird Mama jeden Tag 400 g Brot haben, das ist schon mal was. Auch in der Kantine können wir mehr nehmen. Und das für einen ganzen Monat. Und nächsten Monat wird unsere Lage wahrscheinlich besser werden.

Wie erstaunlich sich auch eins zum andern fügt. Wenn wir unseren Kater nicht geschlachtet hätten, wäre Aka früher gestorben, und wir hätten jetzt nicht die Marken übrig, die uns jetzt ihrerseits retten werden. Ja, unserem Katerchen vielen Dank. Er hat uns zehn Tage lang ernährt. Eine ganze Dekade haben wir mit nur dem Kater unsere Existenz gesichert.

Es wird schon werden, jetzt nur den Kopf nicht hängen lassen! Alle sagen, dass die schwierigste Zeit schon hinter uns liegt. Und wirklich, der Belagerungsring um Leningrad ist an einer Stelle schon durchbrochen*.

3/I 42

Uns bleibt nichts mehr übrig, als uns hinzulegen und zu sterben. Von Tag zu Tag wird es immer schlechter. Die letzten Tage war Brot die einzige Quelle unserer Existenz. An Brot mangelte es uns nicht, ich will damit sagen, dass es uns bislang immer möglich war, unser Brot zu bekommen. Wir mussten nie in der Bäcke-

---

* Das stimmte nicht, aber das Gerücht ging auch außerhalb Leningrads zu der Zeit um.

rei warten, bis Brot gebracht wurde. Aber heute ist es schon elf Uhr morgens, doch in keiner Bäckerei gibt es Brot, und keiner weiß, wann welches kommen wird. Hungrige, stolpernde, wankende Menschen suchen seit sieben Uhr morgens die Bäckereien ab, aber, ach, überall sehen sie leere Regale, sonst nichts.

Gut, dass Mama und ich für heute Brei und Presskuchenfladen aufgehoben haben, sonst wüsste ich gar nicht, was heute wäre. Mama und ich haben heute Morgen anstelle des Tees Suppe gegessen, jede zweieinhalb Teller heiße Suppe, und deshalb können wir das Fehlen von Brot noch ertragen.

Doch das ist nicht gut, wenn man selbst das Brot »erjagen« muss.

Wann wird es endlich besser? Es ist schon höchste Zeit, denn die Menschen sind alle so erschöpft, dass ich nicht weiß, ob viele in Leningrad am Leben bleiben werden, wenn die Versorgungslage noch einen Monat lang so bleibt. Viele werden das nicht überleben.

Ich weiß nicht, ob ich überleben werde. Heute verspüre ich aus irgendeinem Grund in mir so eine Schwäche. O Gott, ich kann mich kaum auf den Beinen halten, die Knie knicken ein, mir ist schwindlig. Gestern noch habe ich mich völlig gesund und munter gefühlt. Und ich war gar nicht so sehr hungrig. Wie ist dann dieser Kräfteverfall zu erklären? Vielleicht hat Akas Tod so auf mich gewirkt.

Um Mama mache ich mir große Sorgen. Die letzten Tage zeigt sie so viel Energie. Die ganze Zeit geht sie sorgenvoll umher, ist immer in Bewegung, dabei wankt sie selbst hin und her wie eine Betrunkene. Ich habe solche Angst, dass sie nach diesem ungewöhnlichen Energieschub die Kräfte verlassen werden. Aber was kann ich tun, um das abzuwenden? Ich weiß es nicht.

Aber vielleicht ist das alles auch nicht so schlimm. Und alles wird glücklich enden. Gebe Gott, dass es so wäre.

Möglichst schnell sollten wir alles mit Aka erledigen. Denn sie liegt in der Küche. Diesen Jakowlew können wir gar nicht erreichen, aber ohne ihn geht es nicht. Er muss den Totenschein ausstellen. Dann muss Mama noch irgendwohin gehen, und danach werden wir Aka auf dem Schlitten zum Hippodrom bringen*. Das ist von uns nicht weit.

Ich vergaß zu sagen, dass heute das Radio geht und wir die Nachrichten des Informbüros gehört haben. Unsere Truppen haben die Stadt Maly Jaroslawez erobert. Aber über die Leningrader Front kein Wort. Was hat das zu bedeuten? Wahrscheinlich eine vorübergehende Verschlechterung. Wir sterben hier vor Hunger wie die Fliegen, aber in Moskau hat Stalin gestern wieder ein Essen zu Ehren Edens gegeben**.

Das ist empörend, sie fressen dort wie die Teufel, während wir noch nicht einmal unser Stück Brot bekommen, wie es sich gehört. Sie veranstalten alle mög-

---

* Auf dem Hippodrom selbst stand Flak, neben dem Hippodrom in einer ehemaligen Kaserne wurden im Winter 1941/42 die Leichen gestorbener Leningrader gesammelt.

** Der britische Außenminister Anthony Eden war vom 16. bis 20. Dezember 1941 zu Unterredungen in Moskau, worüber in der Sowjetunion erst später offiziell berichtet wurde.

lichen glänzenden Empfänge, während wir wie Höhlenmenschen, wie blinde Maulwürfe leben.

Wann hört das bloß auf? Ist es uns wirklich nicht vergönnt, wieder zartes grünes junges Frühlingslaub zu erblicken!? Werden wir wirklich die Maisonne nicht wiedersehen? Dieser schreckliche Krieg geht schon den siebten Monat. Über ein halbes Jahr.

Gestern saßen Mama und ich neben dem erloschenen Ofen, wir drückten uns eng aneinander. Wir fühlten uns so wohl, aus dem Ofen umhüllte uns die Wärme, unsere Mägen waren voll.

Da machte es nichts, dass es im Zimmer leer war und eine Totenstille herrschte. Wir drückten uns ganz fest aneinander und träumten von unserem künftigen Leben. Davon, was wir zum Essen kochen würden. Wir entschieden, dass wir unbedingt ganz viel Schweinespeck auslassen und direkt in das heiße Fett Brot tunken und essen würden, und außerdem beschlossen wir, viel Zwiebeln zu essen. Wir werden uns von den billigsten Breien ernähren, bedeckt mit gewaltigen Mengen Röstzwiebeln, solche goldbraunen, saftigen, mit Fett getränkten. Außerdem beschlossen wir, Pfannkuchen aus Hafer, Graupen, Gerste und Linsen zu backen und noch vieles, vieles andere.

Aber genug geschrieben, meine Finger sind schon ganz steif vor Kälte.

Heute endlich haben wir Aka weggeschafft. Uns ist richtig ein Stein vom Herzen gefallen. Es ist alles wirklich glatt gegangen. Die Toten gibt man, sobald der Papierkram erledigt ist, den Trägern und dann direkt auf den Laster und zum Wolkowo-Friedhof. Zu der Ablieferungsstelle zieht sich eine Kette von Schlitten mit Verstorbenen. Auf einigen Schlitten sind zwei oder drei Leichen. Ja, es sterben viele.

Heute Morgen ging ich um Viertel nach sieben Brot holen. In der Bäckerei in Haus 28 gab es kein Brot. Ich bin zur Bäckerei hinter dem Kino »Prawda« gegangen und stand eineinhalb Stunden draußen in der Schlange. Aber dafür bekam ich sehr leckeres Brot, noch ganz warm, weich, luftig, deshalb aß ich es, kaum dass ich zu Hause war, fast ganz auf mit heißem Tee dazu.

Danach haben wir Aka weggebracht und sind gerade zurück, befreit von dieser unangenehmen Sorge.

Akas Lebensmittelkarten mussten wir leider abgeben. Sonst hätte Genosse Jakowlew nicht die Sterbeformalitäten erledigt. Das ist sehr ärgerlich, aber was soll man machen. So muss es eben sein.

Jetzt haben Mama und ich jede 200 g Brot am Tag. Vielleicht schafft sie es, die Stelle am Theater zu bekommen und Arbeitermarken zu erhalten. Vielleicht wird die Brotration erhöht, aber erst mal wird es sehr schwer werden. Aber es wird schon werden, nur nicht den Kopf hängen lassen. Der Teufel ist nicht so schrecklich, wie sie ihn malen.

8/I

Mamas und meine Lage ist sehr schwer. Bis zum Ende der ersten Dekade bleiben noch zwei Tage, aber in den Kantinen bekommen wir nichts, weder auf meine noch auf Mamas Marken. Wir müssen also diese zwei Tage mit dem einen Teller Suppe auskommen, der mir zusteht. Wir können zwar noch drei Frikadellen bekommen, aber es ist noch gar nicht sicher, ob es überhaupt Frikadellen geben wird.

Heute habe ich einen zweiten Teller Suppe erbettelt, aber morgen kann ich das nicht noch einmal tun. Das Gewissen erlaubt mir nicht, jeden Tag so zu betteln.

Mama kam aus dem Theater und brachte zwei Gläser Kaffee, eine Portion Fruchtgelee und eine Frikadelle aus Pferdefleisch mit. Jetzt werden Mama und ich den Kaffee mit dem Gelee trinken, und abends, gegen fünf Uhr, werden wir jede einen Teller Suppe essen, und die Frikadelle heben wir für morgen auf. Irgendwie müssen wir es bis zum Ende der ersten Dekade schaffen und dann für die zweite Dekade alles streng einteilen.

So ein Pech: Heute stand ich drei Stunden im Freien nach Wein an, und als vor mir nur noch acht Leute vor der Tür standen, war der Wein alle. Ich habe mich umsonst so abgefroren. Meine Beine waren so eingefroren, dass ich auf dem Nachhauseweg brüllte. Ich konnte nicht mehr stehen, ich spürte, wenn ich weiter stehen bliebe, würde ich hinfallen und sterben.

Unsere Ferien sind auf unbestimmte Zeit verlängert. Die einen sagen, bis zum 12., die anderen, bis zum 16.

Im Geschäft gibt es nichts. Heute wurde Mehl für die dritte Dekade verkauft. Wir haben für die dritte Dekade aber noch kein Fett bekommen. Ich habe gehört, dass es in einem anderen Geschäft Fruchtmus statt Fett gab. Das ist freilich sehr ungünstig, aber man bekommt immerhin etwas.

9. Januar

Mama und ich sind noch am Leben. Bislang keinerlei Besserung. Wir haben heute 200 g Brot, das Brot ist gut, sehr schmackhaft, heute haben wir Brot bekommen, ohne anstehen zu müssen. Auch das Radio spielt, und es gibt Wasser in der Leitung.

Gestern haben Mama und ich nach den zwei Tellern Suppe auch die Frikadelle aufgegessen, die wir für heute aufheben wollten. Und wie wir sie gegessen haben: Wir rösteten sie in kleinen Stückchen auf der Gabel über den Kohlen. Mein Gott, war das lecker! Das war ein solcher Genuss. Wenn Mama heute zwei Frikadellen bringen sollte, werden wir die auch so genießen.

Am 6. Januar war ich beim Jolkafest im Gorki-Theater. Zuerst wurde »Ein Adelsnest« aufgeführt, dann gab es Essen, Tänze um den Tannenbaum, Künstler traten auf. Beim Fest war es sehr fröhlich und schön. Ich war sehr zufrieden.

Ich kam etwas zu spät. Am Eingang erhielt ich eine rosa Marke mit der Nummer 3 und eine Eintrittskarte »Balkon, Rang 2, Nr. 31«. Bis zur Pause saß ich im Parterre, dann fand ich meinen Platz. In der nächsten Pause ging ich ins Foyer. Hier stand ein wunderschöner Tannenbaum, reich geschmückt, funkelnd erleuchtet von verschiedenfarbigen Glühbirnen. Die Musik spielte, um den Baum drehten sich die Tanzenden, von oben wurde die Tanne vom bunten Lichtstrahl eines Projektors erhellt. Konfettikanonen knallten, und es regnete Konfetti auf die Tanzenden herab, die bunten Bänder der Luftschlangen raschelten und wickelten sich um die Anwesenden. Es waren so viele Leute da, dass ich mich kaum durchkämpfen und meine Schulkameraden nicht finden konnte.

Zu Beginn der nächsten Pause traf ich auf der Treppe Ljowa Sawtschenko.

»Lena, wo sind unsere Schulkameraden?«

»Hallo, Ljowa, du auch hier? Von unseren Leuten ist anscheinend keiner da. Ich habe niemanden gesehen.«

»Na gut, ich finde euch dann.«

»Geht ihr schon essen?«

»Mhm.«

Und er rannte die Treppe hinauf seinen Schulkameraden hinterher. Ich stand noch lange auf der Treppe und ließ die Spezialschüler vorbei. Denn die wurden als Erste zum Essen geführt. Gegessen wurde in vier Schichten. Ich aß mit der dritten Schicht, die meisten unserer Kameraden mit der vierten.

In der nächsten Pause sah ich sofort Tamara. Neben ihr stand Ljowa. Die ganze Pause standen wir zu dritt und unterhielten uns. Ljowa erzählte, wie es ihnen jetzt geht. Sie bekommen sehr gut zu essen*.

»Heute bekamen wir zum Frühstück, bevor wir hierherkamen, einen vollen Teller Nudelsuppe, so einen ganz vollen, mit Fett, und einen Teller Weizengrütze«, erzählte Ljowa.

»Ljowa, was hast du jetzt gegessen? War es lecker?«

»Lecker, also zuerst Rassolniksuppe**, als Hauptgang Fleischfrikadellen mit Buchweizen und zum Nachtisch so eine Art Mousse. Alles sehr lecker, nur die Portionen waren winzig, sie waren schon aufgegessen, wenn man sich nur die Lippen leckte.«

»Ljowa, und wie geht es Dimka? Schreibt er nicht?«

»Nein, nichts. Ich verstehe es auch nicht. Kein Wort.«

»Und wie, Tamara, geht es Emka?«

»Ich bekomme von ihr auch keine Nachricht. Ich weiß gar nichts.«

»Was unsere Freunde doch für eine Schweinebande sind. Sie sind weg und haben uns vergessen, Saukerle.«

Das Treffen mit Ljowa und dieses unser kurzes Gespräch machten mir großen Spaß. Ljowa weiß also nichts von unseren Jungs. Sie kommen nicht zu ihm, er besucht sie nicht. Adka hat er auch nicht gesehen. Er hat uns noch erzählt, dass seine Schule vielleicht eva-

---

* Ljowa besuchte offensichtlich eine Spezialschule, eine Einrichtung des sowjetischen Bildungssystems mit verschiedenen Spezialisierungen (z. B. Fremdsprachen) für die Klassen 8–10. Bevorzugt wurden dort in den Dreißiger- und Vierzigerjahren auch künftige Offiziersschüler ausgebildet.

** Pikante Fleisch- oder Fischsuppe, mit Salzgurken gekocht.

kuiert wird. Er versprach, dass er dann bei Tamara vorbeikäme, um sich zu verabschieden.

Während die zweite Schicht aß, schauten wir, die dritte, Schauspielern zu. Sie stellten Szenen aus dem Leben Tschapajews* dar. Endlich kam ich in die Kantine. Am Eingang bekam jeder einen Esslöffel, dann setzten wir uns an einen langen Tisch. Jeder bekam ein Stück Roggenbrot und eine Suppe in einem kleinen Tontopf. Der Rassolnik war ziemlich dick, mit Buchweizengrütze.

Ich aß alles Flüssige und hatte gerade angefangen, den Bodensatz in mein Glas umzufüllen, als der Strom ausfiel. In der Dunkelheit konnte ich den ganzen Bodensatz sauber umfüllen und nutzte die Dunkelheit, um den ganzen Tontopf mit den Fingern komplett auszulecken. Danach saßen wir eine Stunde im Dunkeln. Ich hatte schon mein ganzes Stück Brot aufgegessen und begann einzuschlummern, als schließlich Licht gebracht wurde.

Das Hauptgericht wurde aufgetragen. Auf einem kleinen Tellerchen lagen eine ziemlich große Fleischfrikadelle mit höchstens zwei Esslöffeln Buchweizengrütze mit Soße. Das Hauptgericht war völlig kalt. Ich füllte alles in dasselbe Glas um und leckte die Soße mit dem Finger sorgfältig vom Teller.

Als Nachtisch bekamen wir auf einer Untertasse Gelee aus Sojamilch. Eine sehr unappetitliche Speise! Ich packte es in ein anderes Glas. Mehr bekamen wir

* Wassili Tschapajew (1887–1919), Feldkommandeur der Roten Armee während des Bürgerkriegs.

nicht. Ich dachte, man würde uns, na ja, wenigstens jedem ein Stück Konfekt oder einen Keks geben. Aber nein, mehr gab es nicht. Es war Viertel nach sechs, als wir das Essen beendeten. Ich eilte nach Hause, denn zu Hause wartete eine hungrige Mama auf mich, denn wir hatten beschlossen, dass wir an dem Tag zu Mittag essen würden, was ich aus dem Theater mitbringe. Ich hatte angenommen, ich würde nicht später als vier Uhr zu Hause sein, ich kam aber erst um halb sieben nach Hause. Ich rannte also, ich spürte gar nicht meine Beine. Als ich ankam, machten wir sofort aus allem, was ich mitgebracht hatte, eine Suppe, das ergab für jede von uns zwei Teller, und das Gelee teilten wir. Dann saßen wir am Ofen, wärmten uns und gingen schlafen.

So verlief dieser Tag, von dem ich noch letztes Jahr geträumt hatte, als wir zum ersten Mal erfuhren, dass es ein Jolkafest mit Essen geben werde. Ich hatte mit solcher Ungeduld auf diesen Tag gewartet. Ich glaubte, man würde uns mit einem richtigen Festessen bewirten und dann noch etwas Leckeres geben.

In irgendeinem anderen Theater, so hörte ich, gab es zu einer Jolka für die siebente Klasse: Fleischsuppe mit Linsen, einen Nudelauflauf, Gelee und als Leckerei ein Stück Schokolade, Lebkuchen, zwei Kekse und drei Stück Sojakonfekt.

Ich weiß bloß nicht, ob es stimmt oder ob es ein Märchen ist. Wahrscheinlich Quatsch.

10. Januar 1942

Die erste Dekade ist zu Ende. Aber die Geschäfte sind noch immer leer. Die Leute haben ihre Lebensmittel für die zweite und dritte Dekade des letzten Jahres noch nicht erhalten.

Wir werden von Tag zu Tag schwächer. Mama und ich bemühen uns, möglichst wenig Energie zu verbrauchen, wir sitzen und liegen viel. Es ist sehr gut, dass wir noch keine Schule haben. Jetzt kannst du nicht auch noch lernen, wo das Leben in dir kaum noch glimmt.

Unsere Schulferien sind bis zum 15. verlängert, aber es heißt, dass sie noch weiter verlängert werden. Ich weiß nicht, warum das geschieht, aber so oder so passt es sehr gut.

Ich mache mir große Sorgen um Mama. Wie muss sie sich erst fühlen, wenn ich schon anfange, vor Schwäche zu wanken. Schon völlig, ich übertreibe nicht: Wenn ich lange sitze und dann aufstehen will, muss ich meine Muskeln sehr anstrengen, um überhaupt aufzustehen. Und wenn du aus dem Bett auf den Nachttopf willst, knicken die Beine weg. Draußen bemühe ich mich, schnell zu gehen und die nötige Entfernung in einem Zug zurückzulegen, denn wenn man die Schritte verlangsamt, beginnt man zu stolpern.

Zu allem Übel herrscht die ganze Zeit Frost. Es ist gar nicht so sehr kalt, aber in diesem Winter frieren wir irgendwie besonders stark. Es ist kein starker Frost draußen, aber wir frieren, als wären es minus 40 Grad. Auch hier wirkt sich der Mangel an Essen aus, die systematische Unterernährung, die äußerste Erschöpfung.

Mehr als einen Monat kann das nicht so weitergehen. Eins von beidem – entweder bekommen wir zu essen, oder wir werden alle verrecken.

Und das ist interessant, denn man kann nicht behaupten, dass wir hungern würden. Nein, Mama und ich fühlen uns oft, wenn wir uns schlafen legen, ganz und gar satt. Doch unser Organismus erhält schon lange nicht mehr die nötige Nahrung wie Fett und Zucker, und dabei sind beide unabdingbar. Wir bekommen Nahrung, unser Magen ist voll, daher auch das trügerische Gefühl der Sättigung, aber von dieser Nahrung nimmt der Körper nur wenig auf, den größten Teil scheiden wir als Urin wieder aus. Wir müssen sehr oft auf den Topf. Das essen wir: Suppe, heiße Suppe. Satt macht sie uns deshalb, weil sie heiß ist und es viel gibt, das heißt viel Flüssigkeit, aber an Nahrhaftem sind keine 10 g darin. Denn schon in der Kantine wird eine dünne Suppe ausgeteilt, und wir verdünnen sie zusätzlich noch mit Wasser. Deshalb werden wir von Tag zu Tag schwächer.

Gestern hat uns Tante Sascha von ihrer Erfindung erzählt. Vielleicht werden wir ihr dadurch unser Leben verdanken. Es geht um Folgendes:

Gestern ging Mama aus irgendeinem Grund zu ihr und kehrte fröhlich zurück. Tante Sascha hatte sie Sülze probieren lassen, die sie aus bestem Tischlerleim gemacht hatte, und gab ihr eine Platte von dem Leim, damit wir es auch ausprobieren konnten. Mama fing sofort mit der Arbeit an. Sie kochte Wasser, ungefähr zwei Teller voll, und löste die ganze Platte darin auf, dann ließ sie das alles aufkochen und goss es dann in die Teller, die sie ans Fenster stellte. Als wir um sechs Uhr morgens aufwachten, war unsere Sülze fertig. Sie schmeckte uns beiden sehr gut. Mir persönlich sehr. Als wir etwas Essig hinzufügten, war sie hervorragend. Sie schmeckt wie Fleischsülze, man glaubt gleich ein Stück Fleisch zu essen. Und sie roch gar nicht nach Tischlerleim. Diese Sülze ist ganz ungefährlich, im Gegenteil, sie ist sehr nahrhaft. Denn bester Tischlerleim wird aus Hufen und Hörnern von Hausvieh gemacht. Einige Leute kaufen doch extra die Hachsen junger Tiere mit den Hufen dran und machen daraus Ragout und Sülze. Auf diese Weise haben Mama und ich jetzt beste Chancen, zusätzlich Nahrung ohne Marken zu bekommen.

Mama hat jetzt im Theater genau so einen Leim. Sie hat sich erst vor Kurzem für ihre Arbeit vier Kilo aus dem Magazin bestellt, das sind etwa 20 Platten, und eine Platte – das sind drei volle Teller. Mama wird versuchen, noch mehr von diesem Leim zu bekommen, und dann haben wir für einen ganzen Monat jeden Tag einen vollen Teller leckere, nahrhafte Sülze.

Wie das Sprichwort sagt: »Not macht erfinderisch.« Ich habe schon weitere Verwendungsmöglichkeiten dieser Sülze erdacht. Wenn man in den Teller zum noch heißen Leim Fruchtmus, Sirup, Wein oder etwas Ähnliches hinzufügt, dann gibt es, wenn alles abgekühlt ist, ein hervorragendes Gelee (aus Wein oder Saft), und mit Fruchtmus, besser noch mit Marmelade, wenn man etwas mehr hinzufügt, sollte eine Art Fruchtgummi herauskommen, das heißt eine süße Masse, die man mit dem Messer in Stückchen zerschneiden und zum Tee essen kann.

Da lässt sich noch mehr ausdenken, man muss nur anfangen. Zum Beispiel, wenn Mama heute Fleischfrikadellen bekommt, wollen Mama und ich echte Fleischsülze zubereiten: Wir kochen in dem Leim die zerkleinerte Frikadelle mit, davon erhält das Ganze einen Fleischgeschmack, und wir können dann noch die Fleischstückchen herausfischen.

Ich bin so froh, dass wir an den Leim gedacht haben. Das wird uns, besonders Mama, viel Kraft geben.

Heute früh ging das Radio, aber jetzt ist wieder kein Empfang. In unserem Zimmer ist es sehr kalt, ich schreibe, in die Decke gewickelt, Tagebuch. Ich warte auf Mama, es ist schon nach drei, sie hat gesagt, sie käme um zwei. Irgendetwas wird sie heute mitbringen. Vielleicht kommt sie deswegen so lange nicht, weil sie nach Konfekt ansteht. Denn bei ihr im Theater wurde zu Neujahr Konfekt ausgeteilt, vielleicht gibt es heute auch welches, heute ist ja der letzte Tag dieser Dekade. Leider ist das unwahrscheinlich. Aber vielleicht gibt es Sirup und Kaffee zum Gelee?

Heute habe ich, wie es mir Lida gestern versprochen hat, zwei Portionen Suppe bekommen. Es ist Spinatsuppe, in der Suppe ist nichts drin, aber wenigstens ist es Suppe und – es gibt zwei volle Teller davon.

Morgen ist schon eine neue Dekade. Wir können wieder zwei Suppen zu je 25 g auf Marken bekommen oder ein Hauptgericht. Bei Mama gibt es manchmal Presskuchenfladen mit Fruchtmus, dafür werden Nährmittelmarken für 50 g abgeschnitten. Ich denke, dass sich das zu nehmen lohnt. Denn für 25 g gibt es zwei

Presskuchenfladen, folglich macht Presskuchenfladen für 50 g vier kleine Presskuchenfladen. Wir können die Fladen unter uns aufteilen und aus Fruchtmus mit Leim das Fruchtgummi machen, das ich oben erwähnt habe.

So, jetzt kann ich nicht mehr schreiben. Es ist schon ganz dunkel.

Und da kommt Mama!

12/I 42

Es ist schon der 12. Januar, aber keinerlei Verbesserung. die Brotration wurde nicht erhöht, die Geschäfte sind leer, es gibt keinen Strom, das Radio schweigt, in der Leitung ist kein Wasser, die Klospülung geht nicht.

Gestern haben wir ausschließlich Sülze aus Tischlerleim gegessen. In der heutigen Nacht haben wir wieder jede eineinhalb Teller Sülze gegessen. Sie ist so lecker und sättigend, einfach wunderbar. Ich war heute Morgen noch so satt davon, dass ich mein ordentlich großes Stück Brot heute Morgen nicht gegessen, sondern Mama gebeten habe, es mitzunehmen und für mich aufzuheben. Mir steht also heute Abend ein Genuss bevor.

Im Moment ist der Tag die widerlichste Zeit. Ich sitze hier im Mantel, Arme und Beine sind völlig durchgefroren. Jetzt ist es im Zimmer fünf Grad warm, draußen ist Frost. Gestern waren es 31 Grad Kälte und heute nicht weniger. Man kann unmöglich lange draußen sein. Vor Kurzem war ich Wasser holen. Gott sei Dank, jetzt haben wir Wasser für zwei Tage. Ich habe zwei Eimer gebracht. Gegen 1 Uhr 40 gehe ich in die Schule Suppe holen. Hoffentlich geht dieser unerträgliche Tag schnell vorüber. Und abends, nach vier Uhr, kommt Mama und bringt Nudeln und Fleischfrikadellen. Wir werden Feuer anzünden, das Fenster verhängen, die Suppe aufwärmen, Sülze machen. Während die Sülze zubereitet wird, das heißt vor sich hin kocht, werden wir über den Kohlen Frikadelle, Brot und Nudeln rösten. Wir essen jetzt immer so. Wir rösten in kleinen Stückchen auf der Gabel alles, was nur geht. So ist es besser, die Zeit geht schneller herum, und der Genuss ist größer. Abends haben wir dann wieder Sülze. Sie erkaltet schnell, in zwei Stunden. So viel Genuss wartet auf mich heute, aber bis dahin muss ich frieren und die Uhr bewachen.

Vorgestern habe ich mich nicht geirrt, als ich annahm, dass Mama nicht kommt, weil sie für etwas Leckeres Schlange steht. Mama brachte 100 g Rosinen mit, sie bekam sie anstelle von Konfekt auf meine Marken für die erste Dekade. 100 g Konditoreiwaren, das ist richtig furchtbar, Angestellte bekommen 150 und Arbeiter 300.

Mama hat mit Absicht nur auf meine Marken genommen, denn sie hofft, selbst bald eine neue Karte zu bekommen, für Angestelle oder gar als Arbeiterin, und dann bekommt sie am Ende der zweiten Dekade auf ihre Karte gleich für zwei Dekaden. Wenn Mama zum Beispiel eine Arbeiterkarte bekommt, dann bekommen wir am Ende der zweiten Dekade zusammen 100+300+300=700 g Konditoreiwaren. Mama und ich haben schon beschlossen, wenn es kein Konfekt gibt, dann nehmen wir ein Glas eingekochte Früchte und 100 g Rosinen. Aus den Früchten machen wir dann Fruchtgummi.

17/I 42

Wir haben noch immer Ferien. Die Tage ziehen sich hin, sie sind sich erstaunlich gleich. Jetzt leben Mama und ich schon drei Tage so: Wir stehen ungefähr um zehn Uhr morgens auf, die genaue Uhrzeit wissen wir nicht, weil das Radio nicht läuft und unsere Uhren oft stehen bleiben. Zuerst steht Mama auf, dann ich. Wir essen jede einen Teller Sülze und trinken heißes Wasser, und wenn wir Glück haben – Kaffee. Dann geht Mama. Es beginnt der unangenehmste Teil des Tages. Ich bleibe allein und mache einige kleine Hausarbeiten: Wenn nötig, hole ich Wasser, bereite Feuerholz vor, wasche Geschirr ab und so weiter. Und hast du nicht gesehen, ist es schon Zeit, in die Schule zu gehen. Ich packe meine Sachen, hab um 1 Uhr 40 Schule, aber da essen immer noch die achten Klassen. Also muss ich warten, unterhalte mich mit dem oder jenem, und dann ist es auch schon Zeit, sich an den Tisch zu setzen. Ich warte auf meinen Teller Suppe. In letzter Zeit bekommen wir nur Suppe, und in der ist gar kein Salz drin, sie ist ganz leer, nur Mehl ist drin. Die Suppe schmeckt aber ganz gut. Nachdem ich meine Portion in das Einmachglas umgefüllt habe, gehe ich nach Hause. Es ist schon etwa Viertel nach zwei. Jetzt kommt die angenehmste Zeit des Tages. Jetzt ist es besser, nicht auf

Mama zu warten, sondern sich mit irgendetwas zu beschäftigen. Dann vergeht die Zeit wie im Flug. Endlich kommt Mama, bringt Brot und Mittagessen und manchmal auch Kaffee. Wir teilen alles auf, und es beginnt die Fütterung, die bis sechs Uhr dauert. Wir genießen, was Gott uns gegeben hat, wir rösten unsere heiß ersehnten Bröckchen, und wenn es Kaffee gibt, trinken wir Kaffee. Dann, wenn die letzten Kohlen verglüht sind, legen wir uns schlafen, nachdem wir unseren Teller Sülze zubereitet haben.

Nachts, so gegen fünf bis sechs Uhr, essen wir ihn mit großem Appetit und schlafen bis zum nächsten Morgen* weiter.

Heute bringt Mama vielleicht 300 g Marmelade mit. Für uns beide für die zweite Dekade und für die erste Dekade für einen von uns. Mama hat sich mit einem Mann abgesprochen, ein 600-g-Glas Marmelade zu teilen. Gestern ging Mama aus dem Theater nach Hause, und der Mann stellte sich in der Schlange an. Und wenn er gestern Marmelade bekommen hat, bringt Mama heute welche mit.

Ich bin neugierig, welches »Menü« wir heute haben werden. Gestern hatten wir jede (sowohl Mama wie auch ich) 200 g Brot. Zwei Teller Borschtsch. 6 g Kleiebrei (drei Esslöffel). Zwei Teller Mehlsuppe, zwei

---

* Mitte Januar steht die Sonne in Sankt Petersburg nur ungefähr sieben Stunden über dem Horizont. Seit 1930 war durch Anwendung der sogenannten »Dekretzeit« Sonnenaufgang erst gegen halb elf Uhr.

Tassen Kaffee und einen Teller Sülze. Wie man sieht: ein gutes »Menü«. Ich füge hinzu, dass ich mich ganz satt schlafen legte, Mama auch. Mama ist für die dritte Dekade eine Arbeiter-Lebensmittelkarte versprochen worden.

I

Ich allein, allein, allein, will heut Herr der Wohnung sein,
Mama ging auf den Basar, ich stell auf den Samowar,
Späne mir ganz fein ich schnitt, koche mir jetzt Tee damit.
Lebensmittel sind nicht da, doch wird's Essen wunderbar.
Suppe koch ich mir im Nu, mit der Creme für die Schuh'.
Fünf Schwämme gibt's als Hauptgericht, gebraten schmeckt's wie ein Gedicht.
»Miau, miau, miau, miau«, lacht der Kater, schaut ganz schlau:
»Gerne ess ich Fleisch vom Schwein, trink dazu auch einen Wein,
Aber Suppe, Creme, Schuh – ess ich nicht, iss die mal du!«

II

Ob Theater, Café oder Ball, Reithosen tragen die Leute all,
Will auch ich erwachsen sein, muss selber ich sie nähen fein.

Schnell schlüpft Dima aus der Hose, die Schere macht die Nähte lose.
Interessant ist dieses Spiel, nur die Nadel sticht so viel.
Listig schaut der Kater zu: »Ja, wie lustig nähst denn du!«
Kräftig gähnen muss die Uhr, sieht sie Dima, lacht sie nur.
Tick-tack tick-tack tick-tack tick – das ist alles sehr verrückt.

III

Wie ein Ferkel vollgeschmiert – wie Dima jetzt bloß sauber wird!
In der Schüssel Puppe Tanja, im Eimer badet Hündchen Wanja.
Mit Seife waschen, richtig nass, Dima macht das großen Spaß.
Der Kater reißt weit auf den Rachen, denn so heftig muss er lachen.
Der Wasserhahn weit offen bleibt, und während Dima Flecken reibt,
Steht das Zimmer unter Wasser, alles wird schnell nass und nasser.
Der Kater hat schon ’n nassen Fuß, den man trocken reiben muss.
Miezchen, du musst schnelle fliehen, lass uns auf das Bett umziehen.
Vor der großen Flut erschraken auch die kleinen Kakerlaken.
Wanja mit dem Tisch als Floß – der Arme, wohin schwimmt er bloß?

Hoch und höher steigt die Flut, Dima find't das gar nicht gut.
Zum Fenster fliehend er sich reckt – das Ferkelchen ist sehr erschreckt!

IV

Die Oma mit dem Eimer kommt, der Hauswart holt den Besen prompt,
Die Köchin den Schürhaken schwingt, der Dima hart zu Boden bringt.
Stirn und Nase sind nun blutig, doch der Dima meckert mutig:
»Heute geht auch alles quer! Warum haut ihr mich so sehr?«

V

Ich fliehe mit der Straßenbahn, wo Mama mich nicht fangen kann.
Auf dem Trittbrett fahre ich, denn Fahrkarten, die hab ich nicht.
Eng ist's auf dem Bahnsteig heute, hier drücken sich so viele Leute.
Was macht der Köter in der Lücke? Oh, er reißt mein Hemd in Stücke!
Liebes Hündchen, beiß nicht mich, die Straßenbahn fährt ohne mich.
Liebes Hündchen, weh und ach, der Dima auf das Pflaster kracht.

VI

Mit einem Fässchen voller Teer reitet schnell ein
Mann daher.
Schwarz und klebrig ist der Teer, fasst du ihn an,
schreckt er dich sehr!
Garstig ist der Mann mit Bart, sein Zottelpferd von
Riesenart,
Doch Dima streckt die Zunge raus, rupft dem Ross
Schweifhaare aus.
Da zieht der Mann die Zügel fest, schimpft auf Dima
wie die Pest,
Reißt ihn am Kragen zu sich her und taucht ihn ganz
tief in den Teer.

VII

Die Jungens lachen sich jetzt scheckig: »Schwarz ist
Dima, ist ganz dreckig.
Wollen nicht mehr mir dir spielen, uns die Hände
nicht beschmieren.«
Der arme Dima weinet sehr, und statt Tränen tropft
der Teer.
Zwei Wochen Dima wuschen sie, doch richtig sauber
wurd' er nie.*

Ich war gerade in der Schule. Es gibt nur leere Suppe für elf Kopeken. Am 19. brauchen wir nicht zum Unterricht zu kommen. Es ist kein Brennholz da.

---

* Spottgedicht vom Anfang des 20. Jahrhunderts.

20/I 1942

Egal, was ich mache, mir geht nichts so recht von der Hand. Nachts unter der Decke schmiede ich so viele verschiedene Pläne, wie ich den Tag verbringen werde, aber nichts kommt dabei heraus, alles fällt mir aus der Hand. Das sind die Folgen der Kälte. Am Tage ist es bei uns nur am Fenster hell, aber dort ist es so kalt, dass man sich mit nichts beschäftigen kann, die Hände werden eiskalt. Du möchtest wieder denken wie nachts, aber du kannst überhaupt nicht denken.

Die Folgen der Kälte sind schrecklich, nicht nur dass die vom Frost gekrümmten Finger nichts mehr festhalten können, auch alle Gedanken verflüchtigen sich irgendwohin. Stattdessen schießen mir nachts viele Gedanken durch den Kopf, weshalb ich gewöhnlich die halbe Nacht nicht schlafe und mich von einer Seite auf die andere wälze. Ich möchte nicht denken, kann aber nicht aufhören zu denken. Doch jetzt am Tage ist der Kopf ganz leer, und ich kann an gar nichts denken. Ich kann weinen, so viel ich will. Ich möchte überhaupt nichts tun, aber hinlegen möchte ich mich auch nicht. Einfach nur stehen bleiben und auf einen Punkt starren.

Ich hätte früher nie gedacht, dass die Kälte auf den Menschen eine solch mörderische Wirkung haben könnte. Jetzt stehe ich hier und schreibe mit frostklammen Fingern, langsam bringe ich Buchstabe für Buchstabe zu Papier, ich könnte mich hinsetzen, aber ich möchte keine überflüssige Bewegung machen. Meine Beine sind wahrscheinlich schon einen ganzen Monat nicht mehr aufgetaut. Draußen herrscht grimmige Kälte. Die Wintersonne bescheint die Dächer der Häuser.

Morgen ist ein Trauertag, der Jahrestag von Lenins Tod. Alle glauben überzeugt den Gerüchten, dass morgen die Brotration erhöht wird. Auch ich möchte glauben, aber ich traue mich nicht. Die letzte Zeit bekommen wir ein herrliches Brot, solches gab es selbst in Friedenszeiten nicht. Das ist kein Roggenbrot, es ist aus reinem Weizenmehl. So wohlschmeckend, ein Genuss. Die Kruste ist durchgebacken, es ist leicht, bricht nicht, bröselt nicht, es lässt sich leicht mit dem Messer schneiden, aber 200 g, das ist viel zu wenig, um von diesem Brot satt zu werden. Es ist, als würden wir uns mit Feinkost bewirten. Das ist schon ärgerlich.

Die Leute sagen, dass wir morgen mehr Brot bekommen werden, sie sagen, dass Fett ausgeteilt wird. Sie sagen, dass wir das Schwerste schon hinter uns haben, dass es jetzt leichter wird. Sie sagen, dass wir viele Lebensmittel erhalten werden. Sie sagen, dass wir alle die Sanatoriumsration erhalten werden. Sie sagen, sie sagen, ohne Ende sagen sie, und du weißt nicht, ob du es glauben sollst oder nicht. Man möchte ja so gerne. Wir sind alle so erschöpft, so am Ende unserer Geduld, dass einem vom Leben allein ganz elend wird.

Heute bin ich ganz schlechter Stimmung. Mir ist elend, so elend, es liegt mir alles so schwer auf der Seele, ich will mich fallen lassen, einschlafen. Es ist kalt, stets fühle ich ungestillten Hunger. Es ist kalt. Das ist furchtbar. Wenn wir es warm hätten, dann wären alle Leiden, alle Entbehrungen nur halb so schlimm.

An den Fronten ist alles unverändert. Die Unsrigen greifen an und schlagen die Deutschen vernichtend auf Schritt und Tritt. Die Deutschen hinterlassen bei ihrem Rückzug nur menschenleere Wüste. Alles wird zerstört, verbrannt, vernichtet.

Schrecklich sich vorzustellen, welche furchtbaren Grausamkeiten die Faschisten begehen. Sie verwandeln die verlassenen Gebiete in eine entvölkerte Einöde, und das geschieht planvoll, aufgrund von Sonderbefehlen*. Trümmer, Aschehaufen und Leichenberge – das finden unsere Soldaten in den zurückeroberten Gebieten vor. Die Haare stehen einem zu Berge, und das Blut gefriert einem in den Adern bei dem Gedanken, dass das alles kein Traum ist.

25/I.

Gestern wurde die Brotration erhöht. Jetzt sieht es mit dem Brot folgendermaßen aus:

	Angehörige	Angestellte	Arbeiter
vorher	200 g	200 g	350 g
jetzt	250 g	300 g	400 g

* Der deutsche Vormarsch kam mit dem Wintereinbruch zum Erliegen. Die Gegenoffensive der Roten Armee ab Ende November war erfolgreich. Hitler befahl am 20. Dezember 1941, Ortschaften, die die Wehrmacht nicht halten konnte, zu zerstören. Ein analoger Befehl Stalins datiert vom 17. November 1941. Er bezieht sich auch auf Dörfer im von deutschen Truppen besetzten Gebiet.

Aber alle sind sehr unzufrieden, sie hatten mehr erwartet.

Es ist unvorstellbar, wie Mama und ich jetzt leben. Schon den zweiten Tag herrscht draußen grimmiger Frost bei wolkenlosem sonnigem Himmel. Wir haben wenig Feuerholz, wir verbrauchen am Tage nur einige Späne, um unser Essen warm zu machen. Im Zimmer ist es schrecklich kalt, wir leben nur unter der Bettdecke.

Heute Morgen ging ich Brot holen, nein, das stimmt nicht, ich wollte Brot holen, doch ich musste eine halbe Stunde in der Schlange stehen. Der Frost ist heute noch stärker als gestern, das Gehirn erstarrt, und er durchdringt die Knochen.

Heute ist das Brot nicht so gut, für 1 Rubel 90 Kopeken, formgerecht, fast, wie es sein soll, aus Roggen, aber ziemlich feucht und darum schwer. Ich eilte nach Hause, zog mich sofort aus und ab ins Bett. Mama setzte Wasser auf, wir tranken jede eine Tasse heißes Wasser und lagen in den Betten. Jetzt, da ich diese Zeilen schreibe, hat Mama für das Mittagessen Holz gehackt, und ich lege mich wieder ins Bett, ich bin schon ganz erfroren.

Gestern ist Folgendes passiert. Mama und ich hatten vereinbart, dass sie Brot kauft, wenn sie vom Theater*

* Satz bricht ab.

29/I

Lange habe ich nicht geschrieben. Ich finde nicht die rechte Zeit. Wir hatten zwei Tage lang, am 27. und am 28., kein Brot. In fast keiner Bäckerei gab es welches. Es heißt, die Brotversorgung war unterbrochen, weil wegen des starken Frostes Leitungen in der Brotfabrik geplatzt seien.*

Wir hatten, aus welchem Grund auch immer, zwei Tage lang kein Brot und kein Mittagessen, wir ernährten uns nur von der Suppe aus der Schule und von Sülze. Mama ist so geschwächt, dass sie kaum gehen kann. Aber, welch ein Glück, gestern habe ich anstelle von Brot gutes Weizenmehl bekommen, 975 g, und Mama lebte völlig auf. Wir haben sofort Mehlsuppe und Fladen gemacht. Wenn wir morgen auch kein Brot auftreiben können, nehmen wir wieder Mehl. Heute ist es wärmer, es schneit. Im Haus 17 gibt es Wasser. Heute stand ich dort in der Schlange und holte Wasser. In letzter Zeit herrschte ein solcher Frost, dass wir Wasser aus einem Eisloch auf der Fontanka schöpften.

Ich weiß nicht, ob wir durchkommen werden. Meine Mama haben diese zwei furchtbaren Tage völlig niedergeworfen. Sie ist sehr geschwächt, aber frohen Mutes. Sie möchte leben, und sie wird leben.

---

* Die Unterbrechung war auf Strommangel zurückzuführen und darauf, dass das Hauptwasserwerk vorübergehend abgeschaltet war.

8/II

Gestern Morgen ist Mama gestorben. Ich bin nun allein.

10/II

Ich habe kräftig eingeheizt. Jetzt sind es im Zimmer im Mittel + 12 Grad. Morgen werde ich ausführlicher schreiben.

11/II

Heute wurde die Brotration erhöht. Morgens brachten ich und die Hauswartsfrau Mama zur Maratstraße.

Wir schafften Mama auf demselben Weg fort, auf dem Mama und ich vor einem Monat Aka weggebracht hatten. Wie damals tobte heute, als wir Mama wegschafften, ein Schneesturm, und danach schien tagsüber die Sonne. Dann ging ich mit der Hauswartsfrau zur Bäckerei. Ich bekam 600 g Brot, 300 gab ich ihr. Danach ging ich zur Schule, bekam einen Teller Hirsesuppe und eine Portion Hirsebrei mit Fett. Ich kam nach Hause, sägte Feuerholz, wärmte mein Mittagessen auf und spürte, dass ich keine Kraft mehr hatte, noch irgendetwas zu tun. Ich wollte Wasser holen, das Geschirr spülen, aber der heutige Tag hat mich wahrscheinlich so erschöpft, nicht so sehr physisch wie seelisch, dass ich absolut nichts mehr tun konnte. Gestern habe ich sechs Platten Leim verkauft, die Platte für 15 Rubel. Ich habe 90 Rubel bekommen. Jetzt habe ich 99 Rubel 60 Kopeken. Für das Zimmer, so stellte sich heraus, bekomme ich nichts. Ida Issajewna bringt mir 100 Rubel, mehr nicht. 50 Rubel gebe ich Ida Issajewna für den kleinen Ofen*.

Gestern hatte ich den großen Ofen eingeheizt und hatte im Zimmer +12 Grad Wärme. Der Ofen glühte fast bis obenhin. Morgen werde ich 600 g Brot erhalten, man denke nur. Jetzt werde ich nichts mehr tun, ich lege mich schlafen. Ich muss das alles überschlafen. Wie schwer es allein ist! Ich bin doch erst 17 Jahre alt. Ich habe überhaupt keine Lebenserfahrung. Wer gibt mir jetzt Ratschläge? Wer lehrt mich jetzt das Leben? Ringsum sind fremde Leute, denen bin ich egal. Alle haben ihre eigenen Sorgen. O Gott, wie werde ich allein leben. Nein, ich kann mir das nicht vorstellen. Aber das Leben selbst wird mir diktieren, was ich zu tun habe, und dann habe ich noch einen nahen Menschen – Schenja**. Sie wird mir helfen, das ist ganz klar. Aber zu ihr muss ich mich erst einmal durchschlagen. Ich muss zu Kira. Vielleicht gibt sie mir etwas Geld.

Mamotschka …

---

* Die sogenannte Wremjanka – ein kleiner eiserner Ofen, der mitten im Zimmer stand. Der Brennstoffverbrauch war geringer als bei dem großen (Kachel-)Ofen, allerdings heizte er weniger effektiv. Er war auch als Burschuika bekannt.

** Eine Tante Lenas.

13/II

Wenn ich morgens aufwache, kann ich die erste Zeit gar nicht begreifen, dass meine Mama wirklich tot ist. Mir scheint, dass sie hier ist, in ihrem Bett liegt und jeden Moment aufwachen wird. Dann werden wir uns darüber unterhalten, wie wir nach dem Krieg leben werden. Aber die schreckliche Wirklichkeit lässt sich nichts nehmen. Mama ist nicht mehr! Mama weilt nicht mehr unter den Lebenden. Auch Aka ist nicht mehr da. Ich bin allein. Es ist unfassbar. Manchmal überkommt mich die Wut. Ich möchte schreien, kreischen, den Kopf an die Wand schlagen, beißen! Wie werde ich nur ohne Mama leben? Das Zimmer ist völlig vernachlässigt, von Tag zu Tag mehr Staub. Ich werde wahrscheinlich bald wie Pljuschkin* werden. Wird die Faulheit mich etwa besiegen?Ich werde doch wohl keine Kopie meiner Mutter sein? Denn ich mag es, wenn alles sauber und gemütlich ist. Nein, nein, nein und nochmals nein. Ich werde jetzt gleich aufstehen, es ist gerade warm bei mir im Zimmer, und werde aufräumen. Bloß weiß ich nicht, wo ich anfangen soll. Ich werde als Erstes die Gardinen aufhängen, die machen das Zimmer gleich viel gemütlicher.

Jetzt sieht es so aus: Ich habe 97 Rubel. 100 muss mir Ida Issajewna noch bringen. Ich muss eine Arbeitsstelle finden, aber ich glaube, dass ich den Februar auch so überstehen werde.

---

* Romanfigur aus Nikolai Gogols *Die toten Seelen*. In den russischen Sprachgebrauch eingegangen als Bezeichnung für einen kleinkarierten, unordentlichen Menschen mit zwanghaftem Sammeltrieb.

Es sind noch 17 Tage bis März.

Brot – 17 × (für 1 R. 70 K.) mit (17 × 3) = 857 Kopeken = 8 R. 57 K. Mit den Lebensmitteln wird es anscheinend besser. Gestern gab es in den Geschäften auf die neuen Marken Nährmittel. Angehörigen stehen 250 g zu, da ich aber in die Kantine gehe, erhielt ich wesentlich weniger. Gestern konnte ich ohne anzustehen 125 g Erbsen und 200 g Hirse kaufen, und ich kochte daraus einen so üppigen Hirsebrei, einfach wunderbar! Seit gestern habe ich 600 g Brot gegessen, einen Napf Linsensuppe und einen Teller Hirsebrei – und mir wurde übel. Das ist auch verständlich, wir sind alle so ausgehungert, dass für uns eine solche Menge Essen jetzt schon zu viel ist.

Meine gute, liebe, allerliebste Mama. Nur noch ein paar Tage, und du hättest erlebt, wie sich die Lage bessert. So ein Pech, ich ärgere mich so für dich, dass mir das Herz wehtut. Du bist am 7. in der Frühe gestorben, am 11. wurde die Brotration erhöht, am 12. gab es Nährmittelmarken.

Aber, mein Gott, wie soll ich nur allein leben? Ich kann mir das nicht vorstellen. Ich kann mir das ganz und gar nicht vorstellen. Nein, ich gehe zu Schenja. Um mich herum sind nur fremde Menschen. Ich bin so unglücklich. O Gott, du barmherziger Gott! Warum nur? Warum das alles?

15/II 42

Gestern schickte ich Schenja ein Telegramm: »Aka und Mama sind gestorben. Sende mir Rat. Lena.« Ich habe 5 Rubel 25 Kopeken bezahlt. Im Haus 28 stand ich gestern nach Zucker an, aber der gelieferte Zucker roch nach Petroleum und wurde deshalb ins Lager zurückgeschickt. Heute zwischen zwei und drei Uhr soll neuer kommen. Als ich nach Zucker anstand, traf ich Ljusja Karpowa, sie stand dort nach Fleisch an und nahm für mich auf Mamas Marken 125 g. Vielen Dank dafür. Es ist ein sehr gutes Stück. Gestern brachte ich aus der Schule Erbsensuppe mit, verlängerte sie mit Wasser, fügte einen Teelöffel Hirse hinzu und schnitt kleine Stückchen Fleisch hinein, und ich hatte eine hervorragende Suppe. Dann schnitt ich auch Fleisch in den Leim. Es wurden drei Teller Sülze. Ich habe noch für einige Male Erbsen und Hirse.

So ein Pech, aber das konnte ich nicht vorhersehen. Gestern gab es als Nährmittel Buchweizen, echte Buchweizengraupen, wenn ich noch ein bisschen länger gewartet hätte, hätte ich Buchweizenbrei mit Fett essen können.

Bald müsste es Fett geben. Ich werde ungefähr 300 g Fett bekommen. Überhaupt, in letzter Zeit esse ich mich am Tage so satt, dass mir nachts schlecht wird. Heute ging ich gleich im ersten Morgengrauen ins Haus 28. Ich dachte, es würde Zucker und Fett geben. Aber es gab nur Fleisch. Dann ging ich zur Bäckerei. Ich kaufte 600 g Brot und beschloss, auf den Markt zu gehen und das Brot in etwas Süßes einzutauschen, Zucker oder Konfekt, da sah ich plötzlich einen Schlitten mit Feuerholz, und mir fiel ein, dass ich ja dringend Feuerholz brauche. Ich fragte einige Leute und tauschte 400 g Brot gegen neun zwei Finger dicke Latten von fast einem Meter Länge. Mit großer Mühe schleifte ich sie nach Hause. Das Holz reicht für lange, ich möchte auch gerade waschen, ich habe keine sauberen Sachen mehr, und ich muss doch bald für die Abreise packen. Sobald ich die Antwort von Tante Schenja habe, fahre ich.

Wirklich Pech, dass meine Uhr kaputt ist. Das Zimmer ist sehr gut, hell, und der Ofen ist tüchtig. Ein paar Scheite reichen, und er glüht bis fast ganz oben. Ich räume nach und nach auf. Es fehlt gar nicht mehr viel. Bald wird es in meinem Zimmer gemütlich und warm sein, da ist es direkt schade, dass ich es verlassen werde. Aber nein, ich habe mich fest entschlossen: Ich fahre. Im Frühjahr werden sie in der Kolchose jede Arbeitskraft dringend brauchen können, ich werde dort arbeiten können, und nach dem Krieg, wenn ich Geld gespart habe, werde ich in mein Zimmer zurückkehren, hier wohnen und dann hier auch Arbeit finden. Jetzt aber macht das Arbeiten hier keinen Sinn, und Geld habe ich noch.

Im diesem Moment sitze ich, und ich kann nicht aufstehen. Erstens hat mich das Feuerholz geschafft, vielleicht habe ich mich sogar verhoben, und zweitens habe ich mich satt gegessen. Einen Teller der Suppe von gestern habe ich gegessen, 200 g Brot, einen halben Teller Sülze und zwei Tassen Tee. Ich habe mir bei

Tante Sascha einen Teelöffel Zucker ausgeliehen und ausgezeichneten Tee getrunken.

17/II

Ich bin nun ganz reich geworden. In einem Glas habe ich Hirse, in einem anderen Perlgraupen, in einem dritten Buchweizen, in der Schachtel ein paar Erbsen, am Fenster liegen 125 g Fleisch. Nur mit Zucker habe ich kein Glück. Gestern hatte ich zu Mittag zuerst Erbsensuppe, als Hauptgang Buchweizenbrei mit Fett, zum Abendessen Graupenbrei mit Fett.

Das Brot heute für 1,25 Rubel ist sehr lecker, trocken, sehr gut.

Schon den dritten Tag höre ich Radio. Das tut so gut, ich spüre gar nicht die Einsamkeit.

Geld habe ich – 105 Rubel. Feuerholz habe ich, Lebensmittel auch. Was brauche ich noch? Ich bin völlig zufrieden.

Heute ist es kalt. Der Himmel ist wolkenlos, die Sonne scheint.

25/II

Gerade habe ich gut zu Mittag gegessen, trinke jetzt heißen Kakao und esse Brot dazu. Das habe ich heute gegessen: zwei Teller Mehlsuppe und Reisbrei mit Baumwollöl. Jetzt werde ich einheizen, im Zimmer ist es ganz kalt: nur +6 Grad.

Jetzt bin ich seit über einem halben Monat Waise. Und ich kann einfach nicht daran glauben, dass ich Mama nie wieder sehen werde, die lebendige Mama, so wie sie auf der Fotografie zu sehen ist.

Die Lebensmittelversorgung hat sich verbessert. Ich habe jetzt eine Nährmittelkarte für die Kantine, außerdem habe ich Erbsen, Linsen und Trockengemüse: Zwiebeln, Rote Beete und Kohl. Mamas Marken musste ich noch nicht abgeben*.

Jeden Tag gehe ich zu ein Uhr in die Schule und bekomme dort ein Mittagessen. Die Suppe gibt es jetzt auf Marken, Gelee gibt es keins, deshalb gehen verhältnismäßig wenige Leute hin. Von unseren Leuten treffe ich in letzter Zeit Lida Solowjowa und… Ljowa Sawtschenko. Ja, Ljowa, seine Spezialschule wurde schon evakuiert, aber da war er gerade krank und**

27/II

Jetzt wird es allmählich besser. O Gott, wie schade, dass weder Aka noch Mama bis heute am Leben geblieben sind.

Möge dieser Krieg schnell zu Ende gehen.

---

* Nach dem Krieg schrieb Lena Muchina, sie habe nur überlebt, weil die Hausverwaltung ihr aus Mitleid Mama Lenas Brotkarte nicht abnahm. Nach Anweisung des Leiters der Leningrader Miliz vom 7. Februar 1941 sollten den Angehörigen die Lebensmittelkarten der Verstorbenen belassen werden.

** Satz bricht ab.

Nein, die Leute hatten unrecht, die gesagt haben, dass wir Leningrader unserer Regierung egal seien, dass es ihr gleich sei, ob es vier- oder fünftausend Leningrader weniger gäbe. Nein, ich habe es immer gewusst, dass unsere Regierung und Genosse Stalin persönlich in jeder Minute an uns denken und sich bemühen, unsere Lage, so gut es geht, zu erleichtern.

Um die Wahrheit zu sagen, ich bin jetzt vollkommen glücklich.

Jetzt ist es acht Uhr abends. Ich sitze am Tisch mit einer guten Funzel, schreibe an meinem Tagebuch und höre dabei Radio. Im Zimmer ist es warm und gemütlich. Ich bin satt, erst vor Kurzem habe ich gegessen, heute Mittag hatte ich zuerst Suppe mit Nudeln, das heißt Nudelsuppe, und als Hauptgang einen ganzen Teller Nudeln und zum Nachtisch süßes heißes Wasser mit Kakaopulver und Brot dazu. So sieht's aus.

In letzter Zeit stehen uns für die vierte Marke Nährmittel zu, Fleisch, Moosbeeren und 150 g Zucker. Außerdem bekommt man pro Karte einen Viertelliter Petroleum. Gerade heute habe ich einen halben Liter Petroleum gekauft, außerdem, so sagen die Leute, wird man noch diesen Monat für die achte Marke Stockfisch bekommen. Die neuen Karten erfreuen angeblich auch das Auge. Viel Nährmittel, nicht nur 12,5 g je Marke wie bisher, sondern je 20 g. Die Leute sagen auch, es werde in den Kantinen wieder Suppe ohne Marken geben. Außerdem wird mit einer Erhöhung der Brotration gerechnet.

Ich möchte noch erwähnen, dass das Essen in unserer Kantine besser geworden ist: Jetzt gibt es jeden Tag Vorspeise, Hauptgericht und Nachtisch. Die Suppen sind sehr dick, es gibt verschiedene Arten von Brei, die Portionen sind groß, und was Fleischprodukte betrifft, so gibt es Bockwürste und Frikadellen von guter Qualität, kein Pferdefleisch mehr. Es sei daran erinnert, dass die Suppen noch vor ganz kurzer Zeit eigentlich nur aus Wasser bestanden, dass die Breiportionen selbst Katzen zum Weinen gebracht hätten und dass die Fleischportionen ebenfalls winzig waren. Auch die Presskuchenfladen gehören der Vergangenheit an. Eine Zeit lang gab es doch fast nichts anderes, Suppe aus Presskuchenfladen und als Hauptgericht Presskuchenfladen.

Ja, in dieser Zeit ist vieles besser geworden. In den Bäckereien gibt es immer schmackhaftes Brot, aber den Leuten reicht das nicht. Alle nörgeln, beschweren sich, träumen schon wieder von Brötchen und Lebkuchen. Wahrscheinlich ist der Mensch einfach so geschaffen, da kann man nichts machen: Er kann nie genug kriegen. Gibt es kein Brot, träumen die Leute von Brot, hat der Mensch Brot, träumt er von Brötchen, kaum gibt es Brötchen, träumt er von Törtchen. Gibt es kein Fett, träumt er von Fett. Gibt man ihm zum Beispiel Baumwollöl, träumt er von Butter, bekommt er sie, so träumt er von Sahne und Quark. Mit Fleisch ist es genauso: Gibt es keins, träumt er von Pferdefleisch, gibt es Pferdefleisch, möchte er Rindfleisch und Hammelfleisch haben, gibt es auch das, will er Schweinefleisch, Hähnchen oder Gans, und wenn es selbst das alles gibt, dann möchte er Birkhahn, Pute, Kaviar, gekochten Schinken und noch mehr haben. Da kann man nichts machen, so ist der Mensch nun einmal.

März. Es ist März, der erste Frühlingsmonat. Ja, März, April, Mai, und dann kommt auch der Sommer. Also, der Frühling kommt, aber draußen schneit es, es ist ein ganz gewöhnlicher grauer Winterhimmel, aber das macht nichts. Der März: Das ist schon der erste Frühlingsmonat.

Die Brotration wurde noch nicht erhöht. Gestern habe ich 300 g Moosbeeren bekommen, und 200 g Brot habe ich gegen 200 g Moosbeeren getauscht. Ich finde, das lohnt sich, denn mit Brot bin ich täglich versorgt, aber Moosbeeren gibt es schließlich nicht jeden Tag. Gerade habe ich mich von Ida Issajewna verabschiedet. Sie fährt nach Taschkent*. Sie ist ein sehr guter Mensch. Mama und ich verdanken ihr viel. Gestern hat sie mir Stiefel geschenkt, die noch richtig gut sind, braune Leinenstiefel mit niedrigen Absätzen. Sie kommen mir gerade recht, ich werde sie im Frühling tragen.

Möge es doch bald Frühling werden, möge dieser Krieg doch bald aufhören. Geduld, Lena, Geduld, alles hat seine Zeit. Ich bin glücklich, denn ich habe alles noch vor mir. So viele Freuden, Genuss und Vergnügen.

Jetzt werde ich Brot holen. Schade, dass ich mit Streichhölzern sparsam sein muss. Ich habe noch vier Streichhölzer und habe keine Ahnung, wann es wieder

* Viele Evakuierte wurden in die Sowjetrepublik Usbekistan gebracht.

welche geben wird*. Die Brotration wird wohl nicht vor dem 5. erhöht werden.

Heute schmeckt das Brot sehr gut. Aus der Kantine habe ich eine Portion Hirsebrei mitgebracht. Jetzt ist alles anders. Es wird abgeschnitten**: für die Suppe 20 g Nährmittelmarken und 10 g Fett, für den Brei 400 g Nährmittelmarken und 10 g Fett, für ein Fleischgericht 50 g Fleisch und 10 g Fett. Dafür ist die Suppe so dick, dass der Löffel drin stehen bleibt. Und ein ganzes Schälchen Brei. Heute habe ich 225 g Fleisch gekauft.

Also, heute habe ich mir ein sehr gutes Mittagessen gemacht. Brei mit Fastenöl*** und Zucker, dann zwei Teller Nudelsuppe mit Fleisch und Zwiebeln. Gekochtes Fleisch, dann gebratenes Fleisch und ein paar Stückchen in Fastenöl gebratenes Brot und zum Nachtisch Moosbeerensaft mit Zucker. Was für ein Mittagessen! Während ich kochte, klopfte Walja an die Tür und gab mir eine Postkarte. Die Karte war an Mama adressiert und war von Tante Schenja. Schenja hat also mein Telegramm nicht erhalten. Sie schreibt, sie mache sich Sorgen, und fragt, ob wir am Leben und gesund seien, denn sie habe lange von Mama keine Antwort bekommen. Ich habe sofort eine Antwort geschrieben. Morgen schicke ich sie ab.

---

* Arbeiter und Angestellte sollten zwei Schachteln Streichhölzer, Angehörige eine Schachtel im Monat bekommen (Entscheidung des Leningrader Stadtexekutivkomitees vom 5. März 1942).

** Von der Lebensmittelkarte.

*** Im belagerten Leningrad wurde Ostern gefeiert. Die vorösterliche Fastenzeit begann 1942 am 9. Februar. »Fastenöl« ist ein Öl, das in der orthodoxen Kirche in der Fastenzeit erlaubt ist, vorwiegend Leinöl oder Hanföl.

Bald ist Frauentag*. Draußen herrscht Frost, aber die Sonne scheint. Die Brotration ist noch immer nicht erhöht worden. Wenn ich darüber nachdenke, was wir schon durchgemacht haben, wird mir schwer ums Herz, und gleichzeitig bin ich froh, dass wir das Schlimmste schon hinter uns haben. Ich habe das überlebt und bin als Einzige von uns dreien am Leben geblieben. Wenn die Verbesserung der Lebensmittelversorgung noch einen halben Monat auf sich hätte warten lassen, dann wäre auch ich Aka und Mama in die Maratstraße 76 gefolgt. Maratstraße 76! Was für eine unheilvolle Adresse, wie viele Tausend Leningrader mussten sie kennenlernen. Ich habe überlebt und will weiter leben. Deshalb darf ich nicht hier bleiben. Ich muss es nach Gorki** zu Tante Schenja schaffen.

Gestern Abend gab mir Raissa Pawlowna, meine Nachbarin, eine Postkarte, die sie zusammen mit noch einigen Briefen aus der Schakt mitbrachte, wo sie recht lange herumgelegen haben muss. Keine Ahnung, wie diese Postkarte zur Schakt gelangt ist. Die Karte vom 19.1. war von Schenja. Schenja schreibt, sie mache sich große Sorgen, warum sie keine Antwort bekommt, wo sie doch schon den x-ten Brief schreibt. Die Adresse: Gorki, Mogiljowgasse, und ich Idiotin habe an eine ganz andere, an ihre alte Adresse geschrieben. Deshalb ist mein Telegramm nicht angekommen.

---

* Der Internationale Frauentag am 8. März.

** Name der Stadt Nischni Nowgorod von 1932 bis 1990.

Jetzt habe ich folgenden Plan: Ich schicke Schenja ein neues Telegramm, und dann versuche ich, nach Gorki zu gelangen. Deshalb werde ich zu Kira und zu Galja ziehen. Wenn ich hierbleibe, wird es für mich sehr schwer werden. Ich kann kaum arbeiten, ich bin sehr geschwächt, wenn ich ein arbeitsloses Familienmitglied bleibe, werden sie mich mit dem Arbeitsdienst quälen. Wenn der Frühling anfängt, wenn es wärmer wird, wird der ganze Dreck auftauen. Dann wird viel zu tun sein, und vielleicht schicken sie mich sogar zur Arbeit auf den Friedhof, Tote vergraben, bis ich selbst tot bin. Nein, ich muss zu Schenja. Schenja schreibt, dass sie es ganz erträglich haben, für die derzeitigen Verhältnisse sogar gut. Mich könnten sie ein bisschen aufpäppeln, ich könnte zu Kräften kommen und dann Arbeit finden, arbeiten und bei Schenja oder Njura* wohnen. Sie stehen mir doch nahe, wir sind Verwandte, sie lieben mich und werden mich sicherlich nicht fortjagen.

Nein, nein, ich muss hier weg! Ich werde ein solches Telegramm schreiben:

Ich bin allein. Aka und Mama sind gestorben. Kann ich zu Dir? Antworte schnell.

Nur ich bin noch am Leben. Aka und Mama sind gestorben. Ich bin sehr geschwächt.

Aka und Mama sind vor Erschöpfung gestorben. Ich habe es sehr schwer. Ich bin schwach. Schenja! Kann ich zu Dir?

---

* Die Frau von Lenas Onkel.

Aka und Mama sind gestorben. Schenjuscha, kann ich zu Dir?*

Es zerreißt mir das Herz, wenn ich an Mama denke. Ich habe noch immer das Gefühl, als ob Mama nur für kurze Zeit weggefahren sei und bald zurückkommen wird. Ich möchte so sehr etwas essen. Wird die Brotration etwa nicht erhöht werden? Ich bin es so leid, dieses halb verhungerte Dasein zu fristen. Und arbeiten zu müssen würde ich jetzt nicht aushalten, ich bin zu schwach. Zu Schenja, nur zu Schenja, dann bin ich gerettet.

Mamotschka, Mamusja, du hast nicht durchgehalten, du bist gestorben. Mamulja, Mamontschik, meine allerliebste Freundin. O Gott, wie grausam das Schicksal ist, so sehr wolltest du leben. Du bist tapfer gestorben. Du hattest viel Mut, aber leider einen sehr schwachen Körper. Mamulja, du bist gestorben, du wurdest von Tag zu Tag schwächer, aber keine Träne, keine Klagen, kein Stöhnen, du hast versucht, mich aufzumuntern, hast sogar Scherze gemacht. Ich erinnere mich, dass du am 5. Februar noch aufgestanden bist. Während ich in Warteschlangen anstand, hast du Holz fürs Feuer vorbereitet. Nach dem Essen hast du ruhig gesagt, du wollest dich jetzt zum Ausruhen hinlegen. Du hast dich hingelegt, batest mich, dich mit deinem Mantel zuzudecken, und … du bist nicht wieder aufgestanden.

---

* Vier Telegrammvarianten; die letzte ist im handschriftlichen Tagebuch eingerahmt.

Am 7. hast du es nicht mehr auf den Nachttopf geschafft, aber das Wichtigste, was so traurig ist: In diesen letzten Tagen, am 5., 6. und 7. Februar, hat Mama mit mir gar nicht mehr geredet. Sie lag da, bis zum Kinn zugedeckt, sehr streng und fordernd. Als ich mich weinend an ihre Brust warf, stieß sie mich zurück: »Du Dummerchen, was heulst du? Glaubst du etwa, ich sterbe?« – »Nein, Mamotschka, nein, wir beide werden noch an die Wolga fahren.« – »An die Wolga werden wir fahren, und Blinis werden wir backen. Jetzt gehen wir beide aber besser auf den Topf. Nimm schon die Decke weg. So, jetzt das linke Bein, jetzt das rechte, prima.« Und ich stellte ihre Füße auf den Boden, allein sie zu berühren war furchtbar. Da begriff ich, dass Mama nicht mehr lange zu leben hatte. Ihre Beine waren wie von einer Puppe, nichts als Knochen, und anstelle der Muskeln irgendwelche Lappen.

»Hoppla«, sagte sie fröhlich und strengte sich an, um allein aufzustehen. »Hoppla, jetzt hilf mir auf.«

Ja, Mama, du warst ein Mensch mit frohem Mut. Du hast natürlich gewusst, dass du sterben wirst, aber du hieltest es nicht für nötig, darüber zu reden.

Ich erinnere mich jetzt, es war am 7. abends. Ich bat Mama: »Küss mich, Mamulja. Wir haben uns so lange nicht mehr geküsst.« Ihr strenges Gesicht wurde weicher, wir schmiegten uns aneinander, weinten beide.

»Mamotschka, liebe!«

»Leschenka, was sind wir zwei doch für Pechvögel!«

Dann legten wir uns schlafen, d. h. ich legte mich hin.

Nach einiger Zeit höre ich, wie Mama mich ruft: »Aljoscha, schläfst du?«

»Nein, was ist?«

»Weißt du, ich fühle mich gerade so wohl, so leicht, morgen wird es mir wahrscheinlich besser gehen. Ich habe mich noch nie so glücklich gefühlt wie jetzt gerade.«

»Mama, was redest du. Du machst mir Angst. Wieso geht es dir besser?«

»Ich weiß nicht. Na gut, schlaf schön.«

Und ich schlief ein. Ich wusste, dass Mama sterben würde, aber ich dachte, sie würde noch fünf bis sechs Tage am Leben bleiben. Ich hätte nie geglaubt, dass der Tod morgen kommen würde.

Ich schlief ein. Im Schlaf hörte ich, wie Mama mich wieder rief: »Lena, Leschenka, Aljoscha, schläfst du?« Es ist, als würden diese Worte jetzt in meinen Ohren klingen. Dann schwieg sie wieder. Und ich schlief wieder tief.

Als ich das nächste Mal erwachte, hörte ich Mama reden, aber sehr undeutlich, und ich rief sie: »Mama, he, Mama, was sagst du?«

Schweigen. Dann murmelte sie wieder etwas vor sich hin, antwortete mir aber nicht. »Wahrscheinlich fiebert sie«, dachte ich und schlief wieder ein.

Als ich wieder aufwachte, höre ich ein Schnarchen. Na endlich, denke ich, Mamotschka ist eingeschlafen, und ich schlief ganz beruhigt ein. Ich weiß nicht, wie lange ich geschlafen hatte, aber plötzlich wachte ich sehr beunruhigt auf. Ich spürte mit dem Herzen, dass etwas nicht stimmte. Mama schnarchte noch immer, aber das war nicht das Schnarchen eines Menschen, der ruhig schläft. Nein. Mama lag mit geschlossenen Augen auf dem Rücken und atmete schwer durch den Mund. In ihrem Hals gurgelte etwas. Ich stupste sie an, rief sie, sie öffnete die Augen und sah mich mit leerem Blick an. »Mama, Mama, hörst du mich?« Derselbe Blick, dann schloss sie erschöpft die Augen.

Mein Gott, sie sieht mich nicht, sie hört mich nicht, sie stirbt. Ihre Stirn ist kalt, die Hände und Beine kalt, ihr Puls schlug kaum. Ich rannte, um Hilfe zu holen. Die Nachbarn kamen. Sie heizten ein, erhitzten Flaschen. Heißen, süßen Kaffee, irgendwelche Vitamine. Aber alles war umsonst. Mama biss fest die Zähne zusammen. Als sie ihr den Kaffee mit Gewalt einflößten, schluckte sie ihn nicht hinunter. Es war sechs Uhr morgens. Die Nachbarn gingen wieder. Sie sagten, ich solle weiter versuchen, Mama den Kaffee einzuflößen. Und so saß ich die letzten Stunden an ihrem Bett. Sie kam nicht mehr zu Bewusstsein und starb still, sie entschwand irgendwie Ich bemerkte es nicht einmal, obwohl ich am Kopfende saß. An Erschöpfung sterben alle so.

6/III

Gegen drei Uhr ging ich auf die Post und schickte ein Telegramm an Schenja. Dann ging ich zum Kino »Molodjoschni«, aber heute gab es keine Eintrittskarten mehr. Dann ging ich ins Michailow-Theater und erfuhr, dass Kira schon vor ungefähr zwei Wochen evakuiert worden war. Von dort ging ich zu Galja. Ich hatte solche Angst, dass ich dort niemanden antreffen würde. Aber das war nicht der Fall.

Aliks Großvater machte mir auf. Er hatte rot geweinte Augen. Vor drei Tagen war seine Frau Julija Dmitrijewna gestorben. Dann kam Galja, sie ist sehr dünn geworden. Auch Kira kam. Gemeinsam mit Galja holte ich Alik aus dem Kindergarten ab.

Hier wurde ich wie eine Verwandte aufgenommen. Alle freuten sich, dass ich gekommen war. Galja drückte mich an sich und küsste mich. Das tat richtig gut!

Morgen werden wir Julija Dmitrijewna auf ihren letzten Weg bringen.

Galja und ihr Vater wollen unbedingt, dass ich zu ihnen ziehe. Sie versprechen mir, nach Kräften zu helfen. Und wenn sie evakuiert werden, werden sie mich als ihre Tochter mitnehmen. Das habe ich überhaupt nicht erwartet, dass sie mich so empfangen würden, dass ich auf solche Anteilnahme, solche Wärme bei ihnen stoßen würde. Das allgemeine Unglück bringt die Menschen einander näher. Aliks Großvater ist Naturliebhaber, er ist großartig, voller Güte. Ich blühte sofort auf. Ich bin nicht allein. Ich habe Freunde gefunden. Was für ein Glück. Was für ein Glück.

Wie leid es mir um Julija Dmitrijewna tut. Sie war wie ihr Mann ein sehr lieber, guter Mensch.

Galja befürchtet, dass auch ihr Papa das nicht überstehen wird, aber nein, das kann nicht sein. Ich glaube, dass wir das Schlimmste hinter uns haben, und wer bis jetzt überlebt hat, der wird auch weiterleben. Davon gehe ich aus.

Wie grausam doch das Schicksal ist.

7/III

Heute stand ich um acht Uhr auf. Kurz nach zehn packte ich die nötigsten Sachen in einen Schultersack, legte ihn auf den Schlitten und machte mich auf den Weg zu Galja. Zu dritt brachten wir Julija Dmitrijewna ins Kuibyschew-Krankenhaus. Kira, Galjas Schwester, musste woanders hin, Galja und ich gingen allein zurück. Es war außergewöhnlich sonnig. Die Sonne gleißte und wärmte schon ganz frühlingshaft, sogar die Eiszapfen fingen an zu tropfen. Der Frühling, der Frühling nimmt seinen Tribut. Dann gingen Galja und ich in meine Kantine und nahmen vier Portionen Suppe mit, […]* dicke, und eine Wurst. Von dort gingen wir ins Haus 28, und ich hatte Glück: Gerade hatten sie begonnen, Rosinen auszugeben, und die Warteschlange war kurz. Galja ging mit der Suppe nach Hause, ich erstand meine Rosinen und ging dann auch zu Galja. Gemeinsam zersägten wir einen riesigen Holzklotz, zerstückelten ihn auf dem Hof. Dann ging Galja Alik abholen, während ich im Ofen Feuer machte.

Als Galja nach Hause kam, setzte sie gleich Tee für ihren Papa auf. Er liegt den ganzen Tag, sein Herz ist schwach, und er hat eine Magenverstimmung. Das sind die Nerven. Denn es ist ein ziemlicher Schlag, seine Lebensgefährtin zu verlieren. Danach wärmte ich meine Suppe auf. Um halb sieben aß ich. Galja ist so ein guter Mensch, sie überredete mich, ein Stück Brot zu neh-

* Nicht lesbar.

men, denn jetzt gehe das ja, weil es noch das Brot von Julija Dmitrijewna sei.

Ich trank Tee, aß Rosinen und Brot und war ganz satt. Morgen ist der 8. März. Frauentag. Galja wird zu Hause sein. Galja ist ein solcher Freund. Jetzt lege ich mich schlafen. Ich bin so müde.

13/III

»Ein Zaubermorgen; Frost und Sonne …«* Der Frühling kommt, das spürt man nun stärker mit jedem Tag. Die Sonne wärmt schon frühlingshaft, der Schnee dampft, und die Eiszapfen weinen, obwohl im Schatten der Frost noch erbarmungslos in die Nase beißt.

Ich wohne noch bei Galja, kümmere mich um ihren kranken Papa, helfe im Haushalt, wie ich kann. Heute geht es dem Papa besser als gestern, und Galja und ich geben die Hoffnung nicht auf, dass er sich wieder erholt. Er hat eine nervlich bedingte Magenverstimmung und ist sehr geschwächt. Galja geht mit Alik morgens früh um acht und kommt um sechs Uhr abends zurück. Den ganzen Tag bin ich mit ihrem Papa allein. Er schläft die meiste Zeit. Ich bin mir selbst überlassen, ich tue, was ich will.

Jetzt ist es zwei Uhr. Ich sitze am Fenster und schreibe. Die Frühlingssonne erhellt das ganze kleine Zimmer. Überhaupt wäre das alles nicht schlimm,

---

* Aus Alexandr Puschkins (1799–1837) Gedicht *Wintermorgen* (1829).

wenn nicht die ganze Zeit diese ziehende Leere im Magen wäre. Ich möchte so essen, es ist einfach nicht auszuhalten. Ich lebe im Moment von 300 g Brot und von Suppe. Am Tag Brot, um sieben Uhr abends zwei Teller Suppe, das ist mein ganzes Essen. In den letzten Tagen bin ich merklich schwächer und dünner geworden. Ich weiß nicht, ob ich überleben werde. Ich möchte so sehr leben. Ich muss möglichst schnell zu Schenja. Dann bin ich gerettet.

Die Abende sind sehr quälend, wenn ich meine leere Suppe ohne Brot dazu löffele (das Brot bis zum Abend zu strecken ist unmöglich), während gleich neben mir auf dem Tisch viel Brot liegt und eine Dose mit Zucker steht, und Galja schneidet sich dicke Scheiben Brot ab, bestreut sie mit Zucker und isst sie. Ich weiß, Neid ist nicht gut, aber ich finde schon, dass Galja mir jeden Tag ein Stück Brot abgeben könnte, ohne dass sie Schaden nähme. Denn sie bekommt doch im Moment außer ihren eigenen 300 g noch 700 dazu: 300 für die Mama und 400 für den Papa (er isst im Moment kein Brot). So viel Brot kann sie doch gar nicht essen, Suchariki* trocknen tut sie auch nur wenig, wahrscheinlich hortet sie das Brot im Schrank (der immer abgeschlossen ist). Das kann doch kein gutes Ende nehmen: Da wird ein Mensch vor Hunger von Tag zu Tag schwächer, und im Schrank liegt Brot und trocknet aus.

Natürlich geht mich das Brot nichts an, das ist nicht meins, sondern Galjas, Galja ist ein fremder Mensch, sie

---

* Getrocknete oder geröstete Brotstücke, ähnlich wie Zwieback oder Croutons.

muss sich nicht um mich kümmern, aber… ein kleines »aber« bleibt. Ich an Galjas Stelle würde aus Mitleid ein Stückchen Brot abgeben. Ich würde das im Herzen nicht aushalten. Ich werde auf keinen Fall als Erste bitten. Das geht gegen meine Ehre, und ich bin zu stolz, um Bittstellerin sein – Galja wird mir doch wohl von selber etwas anbieten. Sie weiß doch, wie sehr ich Hunger habe. 300 g Brot für einen ganzen Tag, das ist sehr wenig. Ich habe solchen Hunger, in meinem Magen nagt und zerrt es. Herrgott, Allmächtiger, erhöre mich, ich will essen, verstehst du, ich habe Hunger. Ich bin sehr unglücklich.

Gott! Wann hat das alles ein Ende!

16/III

Es ist schon der 16. März, also Mitte des ersten Frühlingsmonats, aber es herrscht noch immer fürchterlicher Frost. In der Sonne ist es warm, aber kaum gehst du in den Schatten: Frost.

Ich wohne noch bei Galja. Dem Alten geht es von Tag zu Tag immer schlechter. Lange wird er es nicht mehr machen. Das Sprechen fällt ihm schon schwer, die Zunge gehorcht ihm nicht mehr (wie bei Aka und Mama ungefähr drei Tage vor dem Tod). Und es gibt noch einen Boten für das nahende Ende: Er hat (ich kenne das von Aka und Mama) viel Durst.

Gestern wären wir fast verbrannt. Das passierte abends. Da kommt zu uns ein Nachbar von Wohnung 27 und bittet Galja um eine Axt, um die Wohnungstür einzuschlagen, weil er schon eine ganze Stunde klopft und niemand öffnet, und er macht sich große Sorgen, dass etwas passiert sein könnte, denn seine schwache alte Mutter lebt ganz allein zu Hause. Galja gab ihm die Axt, er schlug die Tür ein und öffnete sie. Die Wohnung war voller Rauch, auf der Schwelle zur Küche lag der halb verbrannte Leichnam seiner Mutter, unter ihr brannte schon der Fußboden. Auch das Sofa hatte zu brennen begonnen und die Decke, noch zwei Minuten, und alles wäre in Flammen aufgegangen. Aber zum Glück entdeckten wir den Brand rechtzeitig, riefen schnell die Feuerwehr, sammelten in allen Wohnungen Wasser. Wir erstickten das Feuer, trugen die brennenden Sachen hinaus in den Schnee. Da kam auch die Feuerwehr, öffnete den ganzen Fußboden und löschte alles.

Da hatten wir Glück, dass wir so davongekommen sind, wir hätten auch alle verbrennen können. Wir hätten zwar im Notfall durch den Haupteingang fliehen können, doch was wäre aus Väterchen geworden: Allein hätten wir ihn nicht schleppen können, aber wer hätte uns geholfen? Bevor die Feuerwehr eingetroffen wäre, wäre er schon dreimal im Rauch erstickt.

Wenn ihr Sohn heute nicht nach Hause gekommen wäre oder nur eine Minute später, dann wäre alles aus gewesen. Er hätte eigentlich erst morgen kommen sollen, es ist reiner Zufall, dass er heute kam. Solche glücklichen Zufälle gibt es im Leben.

Kira möchte unbedingt, dass ich sie vorübergehend als in meinem Zimmer wohnend registriere. Aber ich will nicht, kann mich dazu nicht durchringen.

Obwohl ich bei Galja jetzt nicht die Wärme und Aufmerksamkeit bekomme, die ich erwartet hatte, bin ich von Galja trotzdem nicht so sehr enttäuscht, wie Kira es mir einzureden versucht. Ich verstehe Galja. Sie muss sich um den sterbenden Vater kümmern, um ihren Sohn, und das alles allein. (Ihre Schwester hilft ihr überhaupt nicht.) Das ist sehr hart, da wird man ganz unfreiwillig leicht reizbar. Aber bald wird sich alles ändern. Der Alte wird sterben. Galja wird sofort Erleichterung verspüren, diese schwere Sorge wird ihr wie ein Stein vom Herzen fallen. Wir werden ihn irgendwie beerdigen, und dann werde ich sehen, ob ich mit Galja zusammenleben kann oder besser allein bleibe. Dann werde ich das entscheiden, jetzt ist es nicht möglich.

18/III

Heute Nacht ist Galjas Papa gestorben. So ein guter und lieber Mensch …

Gestern bin ich etwas später zum Mittagessen gegangen, und ich bekam nichts mehr ab. Ich musste vor Ärger weinen, fast zwei Stunden stand ich in der Schlange, und ganz umsonst. Von der Schule ging ich in ein Geschäft und bekam dort 100 g Fleisch, ohne Schlange zu stehen. Ich kam nach Hause, kein Telegramm für mich. Ich ging mit dem kupfernen Teekessel auf den Markt, aber keiner wollte ihn kaufen. Dafür konnte ich mich nicht zurückhalten und kaufte neun Ansichtskarten für einen Rubel je drei Karten. Das war herrlich, es war Frühling, es wehte ein laues Lüftchen, und sogar im Schatten war es nicht kalt. Ich kehrte nach Hause zurück, sammelte alle meine Sachen zusammen und ging wieder auf den Markt. Ich wollte so sehr essen, dass ich entschlossen war, um jeden Preis meine Aluminiumkanne gegen Brot einzutauschen, obwohl es mir um sie sehr leid tat. Plötzlich sah ich wieder jemanden, der Ansichtskarten verkaufte. Ich konnte mich nicht zurückhalten und suchte mir welche aus, und die Ansichtskarten waren so schön, dass es nicht auszuhalten war. Farbige, mit verschiedenen Ansichten und hauptsächlich ausländische, so schöne, dass ich mich nicht losreißen konnte und weitere 15 Stück für je einen Rubel kaufte. Hätte ich jemandem von meiner Erwerbung erzählt, hätte man mich so ausgeschimpft, dass die Wände gewackelt hätten, und das zu Recht. Denn es ist eine unverzeihliche Dummheit, Geld in einer solchen Zeit für irgendwelche Ansichtskarten auszugeben. Aber mich machte das froh und zufrieden. Denn solche Ansichtskarten kannst du nirgends kaufen, sie sind alt, und noch dazu aus dem Ausland. So eine Gelegenheit kann man sich nicht entgehen lassen. Und welche Freude ist es, zu wissen, dass das deine eigenen Ansichtskarten sind. Für solche wundervollen Ansichtskarten ist mir mein Geld nicht zu schade. Ich habe schon 34 neue Ansichtskarten.

Also habe ich 15 neue Ansichtskarten gekauft und die Kanne gegen 250 g Brot eingetauscht. Als ich nach Hause kam, hatte Galja schon eingeheizt. Das Fleisch konnte ich nicht mehr kochen, und so blieb ich ohne Mittagessen. Ich trank heißes Wasser und aß Brot dazu und legte mich schlafen. In dieser Nacht schlief ich sehr tief und hatte schöne Träume. Am häufigsten träumte ich von Grischa Chaunin, davon, dass wir befreundet seien und Achterbahn fahren. Die Achterbahn war irgendwie schrecklich und zugleich irreal. Beide hatten wir große Angst, aber schließlich nahm unsere Reise ein gutes Ende. Als ich am Morgen erwachte, hörte ich Galja im Nebenzimmer weinen und reden: »Papa, Papotschka, du schläfst doch, nicht wahr? Die wirst doch wieder aufwachen.« Ich begriff sofort. Ich lief zu Galja, schmiegte mich an sie und küsste sie vielmals.

21. März

Mein liebes Tagebüchlein, sei gegrüßt, wieder einmal wende ich mich an dich. Es geht mir gerade sehr gut, und im Überfluss angenehmer Gefühle schreibe ich diese Zeilen.

Krieg und Hunger, sei's drum. Das Leben geht seinen Gang. Alles, was wir durchmachen müssen, das alles ist nur vorübergehend. Nur den Kopf nicht hängen lassen.

Mich plagen keine Sorgen,
Der Teufel hol' das Morgen.*

* Nach der Operette *Der Graf von Luxemburg* (1909) von Franz Lehár.

Sobald der Krieg aus ist, werde ich mein Zimmer gegen eins in Moskau tauschen. Man denke nur, ich werde in Schenjas Nähe wohnen und zugleich mein eigenes Zimmer haben, in dem ich mein eigener Herr sind werde. Alles in meinem Zimmer wird so sein, wie ich es will, nicht anders. Gemütlich und schön wird es in meinem Zimmerchen sein. Es wird wie eine große Umweltecke* sein. Vor dem Fenster wird ein Tisch mit Aquarien stehen, mit einem richtigen Dickicht aus verschiedenen Algen und anderen Wasserpflanzen, in denen in bunten Schwärmen kleine Fischlein schwimmen werden. Abends werden die Aquarien von kleinen elektrischen Glühbirnen beleuchtet werden. Deshalb werden die Aquarien das Zimmer gemütlich machen, sowohl am Tage, wenn das Licht hindurchscheint, als auch abends bei geschlossenem Fenster. Auf dem gesamten übrigen freien Platz am Fenster und auf dem Tisch werden Topfpflanzen stehen. Hier werden verschiedene Zimmerpflanzen wachsen: Geranien, Lilien und viele andere. Und darüber werden Käfige mit meinen Lieblingen – Vögeln – hängen: Sowohl Gimpel als auch Zeisige, sowohl Birkenzeisige als auch Kanarienvögel und gewöhnliche Spatzen werden dort sein. Ich werde sie an mich gewöhnen, damit sie ganz handzahm werden. Einen besonderen Platz wird das Terrarium mit weißen Mäusen einnehmen, vielleicht auch nicht mit weißen, sondern mit gewöhnlichen grauen oder mit Feldmäusen. Und wahrscheinlich werden noch andere

---

* Schiwoi ugolok (wörtlich »lebendige Ecke«), ein in sowjetischen Schulen üblicher Raum für Tiere und Pflanzen.

Tiere darin leben. Eine Katze oder einen Hund brauche ich gar nicht. Meine ganze Zuneigung, die ich für meine Mama und Aka empfand, werde ich meinen kleinen Mitbewohnern schenken. Ihre Zuneigung soll mir die verlorene mütterliche Zärtlichkeit und Liebe ersetzen. Mein ganzes Herz werde ich ihnen schenken, und sie werden meine Zuneigung erwidern. Das weiß ich sicher. Sie sind sehr dankbar, diese kleinen Geschöpfe, und spüren sehr genau, wie man sich zu ihnen verhält.

Es ist jetzt März. Frühling. Im Sonnenschein taut der Schnee, fröhlich zwitschern die Spatzen. In der Sonne ist es warm, es riecht nach warmer Erde, nach Dung. Es riecht nach Frühling. In den letzten Tagen ist der Himmel wolkenlos, es ist sonnig, aber noch immer ist Frost.

Ich habe bei Galja den ersten Band von Franklins »Naturgeschichte«* gefunden. Das sind hervorragende Bücher. Also, ich werde sie lesen und Auszüge in mein Tagebuch schreiben. Ich möchte unbedingt irgendwo Zweige und Ruten auftreiben, um so schnell wie möglich das erste Frühlingslaub zu sehen. Wenn ich so an meinen künftigen Beruf denke, dann komme ich jedes Mal zum Beruf des Zoologen zurück. Dieser Beruf zieht mich mehr an als alle anderen Berufe. Zoologe zu werden: das ist mein Herzenswunsch, und er wird einmal wahr werden. Ich werde als Zoologin wissenschaftliche Mitarbeiterin der Akademie der Wissenschaften

---

* Jonathan Franklin (1790–?), *Jestestwennaja istorija w rasskasach dlja obrasowannych tschitatelei i junoschestwa (Naturgeschichte in Erzählungen für gebildete Leser und Jugendliche)*, 2 Bände, Sankt Petersburg 1862.

sein. Man wird mich auf Expeditionen schicken, ich werde in die verschiedensten Ecken unseres Landes reisen und bei meiner Rückkehr meinen Anteil zum allgemeinen Schatz des Wissens beitragen.

»Franklin bringt durch seine Beobachtungen auch den Leser dazu, die Tiere nicht als Material für die Wissenschaft oder als Maschinen anzusehen, die uns Nutzen bringen, sondern sie als lebendige Wesen zu betrachten, sie einfach so anzuschauen, wie sie sind. Alle seine Ausführungen sind von ganz einfacher Liebe zur Natur im weiteren Sinne geprägt, von Liebe zur Wahrheit und Gerechtigkeit.«

»Um Tiere zu verstehen, müssen wir die Dinge von ihrem Gesichtspunkt aus sehen, ihre Gefühle, Freuden und Sorgen teilen und an ihrer Gesellschaft Gefallen finden.«

»Die Naturgeschichte hilft nicht nur unserer geistigen Entwicklung, sondern gereicht dem Menschen bisweilen auch zum Trost.«

»In Momenten der Prüfung oder moralischer Kraftlosigkeit genügt es dem die Natur liebenden und sie studierenden Menschen manchmal, seinen Blick wie zufällig auf einer kleinen Blume ruhen zu lassen, den Gesang eines Vogels oder das Summen eines Insekts zu hören, und schon ist sein Herz voll neuer Zuversicht ...«

22/III

Heute bin ich mit meinem Tag zufrieden. Gestern Abend habe ich Suchariki gemacht und ein kleines Stückchen für den Morgen aufbewahrt. Ich gab es Galja, und sie gab, als sie Alik Essen ans Bett brachte, auch mir ein Stück Trockenbrot, und dank dieses kleinen Stücks konnte ich mit meinem Brotkauf bis abends warten. Gegen zehn Uhr ging ich zuerst in mein Geschäft, erhielt meine 200 g Zucker und 50 g Fleisch. Ich ging nach Hause, sägte Feuerholz, heizte den Ofen ein, kochte Leim mit Fleisch, aß einen ganzen Teller heiße Suppe und war vollkommen satt. Dann machte ich Wasser warm, wusch das Geschirr ab und wusch mich dann selbst. Gegen vier Uhr kehrte ich zu Galja zurück. Ich ging wieder über den Trödelmarkt. Zwischen all dem Kram erblickte ich plötzlich eine Rarität, einfach eine Rarität, und zwar eine komplette Werkausgabe von Brehm in vier sehr dicken Bänden, mit wunderschönem teurem Einband. Überhaupt eine außergewöhnliche seltene Ausgabe. »Und wie viel soll das Vergnügen kosten?« »Das gibt's praktisch umsonst. Nur 170 Rubel oder 600 g Brot.« Die Frau zeigte mir das Innere des Buchs. Ich sah, dass es zahllose Fotografien und farbenprächtige Tafeln enthielt. Ich kam um vier Uhr bei Galja an, aber sie war noch nicht zu Hause, obwohl wir verabredet hatten, dass ich um drei komme und sie schon zu Hause sein wird. Ich musste über eine Viertelstunde in der Küche auf sie warten. Der Brehm ging mir die ganze Zeit nicht aus dem Kopf, und als Galja kam, war ich schließlich fest entschlossen, die Bücher für 300 g Brot und 100 Rubel zu erwerben. Doch bis ich mich fertig gemacht und Brot gekauft hatte und dann zum Markt gegangen war, war sie schon nicht mehr da. Ich suchte den ganzen Markt ab, sie war nirgends zu finden. So ließ ich mir den Brehm entgehen.

Heute ist genauso ein Tag wie gestern. »Ein Zaubermorgen; Frost und Sonne!« Vielleicht werde ich den Brehm ja noch erwerben. Sie hat ihn ja nicht verkauft, vielleicht kommt sie noch mal wieder.

23/III

Heute ist es sogar im Schatten warm. Erst am Abend zogen Wolken auf. Die Sonne verbarg sich hinter ihnen. Galja räumt heute in den Zimmern um. Ich hingegen träume von Vögeln und von der Zeit, in der ich ungestört zu meiner Zufriedenheit leben kann. Ich träume von der Wärme, wenn es endlich möglich sein wird, die Fenster sperrangelweit zu öffnen, die Sperrholzbretter zu entfernen und sich in der Sonne zu wärmen. Ich träume vom Sommer.

Wenn nur bald Sommer wäre. Warme Tage. Grün, grüne Bäume, Blumen, Vögel, Insekten. Mein Gott, ich möchte all das so sehr sehen. Halt aus, Lena, hab Geduld, hab nur Geduld. Die Zeit steht nicht still. Und alles hat seine Zeit. Auch der Mai wird kommen. Und der Sommer wird kommen mit seinem Regen und seinen heißen Tagen. Und alles wird gut.

24/III

Gestern Abend ging ich zu mir nach Hause, aß Sülze, trank Wasser, ordnete die Ansichtskarten in das Album ein, das Galja mir gegeben hat, und kehrte dann zurück. Endlich scheint der Frühling gekommen. Die Frosttage sind vorbei. Es wird schnell wärmer. Gestern Abend betrug die Temperatur +1 Grad. Weiche, flauschige Schneeflocken fielen ohne Hast, ein warmer Windhauch streichelte das an den Frost gewöhnte Gesicht. Überall sind Pfützen, von den Dächern tropft es, klirrend brechen Eiszapfen ab.

So ein Tag ist auch heute, ich möchte die ganze Zeit draußen bleiben. Der Himmel ist mit Wolken bedeckt, der Schnee ist kaum zu spüren, so klein sind die Flocken. Jetzt wird zu dieser Wärme bald schon der Sonnenschein hinzukommen, dann wird es richtig Frühling sein. Alles wird gut.

25/III

Es taut erst den zweiten Tag, und doch ist der Schnee schon fast ganz verschwunden. Die Feuchtigkeit ist schrecklich. Der Wind ist warm, aber ganz feucht. Von den Dächern schüttet es wie aus Kübeln. Überall rinnen kleine Bäche und bilden richtige Flüsse. Es ist schrecklich glatt. Vielerorts sind schon die Straßenbahnschienen aufgetaut.

Jakow Grigorjewitsch ist mir entwischt. Normalerweise geht er gegen neun, aber heute war er aus irgendeinem Grund schon um acht gegangen. Morgen hat er frei. Das bedeutet, ich kann die Papiere erst ab dem 27. ausfüllen*. Dann kommen der 28., der 29., der 30. und der 31., das reicht genau, um alles so zu machen, wie es sein muss.

Was das Zimmer angeht, so habe ich Rosalija Pawlowna um Rat gebeten, sie kennt sich in diesen Dingen sehr gut aus. Hier kommt es ganz allein auf Galja an. Sie hat ein Zimmer zu viel, das sie an die Schakt abtreten muss, weil sie dafür nicht das Dreifache bezahlen kann; das gibt sie dann mir. Das Wichtigste sei, sagt Rosalija Pawlowna, dass man mir in der Schakt ein persönliches Konto eröffnet. Und wenn das neue Zimmer dann endgültig auf mich übertragen ist, muss ich nur noch mein altes Zimmer an die Schakt übergeben. Und fertig.

Wenn ich ehrlich sein soll, ist mein bisheriges Zimmer auch sehr gut. Es ist groß, warm und hell. Nach draußen hat man weite Sicht. Ein großes Stück Himmel ist zu sehen. Die Fenster sind auf der Straßenseite. Aber es ist mir viel zu groß, und im Sommer hat es auch nur abends Sonne.

Aber dieses Zimmer bei Galja ist wie für mich gemacht. Die Decke ist niedrig, es ist fast quadratisch, warm, und was das Wichtigste ist: Den ganzen Tag ist Sonne, und das bedeutet mir, der Naturliebhaberin, alles. Meine künftige Umweltecke braucht mehr als alles andere Sonnenschein. Und wenn ich dann vom Alleinsein genug habe, gehe ich zu Galja. Nein, dieser Umzug macht für mich natürlich viel Sinn.

---

* Für den Umzug.

Aber da ist nun eine neue Frage: Was mache ich mit den Möbeln? Ich bin doch Besitzerin eines großen und schönen Büfetts.

Es ist aus Eichenholz. Sich von so einem guten Stück zu trennen ist sehr schade. Aber da ist nichts zu machen, ich werde es verkaufen müssen. So ein Riesending aus der einen Wohnung in die andere zu schleppen ist sehr schwierig, außerdem ist es zu groß für mein neues Zimmer.

Ich habe vor, mein Büfett nicht für unter 600 Rubel zu verkaufen. Für diese 600 Rubel kann ich bei Galja einen Tisch und einen Schrank kaufen, Galja möchte sie nämlich verkaufen. Für das übrige Geld kann ich wahrscheinlich noch eine Chaiselongue oder ein kleines Sofa erwerben. Und noch etwas. Ja, vorwärts!

30. März

»Der Winter zürnt nicht grundlos, denn seine Zeit ist aus / Der Frühling klopft ans Fenster, treibt ihn zum Hof hinaus.«*

Dichtes Schneetreiben, starker Wind. Draußen tobt ein schrecklicher Schneesturm. Heute werde ich wieder ab zwei Uhr Arbeitsdienst leisten müssen. Vielleicht lässt der Sturm bis dahin ein bisschen nach. Heute ist schon der vierte Tag der Schneeräumarbeiten in der Stadt. Bis zum 8. April wird es so weitergehen. Nach

---

* Aus dem Gedicht *Der Winter zürnt nicht grundlos* (1836) von Fjodor Tjuttschew (1803–1873).

dem 8. April wird mir Jakow Grigorjewitsch Arbeit verschaffen*

31/III

Heute hatte ich großes Glück. Ich ging zu acht Uhr zum Dienst. Und um elf war ich schon fertig. Der Hauswart gab uns nämlich eine bestimmte Aufgabe: Wir sollten drei Luken finden und von Schnee befreien, und wenn wir damit fertig seien, könnten wir nach Hause gehen. So machten wir es auch.

Das ist wirklich Glück. Ich ging sofort nach dem Dienst zum Haus 28 und bekam 60 g Sonnenblumenöl, kaufte Brot, heute werde ich satt.

1. April

Der März ist zu Ende. Heute ist der erste Tag des zweiten Frühlingsmonats. Es ist April.

Sei gegrüßt, April, du Vormonat des Mai, was wirst du mir bringen?

Bislang ist alles beim Alten. Die Brotration ist nicht erhöht worden. Ich habe eine Familienmitglieds-Lebensmittelkarte erhalten. Gestern Abend kam Jakow Grigorjewitsch zu mir und sagte, ich solle heute um elf Uhr zum Haus 25 in der Zehnten Linie kommen, da würde ich ihn treffen. Ich ging um halb zehn aus dem

---

* Satz bricht ab.

Haus. Ich entschied, auf dem Rückweg Brot zu kaufen, aber dann dachte ich, ich müsste vielleicht meine Lebensmittelkarte zum Abändern* dort lassen, deshalb kaufte ich meine 300 g schon der Ecke der Leschtukowstraße. Ich hatte ein Messer dabei und schnitt das Brot sofort in zwei Hälften und dann die eine Hälfte in Stückchen und entschied, dass ich die eine Hälfte als Wegzehrung nehme, die andere aber nicht anrühren werde, bis ich zu Hause bin und sie mit Fastenöl essen werde, bevor ich zum Dienst gehe. Aber das erste Stück hatte ich schon vor der Newabrücke aufgegessen, weil das Brot so weich und wohlschmeckend war, dass es gleich im Mund wegschmolz. Wie dem auch sei, jedenfalls war, als ich zum Haus 25 in der Zehnten Linie kam, nur noch ein Viertel meines Brotes übrig.

Jakow Grigorjewitsch schickte mich in die Verwaltung, damit ich dort meinen Antrag schreibe. Aber als ich dorthin kam, war der oberste Leiter da. Er sagte, sie würden vor dem 8. keine Anträge annehmen. Ich war also ganz umsonst gekommen, der einzige Nutzen war nur, dass ich jetzt weiß, wohin ich gehen muss. Ich schleppte mich nur mit Mühe zurück. Ich kam um ein Uhr nach Hause und ging sofort zur Schakt, wo ich sagte, ich hätte heute keine Kraft für den Arbeitsdienst. Zu Hause legte ich mich sofort ins Bett. Gegen drei Uhr kam Rosalija Pawlowna und gab mir einen Berechtigungsschein für die Kantine am Nachimsonplatz, Ecke Sagorodny-Prospekt. Den hat ihr Isabella

* Lena hoffte, eine Arbeitsstelle und damit auch eine Arbeiter-Lebensmittelkarte noch am selben Tag zu erhalten.

Abramowna für mich gegeben, sie hatte einen Schein übrig. Ich ging sofort hin und traf dort auch Isabella Abramowna. Ich dankte ihr sehr herzlich. Es gab keinen Brei, sondern nur Erbsensuppe und Blutwurst. Ich konnte zwei Portionen Wurst und eine Suppe bekommen. Eigentlich gibt es für einen Berechtigungsschein nur eine Suppe und ein Hauptgericht.

Jetzt bin ich gerettet. Ich habe einen Berechtigungsschein für die Kantine.

Heute ist ein warmer Tag. Am Morgen war der Himmel fast wolkenlos. Auf der Sonnenseite der Straßen ist der Schnee fast völlig weggetaut. Abends wurde der Himmel dann einförmig grau.

Ich habe jetzt ein gutes Zimmer, ich mag an ihm besonders, dass der Himmel den größten Teil des Fensters einnimmt, und das ist sehr angenehm. Ich mag mein Zimmer, es ist so hell und geräumig. Oh, und ich lebe darin so vortrefflich auf. Mit der Zeit werde ich eine reiche Umweltecke am Fenster haben. Fische im Aquarium, Blumen in Töpfen und Vögel in Käfigen. Liebe Vöglein, wie lange muss ich noch auf euch warten? Ich werde niemals Katzen oder Hunde halten, sondern nur kleine Tiere, und vor allem Vögel.

2. April

Morgens ist es bewölkt. Der Schnee fällt dicht. Es ist warm. Ich breche auf, um acht Uhr habe ich Dienst. Zehn Leute von unserer Schakt fingen an zu graben. Aber schon nach der ersten Stunde ging die Hälfte weg.

Und gegen zehn Uhr waren außer mir nur noch zwei Mädchen, nicht älter als ich, und eine Frau da. Ich ging ebenfalls für eine Viertelstunde nach Hause. Es ist mildes und gutes Wetter, nur dieser Schnee geht mir auf die Nerven, die ganze Zeit muss man ihn abschütteln.

Heute bin ich mit mir sehr zufrieden. Meine Hände haben Kraft. Wie viel doch ein Teller Suppe ausmacht. Freilich habe ich gestern noch zwei Portionen Blutwurst gegessen. Sobald ich heute Schluss habe, werde ich in die Kantine gehen.

Den ganzen Tag schneit es. Es ist wieder alles weiß, wie im tiefsten Winter.

Weißer weicher Schnee,
Tanzt durch die Luft herab,
Fällt hernieder leise,
Deckt die Erde ab.

Alles wieder weiß ward
Unter diesem Schnee.
Das ist doch kein Frühling
Den ich hier liegen seh.*

In der Kantine gab es heute: Nudelsuppe, Erbsenbrei und Fleischklößchen. Auf einen Berechtigungsschein kann man je eine Portion nehmen. So habe ich es gemacht. Aus der Suppe, dem Brei und einem halben Klößchen habe ich drei Teller Suppe gemacht. Ich

* Aus dem Gedicht *Winter* (1880) von Iwan Surikow (1841–1880); die zweite Strophe hat Lena Muchina umgedichtet.

habe Brotstückchen geröstet und dann alles im Bett genossen.

Jetzt bin ich ganz satt. Ich kann nun ausruhen, so viel ich will. Es ist viel besser, in der Schicht seinen Dienst zu leisten und dann frei zu haben. Was für ein Glück, ich kann im Bett liegen, lesen oder Radio hören.

3. April

Heute beschloss ich, ab zwei Uhr zum Dienst zu gehen. Ich muss noch fünf Tage ableisten, den heutigen nicht mitgezählt. Ich habe jetzt Kraft und kann wirklich etwas tun. Wenn man richtig arbeitet und nicht nur auf das Ende der Arbeit wartet, geht die Zeit schneller vorbei.

Heute werde ich also um zwölf Uhr in die Kantine gehen und essen. Dann gehe ich zum Dienst. Und um acht komme ich nach Hause und lege mich sofort schlafen. So ist es, meiner Meinung nach, gut.

Heute ist es warm, aber bewölkt. Es schneit nicht. Ich habe gerade zwei Erbsen eingepflanzt. Im Zimmer ist es kalt, aber ich will meine letzten Holzscheite nicht verbrennen. Ich sehne mich so nach Zucker. Hoffentlich gibt es bald wieder Zucker.

Ich möchte etwas tun. Soll ich lesen? Wie schwer es ist, allein zu sein. Es ist niemand da, dem man seine Gedanken, Sorgen, Trauer mitteilen kann. Dabei hilft mir mein Tagebuch sehr. Und noch etwas tröstet mich: Mamas Porträt an der Wand. Dort sieht sie so gut aus, meine liebe, vielgeliebte Mama. Wie ist das Schicksal doch grausam.

4. April

Gestern kam ich gegen zwei Uhr von der Kantine nach Hause. Erst ab ein Uhr darf man Essen mit nach Hause nehmen. Gestern nahm ich Erbsensuppe und Nudeln mit. Ich kam nach Hause, aß und ging zum Arbeitsdienst. Wir arbeiteten bis um sieben. Zuerst musste ich Laster beladen und entladen. Das ist sehr schwer, aber dafür fuhr ich ein wenig herum.

Heute ist es seit dem Morgen klar und wolkenlos. Es friert. Da ist es nun April, und es friert. Heute gibt es im Geschäft Graupen. Morgen wird es Zucker geben. Heute Morgen war ich in der Bäckerei und habe mit einem Jungen ausgemacht, dass er mir ein Mäuschen beschafft. Ich werde ihm dafür 100 g Brot geben. So werde ich wenigstens ein Lebewesen bei mir haben. Ich werde nicht ganz so allein sein. Ich werde mit ihm alles teilen, was ich esse. Denn Mäuse sind ja Allesfresser. Ob so ein Mäuschen viel zu essen braucht?

Noch fünf Tage muss ich zum Arbeitsdienst. Halb so schlimm, irgendwie stehe ich das auch noch durch. Hoffentlich werde ich bald Vöglein haben können.

Maratstraße 29, Wohnung 6. Peskowa Jelisaweta Georgijewna. Veterinärin.

10/IV 42

Wie lange ich schon nicht mehr geschrieben habe! Seit dem 4. April. In dieser Zeit ist viel passiert. Es gibt so viel zu erzählen, dass ich mich gar nicht an alles erinnern kann. Ich will nur kurz sagen, dass ich in dieser Zeit beinahe zu Schenja gefahren wäre, aber nur einen Tag zu spät kam. Jetzt wird niemand mehr evakuiert. Die Evakuierung wird erst fortgesetzt, wenn der Ladogasee eisfrei ist. In diesen Tagen, bis einschließlich zum 6., konnte man problemlos wegfahren, wenn man sich an demselben Tag in die Listen eintrug. Davon erfuhr ich am 6. An diesem Tag ging ich erstmals zum Evakopunkt* und stellte mich zum Anmelden an. Die Warteschlange war nur kurz. Ich wollte am nächsten Tag, dem 7., fahren. Als ich erfuhr, dass man sich nur für denselben Tag anmelden kann, für morgen also erst morgen, verließ ich die Warteschlange. Denn am 6. konnte ich nicht fahren, ich hatte noch nichts gepackt. Ich wollte meine Abfahrt aber auch keinen Tag länger hinauszögern und am 7. fahren. Ich entschied, heute möglichst alles zu verkaufen, mich nachts schlafen zu legen und mich dann morgen für den Zug um fünf Uhr einzutragen.

---

* Zu Kriegsbeginn wurden Evakuierungsstellen eingerichtet, die zunächst Evakuierungen nach oder durch Leningrad organisierten und Flüchtlinge unterbrachten. Im Winter 1941/42 verhungerten und erfroren dort viele Flüchtlinge. Auch die Evakuierung aus Leningrad während der Blockade wurde über die Evakuierungsstellen organisiert.

Zuerst schleppte ich meine Nähmaschine ins Gebrauchtwarengeschäft. Auf Kommission konnte ich sie nicht abgeben, in bar wollte man mir aber nur 96 Rubel geben. Das war mir zu wenig. Ich rechnete mit wenigstens 125 Rubeln, auf keinen Fall weniger als 100. Also ging ich zum Markt. Schon auf der Straße hielt mich eine sehr intelligent aussehende Frau an. Ich sagte, ich wolle eine Nähmaschine für 200 Rubel verkaufen. Sie wollte sie sich ansehen und kam mit mir nach Hause. Sie bot mir 150 Rubel. Ich willigte ein, weil ich die erste beste Gelegenheit nicht verpassen und diese schwere Last nicht noch einmal durch die Gegend schleppen wollte. Als sie erfuhr, dass ich wegfahren wolle und alles verkaufe, begann sie sich Sachen auszusuchen. Zuerst Bücher, dann Geschirr, dann Klamotten. Dann bezahlte sie und sagte, sie komme gleich wieder, um die Nähmaschine zu holen. Sie kam mit ihrer Nachbarin. Erst am Abend ging sie weg. Sie kauften bei mir verschiedene Sachen für 570 Rubel. Danach ging ich zu Jakow Grigorjewitsch und vereinbarte mit ihm, dass er mir 550 Rubel gibt und dafür alle Sachen, die nach meiner Abfahrt noch in meinem Zimmer sind, ihm gehören.

Nachts schlief ich nicht, bis zum Morgen hatte ich alles gepackt. Und ich beschloss, morgen gleich zur Öffnungszeit in die Kantine zu gehen und die Nährmittelmarken*

Und genau deshalb kam ich nicht mehr weg. Als ich um zwölf zum Evakopunkt kam, stand dort eine unglaublich lange Schlange. Die Anmeldung war in vol-

* Satz bricht ab.

lem Gange, aber man konnte sich nur für den 9. anmelden. Ich beschloss, mich für den 9. anzumelden. Aber um zwei wurde die Anmeldung beendet, sie sagten, man könne sich heute nicht mehr anmelden. Kommt morgen um neun wieder. Das war mein zweiter Fehler: Ich glaubte das und ging an dem Tag nicht mehr hin. Aber um fünf Uhr konnte man sich für den 8. anmelden, und die, die neben mir in der Schlange gestanden hatten, waren dort und meldeten sich an. Ich sah sie am 8., als sie schon ihre Papiere ausfüllten. Wie ärgerlich! Mein dritter Fehler bestand darin, am 9. erst zu acht Uhr hinzugehen, da stand schon eine lange Schlange, und als wir Nummern erhielten, war ich die 236. An dem Tag wurden nur zehn Leute angemeldet. Ich stand bis um zwei in der Schlange, ging dann weg, kehrte um sechs Uhr abends zurück und stand bis acht Uhr abends dort herum, aber an dem Tag konnte sich nicht ein einziger Mensch mehr anmelden.

Ich lernte aus dieser bitteren Erfahrung und schlief in der Nacht zum 9. gar nicht, obwohl ich von den letzten Tagen schon ganz erschöpft war. Ich ging hin, sobald es zu dämmern anfing. Ich stand um fünf Uhr früh in der Schlange, ich war die Nummer 78. Hätte man sich an dem Tag anmelden können, so hätte ich mich natürlich angemeldet und wäre abgereist, aber man konnte sich wieder nicht anmelden. Wir standen den ganzen Tag in der Schlange, und man erklärte uns, heute sei keine Anmeldung möglich, und außerdem wisse man nicht, wann es wieder ginge. Aber wir, die am meisten verzweifelt waren und wie ich schon alles verkauft und gepackt, die Schlussrechnung bekommen und sogar zum Teil die

Lebensmittelkarten abgegeben hatten, wir entschieden, komme, was da wolle, bis zum Abend zu bleiben. Vielleicht gab es plötzlich für irgendeinen Transport doch noch ein paar freie Plätze. Aber dann wurde uns offiziell verkündet, die Evakuierung sei wegen der warmen Frühlingstage und der großen Überlastung der letzten Militärzüge vorübergehend völlig ausgesetzt. Da blieb uns nichts anderes übrig, als auseinanderzugehen.

Als ich nach draußen ging, schwankte ich. Ich schaffte es kaum, nach Hause zu gehen. Es war ein warmer, sonniger Frühlingstag. In der Sonne waren +13 Grad. In den Straßen murmelten die Schmelzwasserbäche. Die Spatzen zwitscherten fröhlich, und im blauen, klaren Himmel sangen Vögel mit roten Flügeln. Aber mich machte das alles nicht froh, im Gegenteil, es verdarb mir die Laune. Wenn es noch ein wenig gefroren hätte, hätte ich vielleicht noch wegfahren können. Was für ein Ärger, alles habe ich verkauft, das ganze Zimmer auf den Kopf gestellt und auch noch aus Gorki endlich das lang erwartete Telegramm erhalten: »Fahr los. Schenja. Njura.« Da hatte ich mich schon ganz von Leningrad verabschiedet, und nun einfach so das: Bitte schön, alle aussteigen! Jetzt habe ich wieder nur 300 g Brot am Tag, die Nährmittelmarken sind alle schon abgeschnitten.

Aber was soll ich machen. Das ist halt mein Schicksal. Jetzt heißt es auf den Mai warten.

Gestern Abend ging ich zu Jakow Grigorjewitsch, erzählte ihm alles und bat ihn, mich in seinem Artel*

* Genossenschaftsbetrieb.

unterzubringen. Er hatte schon mit seinem Vorgesetzten gesprochen, und dieser sagte, ich solle am 10. zu ihm kommen, er würde mich einstellen. Ich hatte mich jedoch in diesen Tagen so verausgabt, dass ich mich kaum auf den Beinen hielt. Heute ist der 10., aber ich schaffe es nicht dorthin. Ich werde morgen hingehen. Heute muss ich gut ausschlafen, umso mehr, weil es erst zwei Uhr mittags ist und ich schon mein ganzes Brot aufgegessen habe und bis morgen nichts Essbares mehr besitze. Und morgen wieder 300 g Brot, und das war's.

Jetzt wird das Leben schwer werden. Das Zimmer ist mir ganz fremd geworden, auch die Sachen, die noch hier sind. Ich möchte sie nicht einmal berühren. Ich habe mich doch schon von ihnen verabschiedet, ich lasse sie hier.

Draußen ist vom Winter keine Spur mehr zu sehen. Heute Morgen war es diesig, schon den ganzen Tag schlägt der erste Frühlingsregen gegen mein Fenster und macht mich dadurch todtraurig. Die Schlitten sind weg, an ihrer Stelle sind Wagen aufgetaucht. Es tröpfelt, ich bin so traurig. Ich blicke auf das leere Zimmer und möchte am liebsten im Erdboden versinken.

Ich bin so unglücklich, so unglücklich. Ich bin allen egal. Ich bin nun auf dieser Welt allein.

»Vorbei, vorbei, für mich ist alles aus!« »Ach, damals war das Glück ganz nahe, so nahe, ach, so nah!!!!«*

---

* Beide Zitate nach der Oper *Jewgeni Onegin* (1879) von Pjotr Tschaikowski (1840–1893).

11/IV 42

Der Himmel ist bedeckt. Ein langweiliger, grauer Tag. Von Jakow Grigorjewitsch habe ich erfahren, ich müsse mit der Arbeit noch zwei, drei Tage warten. Mich überfielen Niedergeschlagenheit und Verzweiflung. Gegen drei Uhr ging ich in die Kantine, erhielt eine Portion Erbsenbrei. Dann ging ich zum Evakopunkt, um mich für den Fall des Falles zu erkundigen. Ich erfuhr, dass man sich heute nicht anmelden könne. Aber die Menschen warten, sie haben noch Hoffnung. Den Gesprächen nach zu urteilen ist der Evakuierungsstopp nur eine vorübergehende Erscheinung. Die Transporte sind überladen. Auf dem Rückweg traf ich zwei Freundinnen aus der 9a. Ich berichtete ihnen von meinem Unglück, und sie beruhigten mich. Sie sagten auch, dass die Evakuierung wiederaufgenommen werde und ich es noch schaffen würde wegzukommen. Zum Abschied wünschten sie mir gute Fahrt.

Ich habe wieder Hoffnung geschöpft. Eine kleine, aber immerhin eine Hoffnung. Vielleicht kann man sich in drei, vier Tagen wieder anmelden und dann: Leb wohl, Leningrad! Ich werde sofort wegfahren. Deshalb muss ich bereit sein. Ich muss mich besser abfahrbereit machen, die Sachen umpacken. Noch einmal alles durchgehen und unerbittlich alles weniger Notwendige zurücklassen. Gut wäre es, wenn mir ein Koffer reichte, ein Koffer und ein Schultersack; denn auf dem Bahnhof wird angeblich furchtbar viel geklaut, und ich bin ja allein, es gibt niemanden, der auf meine Sachen aufpassen könnte.

Nein, ich bin bereit, ganz ohne Sachen abzufahren, wenn ich nur nicht in diesem verdammten unglückseligen Leningrad bleiben muss. Hier wartet auf mich der Tod. Hier hinauszukommen – das ist meine einzige Rettung. Also, hoffen wir's!!!

12/IV

Noch gestern Abend klarte der Himmel auf. Heute ist ein außergewöhnlich warmer sonniger Tag. Die Dächer sind völlig abgetrocknet.

Aus der Kantine habe ich Erbsensuppe und Wurst mitgenommen. Ich habe Brot gekauft, Wurst und Brot in kleinen Stückchen in die Suppe getan und mit zusätzlich Wasser eine neue Suppe gekocht. Ich bin richtig satt. Das Brot habe ich allerdings schon ganz aufgegessen. Und es ist erst drei Uhr nachmittags. Ich sitze am Fenster, schaue in den blauen Himmel, auf die von der Sonne beschienenen Dächer der Nachbarhäuser und versuche vergeblich, wenigstens ein Spätzlein zu erblicken. Keines da.

Meine Uhr geht plötzlich wieder. Morgen oder übermorgen beginne ich bei Jakow Grigorjewitsch zu arbeiten. Ich werde Arbeiterkarten erhalten, werde täglich 500 g Brot kaufen, und in einer oder eineinhalb Wochen wird wahrscheinlich die Evakuierung wiederaufgenommen, und diesmal werde ich mitfahren. Gestern hat mir ein hochrangiger Militär erzählt, dass die Evakuierung vorübergehend eingestellt wurde, weil das Eis nicht mehr sicher sei, und dass derzeit über das Eis die letzten Materialtransporte mit Lkws gehen. Danach werden die Materialtransporte Leningrad auf Lastkähnen erreichen, extra dafür brechen Eisbrecher eine Fahrrinne ins Eis. Das heißt, Lastkähne mit Fracht werden nach Leningrad fahren. Und sie werden doch nicht leer zurückfahren? Auf ihnen werden statt über das Eis Menschen befördert werden, und dann kann man sich auch wieder anmelden. Und ich werde wegfahren.

Kummer und Trauer erfüllen und verzehren mich. Mir ist so übel, ich fühle mich ganz elend, mir ist so schwer ums Herz. Ich sitze am Fenster im kalten Zimmer und heule, heule, heule vor Kummer.

Mama … Ma…ma!!

Ich hatte Rosalija Pawlowna um einen Berechtigungsschein für die Kantine in Haus 42 gebeten. Ich bekam zwei Portionen Nudelsuppe. Die Suppen waren dick und lecker. Sofort verbesserte sich meine Stimmung. Morgen werden Graupen ausgegeben, und auch morgen bekommen die Arbeiter Zucker. Das heißt, ich werde gleich Zucker erhalten, wenn ich mit meiner Arbeit anfange. Wenn du satt bist, dann reicht dir das Meer nur bis zum Knie. Ich bin heute richtig satt. Brauche ich denn viel? Nur 60 g Nährmittel, d. h. drei Portionen Suppe, und 300 g Brot. Und morgen werde ich auch nicht verhungern, selbst wenn ich meine Arbeit noch nicht antreten kann. In der Kantine kann ich noch für zwei Nährmittelmarken und eine Fleischmarke Essen bekommen. Oder nein: Ich kann im Geschäft Erbsen kaufen und dann 300 g Brot, und vielleicht gibt mir die

Nachbarin 150 g Brot im Tausch gegen ein paar Klamotten. Ich werde also leben!

Ich habe ganz vergessen: In der Zeitung steht, dass ab dem 15. April die Straßenbahnen wieder fahren werden. Dann bin ich fein heraus. Ich werde mit der Straßenbahn zur Arbeit fahren.

Wie seltsam alles im Leben ist. Nach einem so tiefen Absturz, nach einem Anfall von so qualvoller Schwermut wachsen mir jetzt neue Kräfte zu, ich bin außergewöhnlich munter und lebensfroh. Noch vor Kurzem habe ich nur herumgesessen und geheult. Und jetzt will ich singen und lachen. Ich fühle mich so gut, es ist wie ein Wunder.

EINIGE RÄTSEL

Weiß das Feld, schwarz der Samen, wer ihn sät, der auch versteht. (Der Brief.)

Es brennt, es schmilzt, und alle Geheimnisse verhüllt's. (Der Siegellack.)

Geht Madam mit Lanz', sucht Madame mit Schwanz. (Katze und Maus.)

Es sind sieben Brüder, an Jahren gleich, doch mit verschiedenen Namen. (Die Wochentage.)

Wer ist der Schnellste auf der Welt? (Der Gedanke.)

Ich sähe mit der Zeit, ich ernte mit der Zeit, ich bin selber satt und ernähre andere. (Der Bauer.)

Welches Wesen ernährt die Menschen und erleuchtet die Kirchen? (Die Biene.)

Ein Räuber mit Messer und Feuer kam in eine fremde Stadt, er schnitt den Bewohnern nicht die Kehlen durch, steckte ihre Hütten nicht in Brand und nahm ihnen doch all ihr Hab und Gut. (Der Imker schneidet die Honigwaben aus.)

Schwarze, Kleine, Süße, du bist zu den Jungen so lieb. (Die Faulbeere.)

Im Frühjahr im bunten Kleid, im Winter im Leichenhemd. (Das Feld.)

Welches Kraut erkennen selbst die Blinden? (Die Brennnessel.)

Hat keine Hände und kann doch bauen. (Die Biene.)

Welkt nicht im Herbst, stirbt nicht im Winter. (Der Nadelbaum.)

Ist kein Vogel und hat doch Flügel. (Der Schmetterling.)

Wer geht ohne Beine? (Die Jahreszeiten.)

Klein und bucklig und hat doch das ganze Feld durchwühlt. (Die Sichel.)

Wer geht auf Beinen durch das Feld, aber auf dem Rücken hinaus? (Die Egge.)

Ist nicht erkrankt und trägt doch ein weißes Leichenhemd. (Der Winter.)

Väterchen* hat ganz ohne Axt und Meißel die Brücke gebaut. (Das Eis auf dem Fluss.)

DER TANNENBAUM

Durch die Schule laufen Kinder,
Laut ihr Lachen dringt hinaus.
Saget, kamen sie zum Lernen
Heute hier in dieses Haus?
Nein, es ist der Glanz der Kerzen,
Die da brennen an dem Baum,
Der die Kinder heut erfreuet,
Schöner bunter Weihnachtstraum.
Hier ein Pferdchen, dort ein Kreisel –
Kinderblicke ziehn sie an,
Eines grünen Jägers Horn
Und auch eine Eisenbahn.
Und die Lichter und die Sterne,
Wie Demanten leuchten sie,

* Väterchen Frost.

Gold'ne Nüsse, klare Trauben,
Schön erglänzt der Baum wie nie.
Dank sei euren lieben Händen,
Gott euch segne, gute Leut',
Die ihr diesen Baum uns brachtet,
Armer Leute Kinder Freud!*

SPRICHWORTE:

Zum Feiertag des Herrn ist es keine Sünde, einem Barfüßigen Schuhe zu geben.

Lebe – geize nicht, teile mit den Armen.

DER WEIHNACHTSBAUM
(Eine alte Erzählung)

Es ward Heilige Nacht, die Nacht, in der das Christuskind geboren ward. Der Engel flog lautlos an den Bäumen, Blumen und Pflanzen vorbei und verkündete ihnen Christi Geburt. Die ganze Natur jauchzte vor Freude. Da sagten die Pflanzen: »Lasset uns gehen und uns vor dem Kinde verneigen. Wir wollen Ihm schmackhafte Früchte bringen und die wohlriechendsten Blumen.« Und sie machten sich auf den Weg. Ein heller Stern führte sie. Mit ihnen ging auch das bescheidene Tannenbäumchen. Als sie das Kind erreichten, stand es traurig da und weinte: Es hatte kein Ge-

* Aus dem Gedicht (1887) von Alexei Pleschtschejew (1825–1893).

schenk, um das heilige Kind zu erfreuen. Als der Engel dies sah, erbarmte er sich des traurigen Tannenbäumchens und warf ihm von oben einen hellen Stern zu. Der Stern fiel auf die Spitze des Tannenbäumchens und versprühte helle Funken. Das Christuskind sah dies und lächelte. Seitdem wird der Tannenbaum jedes Jahr mit Kerzen und einem Stern auf seiner Spitze geschmückt.

13. April

Das habe ich alles aus einem Buch von 1917 abgeschrieben. Es heißt »Der Sämann (das erste Lesebuch nach der Fibel)«. Ich habe es zufällig bei der Nachbarin gefunden. Ein sehr interessantes Buch. In ihrer Schulzeit hat schon meine Mama damit gelernt.

Es gefällt mir sehr, dass man den Kindern damals von Anfang an die Liebe zu ihren Eltern und zur Natur und Güte beigebracht hat. Ich möchte mir einiges aus diesem Buch merken. Ich könnte natürlich um das ganze Buch bitten, aber ich nehme nur eine ganz beschränkte Menge an Dingen mit, an Büchern nur das Pflanzenbestimmungsbuch, und auch das ohne Einband. Der Einband ist zu schwer. Dann das Vogelalbum und »Vögel in der Natur«. Ich kann nicht ein ganzes Buch mehr mitnehmen. Deshalb möchte ich das, was mir besonders gefällt, in mein Tagebuch schreiben. Zeit habe ich im Moment noch. Den heutigen Tag muss ich irgendwie herumbringen, denn ab morgen werde ich wahrscheinlich schon arbeiten gehen. Heute ist ein wolkenloser und sonniger Tag. Das einzig Schlechte ist, dass ein kalter Wind weht.

Man denke nur! Heute ist schon der 13. April. April, Frühling. Die ganze Natur erwacht. Aber ich sehe hier keine Natur. Warte nur, ich werde nach Gorki fahren, da ist es noch wärmer, da ist der Himmel auch blau und auch Sonnenschein wie hier. Man denke nur, ich werde die Wolga sehen. Ich kann am Wolgaufer herumstromern. Wolga, Wolga! Neue Eindrücke, neue Menschen, neue Begegnungen, ein neues Leben. Oh, ich will so schnell wie möglich weg aus diesem verfluchten Leningrad. Natürlich ist das eine großartige, schöne Stadt, und ich habe mich sehr an sie gewöhnt. Aber ich kann sie nicht mehr sehen und schon gar nicht mehr lieben. Die Stadt, in der ich so viel Leid ertragen musste, in der ich alles verloren habe, was ich besaß. Die Stadt, in der ich Vollwaise geworden bin. Die Stadt, in der ich den ganzen Schrecken der Einsamkeit erfahren habe. Nein, an diese Stadt und ihren Namen werde ich mich mein ganzes Leben mit einem Schaudern im Herzen erinnern. Bald, bald werde ich von hier wegfahren, und ich hoffe, für immer.

Gerade höre ich im Radio, dass Grischa unter den Ausgezeichneten ist. Man denke nur, Grischa bekommt 100 000 Rubel als Prämie. Das ist doch Grischa Bolschakow*, der Jugendfreund meiner Mutter.

---

* Grigori Bolschakow (1904–1974), Opernsänger, erhielt 1942 den Stalinpreis für seine Rolle als Wakula in Pjotr Tschaikowskis Oper *Tscherewitschki (Die Pantöffelchen)* (1876).

Heute habe ich von 300 g Brot und 140 g Trockenerbsen gelebt. Morgen werde ich nur 300 g Brot haben. Ich werde doch wohl morgen meine Arbeitsstelle antreten können?

Heute habe ich gepackt. Ich packte ein, packte hundert Mal um, und am Schluss hatte ich endlich, was ich wollte. Zwei Gepäckstücke: einen Koffer und ein Bündel, wobei man das Bündel auch in den Koffer legen kann, und dann habe ich nur ein Gepäckstück. In den Koffer habe ich auch alle Gerätschaften zum Essen gepackt, und es ist noch Platz im Koffer. Aber ich werde ihn frei lassen, wer weiß, was ich noch hineinlegen muss. Brot, Wurst oder andere Lebensmittel. Denn man denke nur, wie alles gekommen ist, das würde man so auf Anhieb gar nicht glauben. Ich bin allein, fahre in eine andere Stadt, bin 17 Jahre alt. Das ist schrecklich und süß zugleich. Süß, weil ich etwas fühle, was ich nie zuvor in meinem Leben gefühlt habe. Ich fühle eine vollkommene Freiheit, Freiheit der Gedanken, Freiheit des Handelns. Ich bin an nichts und niemand gebunden. Was ich will, das werde ich tun. Ich erlebe gerade einen ganz entscheidenden Moment in meinem Leben. Ich muss mich selbst entscheiden, wie ich handeln will, welchen Weg im Leben ich einschlagen will, für immer und ewig entscheiden. Ich kann hierbleiben, die Arbeitsstelle antreten, allein in meinem eigenen Zimmer wohnen bleiben. Das ist sehr verführerisch. Aber ich kann die Einsamkeit nicht ertragen, umgeben von fremden Menschen, denen ich gleichgültig bin. Nein, nein. Wäre ich etwas älter, würde ich vielleicht gerade diesen Weg wählen. Aber ich fühle mich noch nicht ganz erwachsen, aber natürlich auch nicht mehr als Kind. Nein, ich fühle, dass es für mich noch zu früh ist, ganz selbstständig zu leben, ich brauche noch Unterstützung. Und dann möchte ich mich an jemanden schmiegen. Ich möchte wenigstens ein bisschen Ersatz für die Fürsorge und Liebe jenes geliebten Menschen finden, den das Schicksal mir so mitleidlos genommen hat.

Ich weiß, dass ich in der Familie von Njura und Schenja keine Fremde sein werde. Ich darf sie auf keinen Fall in Verlegenheit bringen und keine Forderungen stellen. Das verstehe ich sehr gut. Ich werde nur vorübergehend zu ihrer Familie gehören, ich werde mein eigenes Geld verdienen und es in die Gemeinschaftskasse einbringen.

Aber mit der Zeit sollte ich mich bemühen, mein eigenes Zimmer zu bekommen und allein zu leben, ohne irgendwen zu stören. Das wird eine gute Zeit werden! Ich muss unter allen Umständen so lange am Leben bleiben!

15. April

Heute fuhren die Straßenbahnen wieder. Was für eine Freude!

17/IV

Es ist schon der 17. April. Heute habe ich meine Uhr für 125 Rubel und 250 g Brot verkauft. Den Tag heute habe ich so verbracht: Zu zwölf Uhr ging ich in die Kantine und aß Suppe mit Kartoffeln und Nudeln. Dann ging ich in die Teestube und trank zwei Gläser Tee ohne etwas dazu. Gegen drei Uhr kaufte ich mein Brot, setzte mich auf dem Newski-Prospekt gegenüber der runden Parkanlage in die Sonne und aß mein Brot auf. Gegen fünf Uhr ging ich zur Schakt und ließ meine Lebensmittelkarte neu registrieren*. Dann ging ich wieder zum Newski-Prospekt und verkaufte meine Uhr. Gegen sieben Uhr kam ich nach Hause. Das Wetter ist derzeit sehr gut. Die Sonne scheint, es ist warm. In meinem Zimmer habe ich jetzt abends zwei Stunden Sonnenschein. Am 20. April wird vielleicht die Brotration erhöht, und es wird Nährmittel, Zucker und Fett geben. Heute habe ich eine Schachtel Streichhölzer bekommen. Meine Sachen sind alle gepackt. Sobald die Evakuierung weitergeht, werde ich noch am ersten Tag fahren. Heute traf ich in der Kantine Ija Ossipowa. Sie erzählte mir, sie habe im Rajon-Sowjet** gehört, dass die Evakuierung nach dem 20. fortgesetzt werden soll.

Vorgestern habe ich den mit Astern bestickten Teppich bei einem Militärangehörigen gegen 200 g Brot eingetauscht. Ich musste mit zu ihm nach Hause kom-

---

* Dieses »Neuregistrieren« der Lebensmittelkarten wurde von den Behörden seit Oktober 1941 monatlich durchgeführt, um Missbrauch und Fälschungen vorzubeugen.

** Stadtteilverwaltung.

men, unterwegs erfuhr ich, dass er erst vor Kurzem, vor zwei Tagen, aus Wologda nach Leningrad gekommen sei. Er erzählte, die Evakuierten würden hervorragend verpflegt werden, überhaupt bekämen sie alles umsonst.

Gestern hat in meinem Töpfchen eine Erbse gekeimt. Draußen gibt es jetzt die ersten Fliegen. Ich habe schon eine lebendige Ameise gesehen. Es werden Weidenruten mit flauschigen Weidenkätzchen verkauft. In den Gärten treiben die Bäume erste Knospen aus. Überall zwitschern die Vögel. Alarm oder Beschuss gibt es im Moment nicht.

18. April

Das Wetter ist wunderschön. Die Krähen haben begonnen, Nester zu bauen. Den Tag habe ich folgendermaßen verbracht: Gegen elf Uhr ging ich ins Geschäft und kaufte 50 g Wurst, dann kaufte ich 300 g Brot, ging in die Kantine und aß zwei Portionen Erbsensuppe. Von der Kantine ging ich in die Teestube und trank zwei Tassen Tee und aß dazu Wurstbrot. Ich war sehr satt. Seit drei Uhr habe ich heute nichts mehr gegessen. Aber ich bin satt. Morgen werden Graupen ausgegeben. Ich kann 100 g Graupen bekommen. Dann erfuhr ich, dass ich in der Teestube, wenn sie etwas Süßes haben, 50 g für die fünfte Marke erhalten kann. Gegen acht Uhr ging ich zu Sofija und bat sie, mir Kefir zu besorgen. Und ich hatte Glück, sie gab mir eine Halbliterflasche für 75 Rubel. Das ist kein Kefir, sondern »Sauermilch aus Pflanzenmilch«, so steht es auf dem Etikett. Aber diese Sojamilch ist sehr nahrhaft.

19. April

Bis zum 1. Mai sind es noch zehn Tage. Das bedeutet, dass ich in Leningrad noch höchstens etwa 15 Tage bleibe, auf keinen Fall länger. 15 Tage, die vergehen wie im Fluge. Noch etwa 15 Tage, vielleicht auch weniger, zehn bis elf oder zwölf Tage, und dann: Leb wohl, Leningrad, für immer.

Heute habe ich den Tag so verbracht: Gegen zehn Uhr kaufte ich meine 300 g Brot, ging nach Hause, zerteilte das Brot, einen Teil zerkrümelte ich und vermischte ihn mit dem Kefir. Das ergab einen sehr sättigenden Brei und schmeckte sehr gut. Dann, nach zwölf, ging ich in die Teestube und trank zwei Gläser Tee mit Moosbeerenmarmelade, die ich für meine fünfte Marke erhielt. Von der Teestube ging ich in die Kantine und aß einen Teller Suppe. Die Suppe war gut, mit irgendeinem Öl, mit Nudeln, Erbsen, Sojabohnen und verschiedenen Arten von Grütze. Von der Kantine ging ich in mein Geschäft und kaufte 60 g Erbsen. Ich war richtig satt und setzte mich dann gegenüber der Tierhandlung in die Sonne. Hier verkaufte ich eine mittelgroße Schüssel für 21 Rubel. Gegen fünf Uhr ging ich nach Hause, aß ein Stück Brot mit Marmelade und ein paar Erbsen und ging dann zum Gebrauchtwarenladen. Dort schätzten sie meinen Fächer, sie wollen 70 Rubel dafür geben, allein die Flanellsommerhandschuhe schätzten sie auf 100 Rubel. Ich verkaufte sie auf dem Weg nach Hause für 60 Rubel, bei der Bäckerei verkaufte ich eine kleine Schüssel für sechs Rubel. Abends, gegen acht Uhr, werde ich zu Sofija gehen, ihr die Flasche zurückbringen, und vielleicht gibt sie mir heute noch eine andere. Die zweite Flasche will ich mir für eine längere Zeit einteilen, für etwa drei Tage. In dieser Zeit werde ich wahrscheinlich Geld für eine dritte Flasche sammeln können. Dann erhalten auch wir Familienmitglieder Fett und Zucker. So werde ich es bis Mai schaffen. Und dann … Leb wohl, Leningrad!!

Es ist herrliches Wetter, warm und schön.

Morgen will ich den Tag so verbringen: Ich werde gegen elf Uhr aus dem Haus in die Teestube gehen, dort Brot kaufen, zwei Gläser Tee mit Marmelade dazu trinken. Dann werde ich in die Kantine gehen und einen Teller Suppe essen, wieder mit Brot dazu. Das restliche Brot werde ich nach Hause bringen und sofort wieder hinausgehen. Erst abends werde ich das restliche Brot zusammen mit Kefir essen und mich dann schlafen legen.

20. April

Heute war wirklich ein besonders schöner Tag. Es war nicht wie April, sondern wie richtiger Sommer. In der Sonne war es heiß, im Schatten plus 15 Grad. Und es weht ein warmer Wind. Nach elf ging ich in die Teestube, kaufte dort Brot und trank zwei Gläser heißen Tee mit Brot und der restlichen Marmelade. Dann ging ich in die Kantine. Dort arbeitet Katja, ein junges Mädchen, sie schneidet die Marken ab. Sie ist wirklich eine Seele von Mensch. Eigentlich würden meine Marken hier nicht gelten, weil ich zu weit weg wohne, aber sie weist niemanden ab, sie ist wirklich sehr lieb, dafür mögen sie alle sehr. In der Kantine aß ich einen Teller Suppe und nahm ein Fleischgericht, Leber, mit. Sie hat mir wirklich sehr gefallen. So lecker, ein anständiges Stück, es kostete einen Rubel, und dafür wurden Marken für 50 g Fleisch und 5 g Fett abgeschnitten. Obendrein gab es einen Esslöffel voll richtiger Fleischsoße. Von der Kantine ging ich nach Hause, ließ ein Stück Leber und das restliche Brot da und ging spazieren. Ich ging bis zum Kino »Koloss«, kaufte eine Eintrittskarte und sah endlich den Film »Champagnerwalzer«*. Ein großartiger Film. Ich wollte plötzlich wie die Hauptfiguren des Films in Luxus leben, umgeben vom gleichen Glanz und von der gleichen Behaglichkeit, und mich mit Musik, Tanz, allerlei Partys und verschiedenen Attraktionen zerstreuen. Denn das ist doch ein Leben: Luxus, nach der letzten Mode gekleidete schöne Frauen, geschniegelte und gestriegelte Männer in eng anliegenden Anzügen, Restaurants, Vergnügungen, Jazz, Tanz, Glanz, Wein und Liebe, Liebe und nicht enden wollende Küsse und Wein. Von ohrenbetäubendem Lärm erfüllte Straßen, luxuriöse, glanzvolle Geschäfte, funkelnde Autos, Reklame, Reklame, glänzende, sich drehende, tönende Leucht-

* *Champagne Waltz* (1937) von Edward Sutherland (1895–1973); der Film hatte in Leningrad am 23. März 1942 Premiere anstatt, wie vorgesehen, im Dezember 1941.

reklame, Krach, Lärm, Gekreisch, einfach ein Wirbelsturm, und alles hat seinen Rhythmus.

Dieser Krieg hat uns alle so lange von jeder Art Vergnügen ferngehalten. Um die Wahrheit zu sagen: Die letzte Zeit vor dem Krieg hatten wir damit begonnen, die Amerikaner in vielem nachzuahmen. In sehr vielen Dingen. Uns, den Sowjetmenschen, gefällt alles Ausländische sehr. Denn, um die Wahrheit zu sagen, wir haben gar nichts eigenes Sowjetisches, alles haben wir von Ausländern übernommen. Wir lieben Lärm und Glanz, kleiden uns nach der neuesten Mode, hauptsächlich der amerikanischen. Attraktionen und verschiedene Vergnügungen sind auch in erster Linie amerikanisch. Und der Jazz. Wie sehr unsere Jugendlichen den Jazz mögen. All diese Foxtrotts, Tangos, Liebeslieder aller Art. Die Reklame, vor allem in der letzten Zeit, spielte bei uns eine bedeutende Rolle. Reklame im Radio mit Musik in Form von kurzen Gedichten. Auch in den Straßen war es bei uns ganz wie im Ausland. Sauberkeit, Ordnung, Milizionäre auf Schritt und Tritt, ein unübersehbarer Strom von glänzenden Personenkraftwagen. Trolleybusse. Glänzende, glitzernde Geschäfte mit einem Überfluss aller Arten von Waren. Dieser Krieg hat uns für lange Zeit aus der Bahn geworfen. Aber ich bin mir völlig sicher, sobald der Krieg endet, wird nach und nach alles wieder wie zuvor, und wir werden uns wieder daranmachen, unser Leben auf ausländische Art, vor allem auf amerikanische, zu vervollkommnen.

Vom Kino wollte ich zur Teestube gehen, aber sie war schon geschlossen, auf der Suche nach einer anderen geriet ich in die Ligowskajastraße, aber die Teestube hier war auch geschlossen, und einfach, weil ich nicht wusste, was ich anfangen sollte, fragte ich die Frau, die in der Teestube war, ob sie mir nicht schon das Brot für den 22. geben könne. Und zu meinem Unglück gab sie es mir, und ich nahm es. Ich erhielt ein wunderschönes Stück, ein kompaktes, weiches, frisches, wohlriechendes Stück Brot. Noch an diesem Abend aß ich die ganzen 300 g auf.

Morgen werde ich kein Brot haben. Was soll's, irgendwie werde ich klarkommen. Heute Abend feuert die ganze Zeit die Flak, von Zeit zu Zeit ist es ein solches Geknatter, einfach schrecklich.

Irgendetwas wird morgen passieren!

21. April

Heute Morgen war das Wetter wunderschön. Warm, plus 16 Grad im Schatten. Dann kamen Wolken auf, gegen Abend verfinsterte sich der Himmel, die Sonne verbarg sich, und es begann zu regnen. Ein feiner Sprühregen.

Heute aß ich in der Kantine zwei Portionen Erbsensuppe mit Haferflocken und trank in der Teestube drei Gläser Tee. Ich weiß bloß nicht, ob ich Kefir auftreiben kann, gegen sieben Uhr werde ich zu Sofija gehen. Oho, der Regen traut sich aber was. Er fällt dicht, schräg, trommelt. Was ist das? Donner.

Donner, es donnert. Hurra! Der erste Donner. Das erste Gewitter! Was für ein schöner Klang. Ein himmlischer Klang. Er ähnelt gar nicht der Kanonade der Flak oder dem Artilleriefeuer.

Irgendwie ist mir leichter ums Herz geworden. Da habe ich also bis zum ersten Gewitter überlebt. Ein Gewitter, ein echtes Gewitter. Ich kann es kaum glauben.

Ich möchte etwas so sehr. Nur was, das weiß ich selber nicht genau. Aber es soll etwas Schönes sein, etwas Besonderes. Bald, ganz bald schon soll endlich der Mai kommen. Ich möchte so sehr weg von hier, möglichst schnell wegfahren, ich möchte mich wenigstens einmal satt essen. Ich bin es so leid, ständig halb verhungert dahinzuvegetieren. Ich bin ja systematisch unterernährt, es ist jeden Tag zu wenig. Auch wenn ich jeden Gedanken an das Essen verdränge, so habe ich doch jeden Abend schrecklichen Hunger. Auch jetzt habe ich dieses nagende Gefühl im Magen, es nagt so sehr. Ich würde einfach alles essen.

Ich ging zu Sofija, aber sie hatte keinen Kefir. Ich kaufte für 120 Rubel 300 g Brot, ging zum Katharinenplatz und aß, dort sitzend, fast das ganze Brot. Es blieb nur ein anständiges Stück übrig für morgen in der Teestube. Aber ich werde morgen auf keinen Fall wieder Brot im Voraus kaufen, egal, unter welchem Vorwand. Das muss ein für alle Mal aufhören. Ich gehe schlafen! Und so ist wieder ein Tag vorbei.

[22. April]

Heute ist mir so schwer ums Herz, so schwer. Ich weiß auch nicht, warum, Kummer nagt und zehrt an mir. Herrgott, ringsum sind alles fremde Leute, fremde, alle sind mir fremd, und kein Einziger steht mir nahe. Alle gehen gleichgültig vorbei, keiner will mich auch nur kennen. Keiner interessiert sich für mich. Jetzt ist Frühling, gestern war das erste Gewitter, und hier geht alles seinen Gang, und keiner außer mir bemerkt überhaupt, dass meine Mama nicht mehr da ist. Dieser schreckliche Winter hat sie mit sich genommen. Der Winter ist vorbei, er kehrt so bald nicht wieder, aber Mama kommt nie mehr zu mir zurück. Liebe, teure, geliebte Schenja, versteh bitte, wie schwer ich es habe.

Ich schreibe diese Zeilen, während ich am weit geöffneten Fenster stehe. Ein warmer Windhauch streichelt mich, der Sonnenschein wärmt. Neben mir steht ein rundes Einmachglas mit Wasser. Die jungen Algentriebe schimmern grün darin, und viele kleine Wasserflöhe, Hüpferlinge und andere kleine Lebewesen schwimmen geschäftig umher. In einem Topf daneben steht stolz ein junger Erbsensprössling, der sich nach der Sonne richtet. Und wenn du ringsumher schaust … nein, auf der Welt lässt sich doch gut leben. Aber nur, wenn du auch satt bist. Ich hungere zwar nicht, aber ich bin auch nicht satt, und das ist ein noch schlimmerer Zustand. Ich bin ja systematisch unterernährt, es ist jeden Tag zu wenig, was für eine Quälerei. Herrgott, wenn nur einer von Mamas Bekannten in der Nähe wäre. Ich würde bloß um ein wenig Geld bitten. Mit

Geld kann man immerhin ein bisschen Brot kaufen. O mein Gott.

Wann werde ich meine Verwandten sehen? Wann werde ich mich endlich an einen gedeckten Tisch setzen können mit dem Gefühl, dass auch ich dazugehöre und keine Fremde bin, und mit den anderen gemeinsam essen und nicht nur zuschauen, wie sie essen?! Allmächtiger! Erweise mir eine solche Gnade. Gib, dass ich zu Schenja gelange und Lida, Serjoscha, Danja und Njura treffe*.

Herr, tu dies! Ich bitte Dich!!

Heute ist der 22. April. Bis zum Mai bleiben noch der 23., der 24., der 25., der 26., der 27., der 28., der 29. und der 30. Es bleiben noch acht Tage. Was für schwere Tage. Die schwersten meines ganzen Lebens.

Gestern vergaß ich zu erwähnen: Als ich in der Ligowka nach Brot anstand, sah ich einen echten lebendigen Schmetterling, einen Kleinen Fuchs.

Mein lieber unschätzbarer Freund, mein Tagebuch. Niemanden habe ich außer dir, du bist mein einziger Ratgeber. Dir vertraue ich all meine Leiden, Sorgen und Nöte an. Und von dir erbitte ich nur eines: Bewahre meine traurige Geschichte auf deinen Seiten gut auf, und später erzähl alles, wenn nötig, meinen Verwandten, damit sie alles erfahren, natürlich nur, wenn sie dies wünschen.

---

* Lenas Verwandte in Gorki.

Heute ging ich nach zwölf Uhr in die Kantine und nahm zwei Portionen Suppe. Es war Nudelsuppe, sie war nicht sehr dick. Ich gab einer Frau meinen Teelöffel, damit sie Suppe essen konnte, sie hatte ihren vergessen, und sie legte mir dafür in meinen Suppenteller ein ordentliches Stück Kokosfett. Ich fischte es aus der Suppe heraus, aber die Suppe wurde trotzdem fett. Danach verdiente ich mir eine Nährmittelmarke, indem ich jemanden meinen Berechtigungsschein benutzen ließ. Von ihm ist schon lange nichts mehr abgeschnitten worden, weil ihn sich Katja von mir nie zeigen lässt. Es heißt, am 25. werde diese Kantine ganz geschlossen, weil alle mit ihr sehr unzufrieden seien. Dabei schimpfen sie zu Unrecht. Ich bin mit dieser Kantine vollkommen zufrieden. Auch die Kellner sind hier meiner Ansicht nach sehr nett. Ich blieb lange in der Kantine, bis um zwei Uhr. Dann ging ich in die Ligowka in die Teestube und kaufte dort mein Brot. Nur dort kann man immer bis zu zwei Tage im Voraus kaufen. Deshalb sind dort große Warteschlangen, weniger wegen des Tees als wegen Brot. Das Brot war dort sehr gut und reichhaltig. Den Rückweg nahm ich über den Newski-Prospekt und ging ins Lebensmittelgeschäft. Da waren ganz wenige Leute. Ich machte es mir ein einer Ecke gemütlich und aß Nudeln von beiden Tellern mit Butter und Brot, wie es sich gehört. Schließlich gelangte ich zur Teestube in der Rasjesschajastraße. Ich stellte mich ans Ende der langen Warteschlange. Es war halb vier, die Teestube öffnete um vier. Die Leute warteten natürlich nicht wegen des Tees, sondern weil man 50 g Zucker für die fünfte Marke bekommen konnte, die ich nicht habe. Wie dem auch sei, ich musste trotzdem ziemlich lange in der Schlange stehen, und als ich endlich meine zwei Gläser Tee bekam, hatte ich noch ein kleines Stückchen Brot übrig, das ich in zwei Hälften schnitt und, mit dem restlichen Fett beschmiert, sofort ganz aufaß.

Ich verließ die Teestube mit dem Bauch voller Flüssigkeit und in dem Bewusstsein, das nichtigste und unglücklichste Geschöpf auf der ganzen Welt zu sein. Mit diesem sehr trübseligen Gefühl ging ich dorthin, wo früher der Evakopunkt gewesen war. Hier war es leer und still. Ich setzte mich auf eine Bank und konnte mein lautes Weinen nicht länger unterdrücken. Nachdem ich mich ausgeweint hatte, begegnete ich beim Ausgang einer Frau, die mir auf meine Frage, wann man sich wieder anmelden könne, antwortete: »Kommen Sie Anfang Mai wieder.«

Und so schwand die letzte Hoffnung für immer, dass ich noch irgendwie im April hier herauskommen könnte.

O Gott. Bis zum Mai sind es noch acht Tage. Und was für furchtbare, hungrige Tage.

Vor mir liegt das Telegramm: »Fahr los. Njura. Schenja.« Die Tränen schießen aus den Augen. Njura … Schenja. Das sind lebendige Menschen, die mich kennen, die nicht nur mich, sondern auch mein Leiden kennen, alles wissen. Sie lieben mich, sie machen sich um mich Sorgen. Sie sind meine Verwandten, unter all den Fremden reichen sie allein mir die warme helfende Hand. Aber diese Hand ist so weit, so weit weg. Und im Moment kann ich mich nicht zu ihnen durchschlagen. Deshalb muss ich weinen, dass es mir den Atem nimmt.

Alle, die mir helfen könnten, sind so weit von mir weg. Grischa*. Wenn er in Leningrad wäre, würde er mir etwa nicht helfen? Natürlich würde er mir helfen. Er würde mir Geld geben, davon hat er jetzt viel. Und Kira würde mir helfen. Aber sie sind alle weit weg. Weit weg und können mir jetzt nicht helfen. Aber ich brauche ihre Hilfe. Ich brauche sie gerade jetzt so sehr. Bis zum 1. Mai. Ich brauche Hilfe, um bis zum 1. Mai zu überleben. Aber dabei wird mir niemand helfen.

Fahr los! Welch wunderbare Wärme liegt in diesen Worten. Fahr los! Ihr Lieben, wann werde ich euch treffen? Diese letzten Tage, die ich noch hier in Leningrad lebe, lebe ich nicht mehr, ich schleppe mich mühsam dahin. Ich trage an jedem Tag wie an einer schweren Bürde. Ich zähle jede Stunde, jede Minute, jede Sekunde. Aber leider vergeht die Zeit sehr langsam. Da kannst du weinen, so viel du willst. Was kann ich nur tun, damit die Zeit schneller vergeht? Ich weiß schon, dafür müsste ich eine Weile nicht mehr an meine Abfahrt denken. Aber das geht nicht! Unmöglich!!

---

* Grigori Bolschakow.

25. April

Sei gegrüßt, mein liebes Tagebuch. Endlich habe ich den Bleistift wieder in die Hand genommen. In dieser Zeit ist viel passiert. Erstens hat sich das Wetter geändert. Der Himmel ist klar und wolkenlos, aber es weht ein starker eisiger Wind. Der Eisgang vom Ladogasee geht ab. Gestern haben sich die Deutschen wieder in Erinnerung gerufen. Es gab einen schrecklichen Fliegeralarm. Er dauerte ungefähr zwei Stunden. Während des Alarms lag die Stadt unter starkem Artilleriebeschuss. Die Kantine am Nachimson-Prospekt hat geschlossen, aber Rosalija Pawlowna, die davon schon zuvor erfahren hatte, gab mir einen Berechtigungsschein für eine andere Kantine in der Prawdastraße. Heute war ich zum ersten Mal dort. Es gibt zwar lange Warteschlangen, aber dafür gutes, vielfältiges Essen.

Heute zum Beispiel gab es:

Dicke Erbsensuppe – 20 g Nährmittel
Erbsenbrei – 40 g Nährmittel
Sojabrei – 20 g Nährmittel
Sojaküchlein – 20 g Nährmittel und 5 g Fett
Fleischklößchen – 50 g Fleisch
Wurst – 50 g Fleisch

Ich nahm eine Portion Sojabrei und aß sie in der Kantine. Dann ging ich in die Bäckerei an der Ecke zur Iljitschstraße, aber da bekam man für den 27. nichts. In der Bäckerei an der Ecke von Gorochowajastraße und Sagorodny-Prospekt gaben sie auch nichts für den 27., und da beschloss ich, auf keinen Fall die Bäckerei ohne Brot zu verlassen. Und wirklich, um sechs Uhr abends kaufte ich 250 g Brot, je 100 g für 45 Rubel.

Was für eine Freude! Jetzt ist es schon halb acht, ich bin völlig satt, und die Brotmarken für den 27. habe ich auch noch alle. Mein Traum ist wahr geworden, ich habe [einen Tag] übersprungen. Morgen kann ich in jede beliebige Bäckerei gehen und jedes Brot kaufen – 300 g. Wenn das kein Grund zur Freude ist. Nein, was für eine Freude!

In Bezug auf die Evakuierung gibt es noch immer keinerlei Neuigkeiten. Keiner weiß, ob in der ersten Maihälfte evakuiert werden wird. Ich habe beschlossen, bis zur Evakuierung wieder in die Schule zu gehen. Am 3. Mai beginnt nämlich in allen Klassen wieder die Schule, und endlich kümmert man sich um die Schüler, sogar sehr. Das ist eine Anordnung unseres lieben Stalin. Den übrig gebliebenen Leningrader Schülern ist das Leben zu retten. Die Schüler werden gut zu essen bekommen. Hier ist die Anordnung der Schulverwaltung, die mir Rosalija Pawlowna gezeigt hat. Sie hat sie selbst auf ihrer Schreibmaschine getippt.

Verpflegung der Kinder, die am Unterricht teilnehmen werden.

Die Kinder haben ihre Lebensmittelkarten abzugeben, von denen nicht alle Marken abgeschnitten werden. Jedes Kind behält folgende Lebensmittel[marken]:

Fett – 200 g
Zucker – 300 g

Frühstück in der Schule
1. Brei. 2. Tee.
Mittagessen in der Schule
bestehend aus 2–3 Gerichten
Brotausgabe
Für Kinder bis 12 Jahre – 300 g in der Schule
– 100 g für zu Hause
Für Kinder über 12 Jahre – 400 g in der Schule
– 100 g für zu Hause

Tägliche Lebensmittelnorm für jedes Kind
1. Brot 400–500 g*
2. Fleisch 50 g
3. Fett 50 g
4. Nährmittel 100 g
5. Zucker 30 g
6. Gemüse 100 g
7. Weizenmehl 20 g
8. Kartoffelmehl 20 g
9. Sojamilch 50 g
10. Tee pro Monat 10 g
11. Kaffee pro Monat 20 g

Kinder, die in der medizinischen Untersuchung als besonders schwach diagnostiziert wurden, erhalten zusätzliche Verpflegung.

Die Schulverwaltung

Was ist das? Wieder donnert die Flak. Ach ja, sie fliegen wieder, die Teufel. Hör nur, wie die Aasgeier kreischen.

* Gewichtsangaben beziehen sich auf die dafür benötigten Marken.

Ach ja, der Unterricht wird nur aus Wiederholungen bestehen. Also: die Achtklässler werden den Stoff der siebten Klasse wiederholen, wir, die Neuntklässler, den Stoff der achten Klasse. Prüfungen wird es im Frühjahr nicht geben. Um ehrlich zu sein, das wird keine Schule, sondern eine Art Verpflegungsstation* für die Leningrader Schüler. Das laufende Schuljahr gilt als verloren. Richtigen Unterricht wird es erst wieder nach den Sommerferien geben. Ach, ich vergaß zu erwähnen: Heute traf ich auf dem Weg zur Kantine Wowka. Meinen Wowka. Wie er sich verändert hat. Er ist ganz ausgemergelt, völlig unterernährt, schrecklich. Im Moment befindet er sich in einer Verpflegungsstation. Er möchte zum Unterricht kommen.

Lieber Wowka. Auch wenn er wie ein Scheusal aussieht, ich liebe ihn trotzdem.

26/IV

Alles weiß, von Schnee bedeckt.
Dächer, Straßen – weiß im Nu.
Auch der Park ist gänzlich weiß.
Winterschnee doch ist es nicht.

Jetzt ist es nach ein Uhr nachmittags. Die Dächer sind schon abgetrocknet. Ich bin extra in die Gorochowaja-

* Lena bezieht sich auf die »Stazionar« genannten »Heil- und Verpflegungsstationen«, die die Leningrader Verwaltung im Winter 1941 für die Zivilbevölkerung analog zu Militärlazaretten eingerichtet hatte.

straße gegangen, um Brot zu kaufen, und hatte wirklich Glück. Das Brot ist weich, luftig wie Watte, deshalb hat man mir ein großes Stück gegeben. Ich brachte das Brot nach Hause und ging in die Kantine. Heute waren nur wenige Leute da. Ich nahm zwei Portionen Sojabrei und Wurst. Im Moment sitze ich mit den Beinen unter der Decke und höre Radio. Ich denke darüber nach, was ich machen soll. Wenn schon jetzt das Eis des Ladogasees in Bewegung geraten ist, wird im Mai über das Wasser evakuiert. Soll ich dann gleich zu Schenja fahren oder den Mai über zur Schule gehen, mich ein wenig aufpäppeln, und danach fahren? Ich weiß einfach nicht, wie ich es machen soll. Einerseits möchte ich wieder in der Schule sein, mit meinen Klassenkameraden am Pult sitzen, die Bücher und Hefte hervorholen, wie verlockend. Und wenn ich erst an die Verpflegung denke. Wenn du morgens zur Schule kommst: heißer, süßer Tee und Brot mit Fett. Ach ja, das habe ich ganz vergessen, zum Frühstück gibt es doch Brei, heißen Brei mit Fett, und danach Tee. Mit vollem Bauch wird das Lernen richtig Spaß machen. Ein paar Stunden später gehst du dann Mittag essen. Das Mittagessen kann man zum Teil mit nach Hause nehmen und den anderen Teil dort essen. Genauso das Brot.

Ja, das klingt gut. Aber was schlecht ist: Wenn du nach Hause kommst, ist niemand da, nur Fremde ringsum, keiner interessiert sich für dich. Und dann die Luftangriffe, der Artilleriebeschuss. Soll ich wieder mein Leben riskieren? Man kann jeden Augenblick umkommen. Schrecklich. Ich will leben. Was soll ich tun.

Mein liebes Tagebuch, wie schade, dass du mir keine Ratschläge geben kannst.

Andererseits, wenn ich auf alles hier pfeife und wegfahre, dann bin ich unterwegs satt. Und dann komme ich endlich nach Gorki. Dort werde ich die Mogilewitschgasse suchen. Diese Gasse werde ich dann entlanggehen. In einer Hand den Koffer, in der anderen mein Bündel, und das Herz wird mir vor Aufregung bis zum Hals klopfen. Endlich komme ich zum Haus 5, Wohnung 1. Dort werde ich dazugehören. Um mich herum werden keine Fremden sein, alle gehören wir zusammen. Schenja, Njura, Lida, Serjoscha, Danja. Wir setzen uns alle gemeinsam an den Tisch, und ich gehöre zu ihnen als ein gleichberechtigtes Familienmitglied. Meine lieben Verwandten, seid gegrüßt.

Lieber Gott, was für ein Glück wird das sein!

Was soll ich tun?

Und was wird danach sein? Ich werde mit Lida zusammen arbeiten. Sie wird mir die Stadt zeigen. Gemeinsam werden wir überall hingehen. Dann kommt der Sommer, ein wunderschöner Sommer. Ringsum ist alles grün, und die Wolga, die schöne Wolga liegt vor mir. Auch der Krieg wird vorübergehen. Schenja und ich werden nach Moskau fahren. Sei gegrüßt, Moskau, sei gegrüßt, du Schöne. Jetzt werde ich von einer Leningraderin zu einer Moskauerin. Mit Leningrad habe ich abgeschlossen.

Natürlich werde ich fahren. Was sind schon süßer Tee und ein Pfund Brot im Vergleich zur Einsamkeit. Fort, weg mit der Einsamkeit. Ich will zu euch fahren, zu meinen fernen Verwandten. Schenja, hörst du, wie mein Herz schlägt, es schlägt mir bis zum Hals, es will zu dir, Schenja.

Mit allen Sinnen, mit meinem ganzen Wesen bin ich schon dort, in Gorki. Alle meine Wünsche, mein ganzes Streben kennen nur ein Ziel, schnell, möglichst bald euch alle zu umarmen!! Dich fest zu umarmen, Schenja! Denn du bist meine dritte Mutter. Herrgott, Allmächtiger! Erhöre mich. Gib, dass ich heil und gesund nach Gorki komme. Nur darum bitte ich dich.

Gorki, Gorki, Gorki… Gorki, so schnell wie möglich will ich zu dir, zu dir!!!!

Morgen bekomme ich Tee, Fett und Zucker. Ich werde unbedingt in die Teestube gehen und zwei Gläser süßen Tee trinken und Brot mit Fett dazu essen.

27. April

Wieder Fliegeralarm und Artilleriebeschuss. Schon der zweite Fliegeralarm heute. Der Himmel ist wolkenlos, die Sonne glänzt. Ich stelle mir vor, was am 1. Mai geschehen wird. Ja, das letzte Mal hat es nicht geklappt, und ich konnte nicht fahren. Das sind richtige Glückspilze, die noch wegfahren konnten. Sie werden leben. Und ich… das ist noch nicht sicher.

Bis zum Beginn der Evakuierung sind die Tage schon gezählt. Es ist hoffentlich nicht mein Schicksal, noch zu sterben. Das ist furchtbar, jeden Moment den Tod von einer Artilleriegranate oder einer Bombe erwarten zu müssen. Die ersten Tage im Mai werden wahrscheinlich genauso schrecklich sein.

Wie dumm und bedauerlich wäre es, direkt vor der Abfahrt zu sterben, nachdem alle Schrecken dieses Winters, der Hunger und der Frost, überstanden sind. Wie ungerecht wäre es vom Schicksal, wenn ich, die ich bis zum Frühling überlebt habe, die ich noch das frische junge Grün gesehen habe, wenn ich, die ich schon alle Sachen gepackt habe, noch umkäme.

Ich will auf keinen Fall sterben.

Vielleicht sind das meine letzten Zeilen. Ich bitte inständig: Wer dieses Tagebuch findet, der schicke es bitte an: E.N. Schurkowa, Mogilewitschgasse 5, Wohnung 1, Gorki.

28. April

Es ist gut, im Wartezustand zu leben. Die letzten Tage lebe ich im Wartezustand. Nein, das Warten quält mich nicht. Ich habe es nicht eilig. Ich weiß, dass alles seine Zeit hat. Ich habe ein interessantes Ereignis vor mir, ich fahre in eine andere Stadt. Erst werde ich mit dem Zug fahren, dann über den Ladogasee. Übrigens habe ich den Ladogasee noch nie gesehen. Dann wieder mit dem Zug, Umsteigen in Wologda. Und wieder mit dem Zug bis nach Gorki. Die Reise ist sehr verlockend. Unterwegs werde ich kostenlos zu essen haben und viel Brot bekommen. Das alles habe ich noch vor mir, und bis zum Beginn dieser Reise sind die Tage schon gezählt.

Danach erwartet mich ein neues Leben. Die Neugier überwältigt mich. So viel Ungewisses liegt vor mir, ich möchte zu gerne wissen, was mich erwartet. Geduld, Lena, nur Geduld. Alles hat seine Zeit. Heute ist schon der 28. Morgen ist der 29., dann der 30. Wovon ich mich in diesen Tagen ernähre – das ist nicht besonders üppig.

Heute hatte ich 300 g Brot, 50 g Fett – das war der Rest – und 150 g Weintrauben. Morgen werde ich 300 g Brot, 100 g Wurst und 75 g Käse haben. Am 30. sind es dann 300 g Brot, ein halber Liter Wein und 250 g Hering. Am 1. Mai werde ich wieder in die Kantine gehen und Brei und Suppe kaufen können, vielleicht wird am 1. auch die Brotration erhöht. Und danach fahre ich wahrscheinlich schon. Auf jeden Fall werde ich bis zur Abfahrt satt sein und nach der Abfahrt noch satter. Wie gut und froh es sich doch im Wartezustand lebt.

Heute gab es schon zweimal Fliegeralarm. Frühmorgens und tagsüber. Der Himmel ist heute bedeckt, es ist kalt. Kein Sonnenschein. Doch die Spatzen zwitschern fröhlich. In dem kleinen Park gegenüber meinem Fenster ist der Rasen vom frischen Maigras schon ganz grün. Meine Erbsenpflanze wächst nicht täglich, sondern stündlich – eine richtige Schönheit. Aufrecht, gerade, mit grünen glatten Blättern. Auch die Zweige, die ich in das Wasserglas gestellt habe, werden bald ihr erstes Grün zeigen. Die Knospen haben sich schon geöffnet. Eigentlich wäre alles in Ordnung. Wenn nur die Deutschen nicht wären. Ihretwegen fürchte ich mich vor dem 1. Mai.

Nun ja, lasst uns hoffen, dass es schon irgendwie gut gehen wird.

Bald, ganz bald schon werde ich meinen Koffer nehmen, mich vorne in die Linie 9 setzen, eine Fahrkarte für mich und das Gepäck kaufen und auf bekannter Strecke durch bekannte Straßen zum bekannten Finnischen Bahnhof fahren. Und da… ein Pfiff, der Zug fährt ab. Wir fahren über die Brücke, unter der ich schon so viele Male allein und mit Mama in der Linie 20 hindurchgefahren bin. Leb wohl, Leningrad. Die Menschen an der Straßenbahnhaltestelle werden uns nachschauen. An was sie wohl denken werden? Einige werden uns wahrscheinlich beneiden, andere werden sagen: »Haut ab, dann haben wir mehr Brot.« Auf der linken Seite sind an uns gerade die Gebäude des Clara-Zetkin-Instituts für Mütter- und Kindergesundheit vorbeigehuscht.

Ja, hier haben Mama und ich ungefähr zwei Monate gearbeitet. Dort auf dem Pfad geht ein Mädchen in weißem Kittel und mit weißem Kopftuch, in den Händen hält sie irgendwelche Papiere. Wie oft bin ich genauso wie sie jetzt diesen Pfad entlanggegangen und habe Krankenscheine verteilt. Der einzige Unterschied ist, dass es damals Winter war, alles war mit Schnee bedeckt, und jetzt ist Frühling, Mai. Dort blühen die Bäume, siehst du? Und dort an der Böschung des Bahndamms heben die ersten Blüten des Huflattichs ihre eleganten gelben Köpfchen. Leb wohl, Leningrad.

Der Himmel ist tiefblau, und über uns, im Sonnenschein blitzend, ziehen die Flugzeuge ihre Kreise. Das sind unsere Luftpatrouillen. Der Zug wird schneller und schneller. Wie schön. Ich öffne meinen Koffer, schneide eine große Scheibe Brot ab, schaue aus dem Fenster und esse. Ich bin satt. Auf dem Bahnhof haben wir vor der Abfahrt eine große Portion Nudelsuppe bekommen. Die Suppe war dick, auch gab es einen ganzen Napf voll dicken Erbsenbreis. Von dem Brei habe ich noch etwas übrig. Außerdem haben wir 800 g Blutwurst und ein Kilo Brot pro Person bekommen, für die Fahrt bis zum Ladogasee, dort werden wir wieder warmes Essen bekommen.

Ach, wie großartig. In Gedanken bin ich schon aus Leningrad abgefahren. Aber in Wirklichkeit sitze ich mit den Beinen unter der warmen Decke. Das Radio tickt laut*, die Straßenbahnen quietschen, ab und an brummt ein Auto. Mein Bauch ist nicht gerade voll. Um die Wahrheit zu sagen – ich würde jetzt alles Beliebige essen. Aber ich habe nichts. Nicht einen Krümel, keine einzige Rosine ist mehr übrig. Ich habe schon alles aufgegessen. Nein, jetzt besser nicht ans Essen denken.

Lena, morgen wirst du wieder essen. Heute hast du schon gegessen, das muss reichen. Erinnere dich, du hast erst vor zwei Stunden einen solchen Haufen Rosinen gegessen – 150 g. Du armes, armes kleines Mädel.

---

* Damit meint Lena das »Leningrader Metronom«. Gleich zu Beginn der Blockadezeit waren in den Straßen Leningrads 1500 Lautsprecher aufgestellt worden, die der Warnung vor Luftangriffen oder Artillerieüberfällen dienten. Über sie ertönte das auch im Radio in den Pausen gesendete Signal des »Leningrader Metronoms«. Schnelle Schläge bedeuteten Alarm, war alles ruhig, schlug es langsam.

Sei nicht traurig, die letzten Tage wirst du hungern. Vom 1. Mai an wirst du wieder in die Kantine gehen. Aha, und am ersten Tag werde ich auf jeden Fall eine Portion Suppe und zwei Portionen Brei nehmen. Die Suppe werde ich dort essen, den Brei zu Hause. Und dann, am Abend, werde ich mein Brot kaufen. Das wird dann eine richtige Freude.

29. April

Heute ging der Tag wie im Fluge vorbei. Ich stand nach elf Uhr auf, bis dahin saß ich im Bett und stickte. Zuerst trug ich das Spülwasser hinaus und holte Wasser, dann verkaufte ich für fünf Rubel ein Buch von Gribojedow*. Dann setzte ich mich in die Linie 9, fuhr bis zur Endstation und dann wieder zurück bis zur Gorochowajastraße. Dort kaufte ich für 1,70 Rubel Brot. Ein ganz ausgezeichnetes Brot. Ich ging in mein Geschäft und kaufte 75 g Käse. Ausgezeichneter Käse für 19 Rubel je Kilogramm. Er ist frisch und weich. Dann belegte ich einen Platz in der Warteschlange für den Wein. Ich brachte Brot und Käse nach Hause, holte ein Gefäß für den Wein, ging zurück zum Geschäft und erhielt einen Viertelliter süßen Roséwein für 28,20 Rubel je Liter. Ich ging nach Hause, ab unter die Decke, und begann zu essen. Ich genoss das Essen in kleinen Stückchen eine Stunde lang. Nach fünf Uhr ging ich ins Geschäft und erfuhr, dass es abends Hering und Wurst

* Alexandr Gribojedow (1795–1829), russischer Dramatiker.

geben wird. Ich hatte nur noch einen Rubel übrig. Ich wählte einige Bücher aus und verkaufte sie schnell auf der Straße. Das brachte mir 20 Rubel ein. Ich ging nach Hause, stickte wieder und aß den Käse bis auf ein ganz kleines Stückchen auf. Gegen sieben Uhr abends ging ich wieder ins Geschäft und stellte mich für Aufschnitt zu 19 Rubel je Kilo an, Aufschnitt bekam ich nicht mehr, dafür aber Bockwurst zu 11 Rubel je Kilo. Die Bockwurst ist sehr lecker.

Morgen bekomme ich Hering und Bier. Morgen, so erzählt man sich, gibt es auf neue Lebensmittelkarten anstelle von Brot Brötchen. Und jetzt muss ich schlafen, schlafen. Ich bin heute sehr erschöpft. Heute war es sehr warm und sonnig, und trotzdem sind die Aasgeier nicht erschienen. Sonderbar. Unsere Flak schießt inzwischen sehr gut. Im Radio habe ich gehört, dass allein in den letzten Tagen die Flak im Vorfeld unserer Stadt 71 faschistische Flugzeuge abgeschossen hat. Kein schlechter Anfang.

Morgen ist schon der 30. Was für ein Glück. Der Tag meiner Abfahrt rückt immer näher. Während ich gestern nach Wurst anstand, lernte ich ein altes Mütterchen kennen. Sie wohnt im Haus 17, Wohnung 5. Sie heißt Michailowa. Sie lebt allein, sie will nach Wologda fahren. Dort wohnt ihre erwachsene Tochter mit zwei Kindern, sie ist mit einem Militär verheiratet. Das alte Mütterchen möchte mit mir zusammen fahren. Mir ist das egal. Es ist mir sogar recht. Sie ist eine sehr sanfte, nachgiebige Frau. Ich kann ihr sagen, was sie tun soll. Sie wird mir unterwegs nützlich sein, und in Wologda kann ich sie zu ihrer Tocher begleiten und dort Tee trinken, denn sie wohnt angeblich direkt in der Nähe des Bahnhofs. Das alte Mütterchen hat mich gebeten, bei ihr vorbeizukommen, wenn ich mich anmelden gehe. Was soll's, das kostet mich nichts, im Gegenteil, sie hat versprochen, mich mit Tee zu bewirten.

30. April

Nach elf Uhr ging Lena zur Schakt, um ihre Lebensmittelkarte zu holen. Aber es gelang ihr an diesem Tag nicht, die Karte zu erhalten. Die Hauswartfrau, Tatjana Wjatscheslawowna, dachte, Lena hätte Arbeit gefunden, und hatte sie nicht in die Liste der Familienangehörigen eingetragen. Man sagte ihr, sie solle um fünf oder sechs Uhr abends wiederkommen. Lena ging ins Geschäft, wo sie zu ihrer großen Betrübnis erfuhr, dass Bier und Hering gerade zu Ende gegangen waren. Der Leiter versprach, dass es abends Bier geben würde, Heringe würden aber nicht mehr hereinkommen, nehmen Sie das, was es gibt. Und Lena kaufte 250 g gesalzene Brasse. Sie bekam fast eine ganze Brasse, nur die Schwanzflosse schnitt man ab.

Lena kam nach Hause und begann mit großem Genuss, den Fisch zu essen. Die Brasse erwies sich als fett und ungewöhnlich lecker. Lena entschied zuerst, eine Hälfte und abends die andere mit Brot zu essen. Dann aber, als die erste Hälfte aufgegessen war, machte sie sich mit noch größerem Appetit an die andere. Das war eine hervorragende Beschäftigung; sie dauerte ungefähr drei Stunden. Natürlich hatte Lena nach so viel Salzigem, noch dazu ohne Brot, fürchterlichen Durst und trank fast einen ganzen kupfernen Teekessel Wasser aus, das sie nicht abgekocht hatte. Danach ging sie in die Teestube, wo ihr vier Gläser Tee in ihr Einmachglas gefüllt wurden. Sie ging nach Hause, trank den heißen Tee und aß die restlichen Stückchen Fisch anstelle von Brot. Danach legte sie sich hin und schlief ein Stündchen. Nachdem sie aufgewacht war, ging sie wieder in den Laden, um Bier zu holen, es war aber keines da, sie erhielt Salz und schaute auf dem Heimweg bei der Schakt vorbei. Doch dort hing ein Vorhängeschloss. Es war schon etwa sechs Uhr abends, Lena stellte sich nach Bier an und wartete gemeinsam mit anderen Leuten bis elf Uhr. Um elf wurde verkündet: Selbst wenn noch Bier geliefert würde, würde es erst morgen früh verkauft werden. Erschöpft und taumelnd ging Lena nach Hause. Es war eine mond- und sternklare Nacht. »Was wird wohl morgen für ein Tag sein?«, dachte Lena, als sie sich in ihre Decke wickelte.

Um zwölf Uhr wurde Radio Moskau eingeschaltet, und die Leningrader hörten wieder das Moskauer Glockenspiel und das Schlagen der berühmten Turmuhr vom Kremlplatz. Wie lange hatten die Leningrader diese vertrauten Klänge nicht gehört, und wie angenehm war es, sie wieder zu vernehmen. Nach der »Internationale« schlief Lena hundemüde ein und schlief bis zum Morgen durch.

Ich habe jetzt entschieden, mein Tagebuch auf neue Weise zu schreiben. In der dritten Person. Wie eine Erzählung. Ein solches Tagebuch wird man wie ein Buch lesen können.

1. Mai 1942

Heute ist der Erste Mai. Um sechs Uhr früh ging Lena natürlich nicht Bier holen. Heute schlief sie am Morgen besonders tief und fest. Aber später stand sie dann doch auf und gelangte zu dem Schluss, dass es schade sei, das Bier auszulassen.

Lena ging auf die Straße, der Himmel war wolkenlos und sonnenklar. Die farbenfrohen Fahnen ließen die Straße elegant erscheinen. Es war, als ob jeden Augenblick das Orchester zu spielen begänne und die Marschkolonnen um die Ecke biegen würden. Aber nein, heute war ein gewöhnlicher Arbeitstag. Nein, es ist gerade ein ungewöhnlicher Arbeitstag. In diesem Jahr haben die Werktätigen aus eigenem Antrieb auf den arbeitsfreien Feiertag verzichtet und aus dem Maifeiertag einen Tag der Arbeit und des Kampfes gemacht*.

Im Geschäft gab es kein Bier, es war doch nicht aus dem Lager geliefert worden. Lena ging nach Hause, schlafen wollte sie schon nicht mehr, also hörte sie Radio. Sie hatte großen Hunger, aber wann wird sie

* Dies war ein Erlass der Regierung (Rat der Volkskommissare und ZEK), der am 30. April in der *Leningradskaja Prawda* veröffentlicht wurde und den Verweis auf den Wunsch der Werktätigen enthielt. Genauso war es auch mit den Feiertagen 8./9. November und 5. Dezember 1941.

heute ihre Lebensmittelkarte bekommen? Vielleicht erst am Abend. Das macht nichts, sie beruhigte sich mit dem Gedanken, dass sie heute Abend 600 g Brot haben würde. Und falls Rosalija Pawlowna ihr bis fünf Uhr einen Berechtigungsschein für die Kantine beschaffen kann, wird sie nur für den heutigen Tag Brot holen und aus Anlass des Feiertags in der Kantine mehr nehmen. Für diesen Fall nahm sich Lena vor, drei Portionen Brei zu nehmen, eine Suppe und ein Fleischgericht.

Im Radio wurde ein Kampflied nach dem anderen gesendet, Märsche, neue Parolen und Gedichte erklangen.

Lena erinnerte sich an den 1. Mai des letzten Jahres. Von der Schule waren sie zur Borodinskajastraße gegangen und dort stecken geblieben. Danach fing es an zu schneien, so dicht, dass die ganze Straße sofort furchtbar nass, dreckig und matschig wurde. Langsam hatte die Straße geleert. Viele flüchteten sich nach Hause. Die Leute hatten sich ja für Frühlingswetter angezogen, die Frauen und Mädchen trugen leichte Mäntel, die Männer und Jungen Jacketts. Auch Lena trug einen Herbstmantel und keine Galoschen, aber sie lief nach Hause und zog ihren Pelzmantel und Galoschen an. Lena erinnerte sich, dass ihre Mama etwas nähte, als sie nach Hause kam, und Aka in der Küche runde Hefeküchlein mit Rosinen buk. Lena hatte es sehr eilig, aber Mama vermochte es, sie zu überreden, ein wenig zu warten, und so aß sie die ersten noch warmen Küchlein. Aka gab ihr ein paar Rosinen mit auf den Weg. Ja, was war das doch für eine gute Zeit. Und Lena wusste sie damals nicht richtig zu schätzen. Ihr schien ein solches Leben ganz gewöhnlich zu sein, und dass es gar nicht anders sein könne. Sie sah nichts Besonderes darin, dass sie Aka und Mama hatte und dass beide sie über alles liebten. »Alles für Aljonuschka«, so nannten sie Lena. Wer bekommt das beste Stück, wem wird zuerst aufgetan? Aljonuschka. Und Aljonuschka bemerkte das gar nicht.

Und erst jetzt, wo sie sowohl Aka wie auch Mama verloren hat, weiß sie ihr ganzes vergangenes Leben wirklich zu schätzen. Sie würde nun alles geben, um diese Zeit wieder lebendig zu machen. Aber sie ist unwiederbringlich verloren, Aka und Mama wird sie nie mehr wiedersehen, es sei denn im Traum.

Wenn es ihr nun gelingen sollte, sich zu Schenja durchzuschlagen, wird sie alles, was sie an ein Familienleben erinnert, als ihr höchstes Gut betrachten. Schon der Umstand, dass sie das Recht haben wird, sich mit Schenja und Serjoscha an einen Tisch zu setzen und mit ihnen gemeinsam zu essen, schon allein das wird ihr als ein großes Glück erscheinen.

Ja, das Schicksal hatte ihr eine verdiente Lektion erteilt, wenn auch auf sehr strenge Weise. Und nun, wie sie darüber nachdachte, sagte Lena zu sich: »Das soll dir eine Lehre sein! Jeden Krümel wirst du ehren, von allem wirst du den Wert erkennen, und es wird leichter für dich sein, auf dieser Welt zu leben.«

»Auch das Unglück hat sein Gutes«, sagt ein Sprichwort. Natürlich wird nach einer solchen »Schule des Lebens« für Lena in Zukunft das Leben leichter sein. Und nicht nur für sie. Das Leben nach dem Krieg wird für alle Sowjetbürger, die diese furchtbare Zeit durchgemacht haben, leicht, fröhlich und produktiv sein.

Nach zehn Uhr ging Lena wieder zur Schakt und erhielt endlich ihre Karte. Von dort ging sie ins Geschäft und erhielt dort eine halben Liter Bier, ohne anstehen zu müssen. Nachdem sie das Bier nach Hause gebracht hatte, ging sie in die nächste Bäckerei ins Schuhgeschäft und erhielt 150 g Brötchen und 150 g Brot. Das Brötchen war ausgezeichnet, für 2,90 Rubel je Kilo, und das Brot für 1,10 Rubel je Kilo, ein schweres Brot mit einer sehr dicken Rinde. Mit dem Brot ging Lena in den kleinen Park gegenüber ihrem Haus, setzte sich in die Sonne und aß ein bisschen von dem Brötchen und dem Brot. Das Brötchen schien ihr leckerer als alle Törtchen zu sein. Seit November hatte sie kein Brötchen gegessen. Das letzte Mal hatte sie Brötchen gegessen, als Mama im Hospital gearbeitet und ab und an ein Stückchen mitgebracht hatte. Aber das waren überhaupt nicht solche Brötchen gewesen, sie waren grau und klebrig. So ein Brötchen hatte sie schon lange vor Kriegsbeginn nicht mehr gegessen. Sie hatten solche teuren Brötchen nur zu Feiertagen gekauft. Die letzten Monate vor dem Krieg hatten sie sehr sparsam gelebt. Sie hatten wenig Geld, außerdem versuchten sie im Juni und Juli für die Dampferfahrt auf der Wolga im August zu sparen. Deshalb war selbst ein Weißbrot eine Seltenheit. Sie aßen für gewöhnlich Roggenbrot.

Damals ernährten sie sich hauptsächlich von Haferflocken. Von diesem billigen Lebensmittel konnte man beliebige Mengen bekommen. Einen ganzen Monat lang kochte Aka jeden Tag zum Mittag Hafersuppe. Die Suppe war so dick wie Brei, für jeden gab es zwei Teller, sodass selbst Lena der Haferflocken überdrüssig wurde und nur noch mit Mühe einen Teller herunterbekam. Abends röstete Aka die Haferflocken. Und das nannte sich damals »schlecht leben.« Jetzt rief die Erinnerung daran bei Lena nur ein bitteres Lächeln hervor.

Nachdem sie ein bisschen Brötchen und Brot gegessen hatte, beschloss Lena, den Evakopunkt aufzusuchen. Dort war es leer wie bisher. Von den ungefähr drei Frauen, die dort saßen, erfuhr Lena, dass es angeblich in vier bis fünf Tagen Neuigkeiten zur Evakuierung geben würde. »Das heißt, ich werde erst mal den Unterricht besuchen«, dachte Lena und ging zur Teestube. Sie rechnete nicht damit, die Teestube offen anzutreffen, sie wollte einfach nur etwas spazieren gehen. Aber die Teestube hatte geöffnet. Lena musste gar nicht lange warten und trank zwei Gläser sehr heißen Tee, einen mit Brot, den anderen mit Brötchen. Sie ging nach Hause, ließ den Rest Brötchen da und entschied, sich auf die Suche nach gutem Brot zu begeben. Sie klapperte alle ihr bekannten Bäckereien ab, aber wie um sie zu ärgern, gab es überall nur gute Brötchen und sehr schlechtes Brot. Lena ließ sich jedoch davon nicht die Laune verderben, sie genoss es, langsam auf der Sonnenseite die Straßen entlangzugehen, blinzelte in die Sonne und erfreute sich an der Wärme, dem Licht und dem Zwitschern der Spatzen.

Es sei erwähnt, dass das Wetter heute ein ganz besonderes war, wie eigens für den Feiertag gemacht. Keine einzige Wolke am Himmel, überall schien die

Sonne, es war so warm, dass es selbst im Schatten schwül zu sein schien, wenn da nicht der leichte, erfrischende Windhauch gewesen wäre. Die Straße schien von den zahlreichen roten Fahnen, die im Wind wehten, wie in Flammen zu stehen, und die Fahnen waren im Sonnenlicht noch farbenfroher und blendend rot. In den Parks wimmelte es heute von lauten, fröhlichen Kinderscharen.

Der Mai, der herrliche Frühlingsmonat, hat begonnen. Am Tage setzte ziemlich heftiges Artilleriefeuer ein. Aber alle waren schon so daran gewöhnt, dass Lena ihm keine besondere Beachtung schenkte. Sie beschäftigte sich mit Sticken und hörte dabei im Radio das Feiertagskonzert.

2. Mai 42

Gestern ging es gut, es gab den ganzen Tag keinen Alarm. Das ist natürlich das Verdienst unserer Stalin-Falken*.

Heute stand Lena erst nach elf Uhr auf. Sie hatte sich noch nicht angezogen, da kamen schon zwei Mädchen von der Schakt zu ihr. Sie ließen ihre Blicke durch das Zimmer schweifen und tadelten Lena wegen der Unordnung. »Wenn die Hygienekommission kommt, wirst du Strafe zahlen müssen.« Lena ärgerte sich sehr

* Dieser Begriff als Bezeichnung für die Piloten der sowjetischen Luftstreitkräfte war seit 1936 in Gebrauch.

und antwortete, die Kommission möge ihr gerne eine Strafe aufbrummen, sie habe doch kein Geld. Das junge Mädchen zuckte mit den Schultern und frage Lena, wie es mit der Wohnung aussehe. Als sie erfuhr, dass Lena für den April noch nicht bezahlt hatte, sagte sie, Lena müsse noch heute zahlen. Lena versprach es.

Sie ging und zahlte für den April 17,40 Rubel*. Nun hatte sie noch fünf Rubel übrig.

Dann ging Lena in die Kantine. Beim Schuhgeschäft traf sie Janja Jakubson. Sie hatten sich noch nicht einmal begrüßt, da kam schon Wera Wladimirowna zu ihnen, die Literaturlehrerin. Sie unterhielten sich. Janja, so stellte sich heraus, war die ganze Zeit hindurch weiter zur Schule gegangen und tat das auch jetzt. Wera Wladimirowna war sehr dünn geworden, hatte aber ihre Lebensfreude nicht verloren.

Lena freute sich sehr über diese Begegnung. In der Kantine nahm sie eine Nudelsuppe und zwei Portionen Sojabällchen. Die Suppe erwies sich als dünn und nicht sehr lecker, dafür waren die Sojabällchen hervorragend. Lena überlegte, dass es doch am günstigsten sei, Sojabällchen zu nehmen. Es werden 20 g und 5 g Fett abgeschnitten, und man bekommt zwei große Frikadellen, rosig und ausgesprochen lecker. Von der Kantine ging sie in den kleinen Park und ruhte dort ein wenig aus. Dann ging sie Petroleum holen, sie erhielt einen halben Liter. Anschließend zählte Lena ihre Nährmittelmarken und entschied spontan, dass sie sich heute noch eine Portion Quarkküchlein leisten könne. Gesagt, getan.

---

* Für die Wohnnebenkosten.

Lena eilte in die Kantine, aber die Quarkküchlein waren schon ausverkauft, Fleisch ebenfalls. Lena blieb eine Weile stehen, dachte nach und entschied sich dann für eine Portion Sojabrei. Dann ging sie in die Gorochowajastraße, um Brot zu kaufen. Überall gab es nur Brot für 1,10 Rubel. Lena wählte möglichst trockenes Brot aus. Sie kehrte nach Hause zurück, holte zweimal Wasser und ging dann zu Olja. Sie traf sie zu Hause im Bett an. Lena gratulierte ihr zur Lebensmittelkarte, und als Olja antwortete, sie habe heute Geburtstag, gratulierte sie ihr auch zum Geburtstag. Lena wollte mit Olja zusammen in den kleinen Park gehen, aber Olja hatte Tuberkulose in den Füßen, und sie konnte deshalb nicht gehen. Lena blieb ein wenig an Oljas Bett sitzen. Das große halbdunkle Zimmer, das mit teuren Möbeln eingerichtet war, gefiel ihr nicht. Hier war es sehr finster und kalt. Lena lieh sich bei Olja das Buch »In den Bergen des Sichote Alin«* aus und ging in den Park. Nach Hause wollte sie nicht gehen. Draußen war es sehr schwül, der Park war voller kleiner Kinder. Ihr lautes Rufen und Lachen war in der ganzen Straße zu hören.

Lena setzte sich auf eine Bank und versuchte zu lesen, aber es gelang ihr nicht, also sah sie den Kindern zu, beobachtete deren fröhliches Gerenne. Lena dachte, dass diese Kinder, die jetzt so klein waren, in ihrem, Lenas, Alter glücklicher sein würden als sie und dass überhaupt ihre Jugend eine lichte und glückliche werden würde. Sie werden all das nicht durchmachen

* *W gorach Sichote-Alinja* (1937), Reisebericht von Wladimir Arsenjew (1872–1930), russischer Forschungsreisender und Schriftsteller.

müssen, was Lena nun durchmachen musste. Ihre Eltern werden nicht sterben, ja, sie werden glücklicher sein.

Die Sonne verschwand hinter Wolken, es frischte auf. Lena kehrte nach Hause zurück und kochte sich auf dem Petroleumkocher Tee. Dieser Kocher war schon lange nicht mehr benutzt worden. Lena trank eine Tasse heißen Tee und aß Brot dazu und kochte dann Fischbrühe. Sie hatte noch die Reste einer Brasse, die Gräten, Schuppen und so weiter, sie hatte das alles in einer Blechbüchse gesammelt und kochte es aus. Es wurde daraus eine hervorragende Brühe, und so trank Lena eine ganze Tasse kräftiger, sehr leckerer Fischbrühe. Dann flickte und putzte Lena ihre Schuhe. Man muss doch anständig angezogen sein, wenn man unter die Leute geht. In der grimmigen Kälte dieses Winters hatten sich die Leute nicht um ihr Aussehen gekümmert. Aber jetzt war es anders. Nun kamen die warmen Frühlingstage, und die Leute begannen, sich herauszuputzen und um ihr Aussehen zu kümmern, vor allem die Jugendlichen. Modische Frisuren und Hüte tauchten wieder auf, die Männer trugen Anzüge, elegante Schals, und auch Lena wollte sich besser und eleganter anziehen. Nun fand sie es unangenehm und betrüblich, Leute zu sehen, die sich vernachlässigten und nach wie vor in irgendwelche Lumpen hüllten. Aber das waren zumeist Alte, sie waren ausgezehrt und litten an allerlei Krankheiten. Lena jedoch, auch wenn sie sich in den letzten Tagen kaum vom Fleck hatte rühren können, war eine junge Frau und widmete ihrem Aussehen sehr große Aufmerksamkeit. Ich sollte mich eleganter anziehen, sagte sie sich. Sie war betrübt, dass ihre Haare so langsam wuchsen, ohne Haare sieht man nicht gut aus. Haare schmücken sehr. Wie sie sich zu Hause im Spiegel betrachtete, bemerkte Lena zufrieden, dass ihr Gesicht nicht so schrecklich aussah, wie sie zuvor geglaubt hatte. Ihre Figur war wirklich sehr dünn geworden, sie war nur noch Haut und Knochen, von ihrem üppigen Busen war nichts mehr übrig. Lena hatte einst davon geträumt, so dürr zu sein wie Lida Klementjewna, da hatte ihr üppiger Busen ihr gar nicht gefallen, aber nun war sie noch viel dürrer als Lida.

Der heutige Tag verlief ruhig – kein Fliegeralarm, kein Beschuss.

3. Mai

Heute zogen gleich am Morgen Wolken auf, und der Feind ließ sich diese Gelegenheit nicht entgehen. Noch vor neun Uhr gab es zweimal Fliegeralarm. Aber beide waren nicht von langer Dauer und harmlos. Direkt nach den Sirenen begann unsere Flak zu schießen, ließ dann allmählich nach, und am Himmel ertönte das kräftige Brummen unserer Falken. Die Erde bebte nicht ein einziges Mal, das bedeutet, die Feinde hatten gar keine Bomben abgeworfen. Vielleicht hatte es der Feind gar nicht bis über die Stadt geschafft.

Lena stand auf, nachdem der zweite Alarm abgeblasen war. Diese Nacht hatte sie hervorragend geschlafen, sie hatte schöne Träume gehabt. Sie ging rasch Brot holen, trank eine Tasse kalten Tee und wartete auf Tante Sascha, die sie um eine Schüssel und einen Eimer bitten wollte. Es war schon halb zwölf, Tante Sascha war noch immer nicht gekommen, und Lena ging in die Kantine. In der Kantine waren viele Leute, aber das Wichtigste war, dass Essen nur auf neue Berechtigungsscheine ausgeteilt wurde. Lena erblickte in der Warteschlange ihre Freundin, mit der sie in der letzten Zeit zusammen zur Schule gegangen war. Sie holte ihr mit ihrem Berechtigungsschein eine Portion Sojabrei und zwei Fleischbällchen. In der Kantine bekam man schon Brot für den 5. Mai. Lena konnte sich nicht beherrschen und nahm noch 300 g Brot. Sie ging nach Hause, aß sogleich, wärmte Wasser auf, wusch sich, zog saubere Kleidung an und ging zur medizinischen Untersuchung in die Schule. Draußen war es kühl, ein Nieselregen ging nieder, der Himmel war völlig zugezogen. Lena musste für die Untersuchung eine Stunde in der Warteschlange stehen. Schließlich kehrte Lena mit dem Attestat »gesund« in der Hand nach Hause zurück, kochte sich zwei Tassen Tee, schnitt ihr restliches Brot in Stücke und belegte sie mit den restlichen Stückchen Fleischbällchen. Das war sehr lecker. Morgen beginnt der Unterricht, aber in Lenas Schule erst am 5. Morgen wird um vier Uhr ein Treffen aller Schüler stattfinden. Im Radio hörte Lena eine Sendung für die Schüler, in der sie viel erfuhr. So zum Beispiel, dass der Schulalltag ganz neu organisiert werden sollte. Die Schüler werden die meiste Zeit des Tages in der Schule sein, aber weniger Unterricht haben als zuvor. In den höheren Klassen wird der Schultag bis halb sechs gehen, aber es wird nicht mehr als fünf Unterrichtsstunden geben. Der Unterricht wird um neun Uhr beginnen, um zwölf Uhr wird es Frühstück geben. Die Schüler bekommen heißen süßen Tee und Brei, danach kommt wieder Unterricht, dann eine Stunde Pause. Mittagessen bekommen die höheren Klassen um vier Uhr. Nach dem Essen werden noch Arbeitskreise stattfinden. Um halb sechs geht es nach Hause, wobei uns 100 g Brot, ein wenig Fett und Zucker mitgegeben werden. Im Unterricht wird nur der Stoff des letzten Schuljahres wiederholt. Die Schulzeit dauert bis zum 1. Juli. Im Sommer fahren alle Schulkinder in eigens eingerichtete Pionierlager, wo sie sich erholen, spielen und in verschiedenen Sowchosen im Gemüseanbau arbeiten werden.

Lena gefiel das alles sehr, und sie wäre gerne in ihrer angestammten Schule geblieben, wenn sie hier mit Verwandten gelebt hätte. Da fiel ihr wieder ein, dass sie hier niemanden hatte, und ihr wurde schwer ums Herz. Nein, sie musste wegfahren. Vielleicht wird sie in Gorki schlechter verpflegt werden, als wenn sie hierbliebe, aber trotzdem wird sie fahren müssen. Selbst wenn ihr die Kosten für Unterricht und Verpflegung erlassen werden*, Rosalija Pawlowna hat ihr versprochen, alles in ihrer Macht Stehende zu tun, doch selbst dann wird sie auf alles verzichten und zu Schenja fahren.

---

* Laut Beschluss des Rats der Volkskommissare vom 26. Oktober 1941 »Über die Einführung der Gebührenpflichtigkeit des Unterrichts in den höheren Klassen der Mittelschulen« kostete der Unterricht für die Schüler der 8.–10. Klasse 200 Rubel jährlich. Erst im Mai 1956 kehrte der Staat zum kostenlosen Unterricht zurück. Lebensmittel wurden zu festen Preisen zugeteilt.

Schenja macht sich wahrscheinlich auch jetzt Sorgen um Lenka und wartet darauf, dass sie endlich aus Leningrad zu ihr kommt. Und Lena steckt noch immer in Leningrad fest. Aber heute ist schon der 3. Mai. Jeden Tag kann die Evakuierung beginnen, und jetzt erst steht Lena vor der quälenden Frage: Soll sie so bald wie möglich fahren, wenn die Evakuierung beginnt, oder erst noch eine Woche zur Schule gehen und Kräfte sammeln. Lena entschied, mit Tonja* zusammen zu fahren, derselben, die ihr heute in der Kantine das Essen geholt hatte. Tonja und ihre Mama wollen nämlich auch wegfahren, ihr Papa hat ihnen einen Brief geschrieben, er kämpft an der Front und rät ihnen, möglichst schnell Leningrad zu verlassen, denn dort würden sie noch viel durchmachen müssen. Deshalb möchte Lena mit Tonja und ihrer Mama fahren, das sind immerhin Bekannte, und zu dritt ist es besser als allein. Nur eines verdross Lena. Nehmen wir an, sie gab am 5. ihre Lebensmittelkarte in der Schule ab, und ab dem 5. werden Nährmittel, Fett und Zucker ausgegeben. Und dann beginnt die Evakuierung am 8. oder 9. Was passiert dann: In den paar Tagen wird Lena in der Schule nicht so viel Zucker und Fett bekommen, wie sie im Geschäft hätte erhalten können, ohne die Karte in der Schule abzugeben. Das im Voraus zu wissen war unmöglich. Dabei sollten ihr [Marken für] 200 g Fett und 300 g Zucker bleiben. Vielleicht bleiben in der Schule nur die Marken für die erste Ausgabe, dann könnte Lena direkt vor der Abfahrt noch im Geschäft Zucker und Fett kaufen

* Tonja hieß in Wirklichkeit Nina.

und bis dahin in der Schulkantine essen. Vielleicht kann ihr die Schule auch einen Berechtigungsschein ausstellen, mit dem sie im Geschäft 200 g Fett und 300 g Zucker sofort bekommt. Das wäre das Beste, dachte Lena: Bis zur Abfahrt in der Schulkantine essen und direkt vor der Abfahrt, sozusagen für unterwegs, 200 g Fett und 300 g Zucker bekommen. Mehr könnte sie nicht erträumen.

Aber der Traum war das eine, und das andere ist die Wirklichkeit. Und so entschied Lena, dass sie einfach abwarten würde, anstatt sich den Kopf über die unbekannte Zukunft zu zerbrechen.

Heute war irgendwie ein schwermütiger und feuchter Tag, aber Lena war gut gelaunt. Der 1. Mai hingegen war so ein schöner Tag, und da war es Lena ganz im Gegenteil schwer ums Herz.

4. Mai

Heute ist ein ungewöhnlich kalter, bewölkter Tag. Es weht ein eisiger, starker, stürmischer Wind. Er geht durch Mark und Bein, und die Böen sind so stark, dass es schwer ist, sich gegen den Wind vorwärts zu bewegen. Bei solchem Wetter willst du zu Hause bleiben und nicht öfter auf die Straße gehen als nötig. So hielt es auch Lena. Sie rannte nur in die Kantine, aß dort Kohlsuppe und Hirsebrei. Brot konnte sie nicht kaufen, weil für den 6. Mai noch keines ausgegeben wurde. Aus der Kantine rannte sie zur Schule. Dort hatte die Versammlung schon begonnen. Lena erfuhr traurige Neuigkeiten. Erstens, dass der Unterricht erst am 15. Mai beginnen und das Schulessen erst ab dem 8. Mai ausgeteilt würde. Zweitens, dass die Schüler der höheren Klassen nur 400 g Brot und nur 30 g Fett am Tag erhalten würden. Lena traf Mischa Iljaschew. Er war gar nicht wiederzuerkennen, richtig schrecklich sah er aus. Außer Tonja war sonst niemand aus der 9. Klasse dort. Sie verabredete mit Tonja, dass sie, wenn die Evakuierung vor dem 15. Mai begänne, gleich in den ersten Tagen fahren würden.

Lena ging nach Hause, kochte aus dem übrigen Brei etwas Suppe und setzte sich dann hin, um ihre schwarzen Seidenstrümpfe zu flicken. Sie muss sich beeilen. Denn jeden Tag kann die Evakuierung beginnen, und sie hat noch viel zu tun. Sie muss noch alles, was sie mitnehmen will, nähen, stopfen und waschen. In diesem Winter hatten sie und Mama sich sehr gehen lassen, hatten sich vernachlässigt. Aber das war im Winter, bei Frost, und jetzt ist Frühling. Jetzt war es peinlich, schmuddelig und abgerissen herumzulaufen, mit schmutzigen Händen.

Das Wichtigste aber: Lena ist ein junges Mädchen. Und der größte Reichtum eines Mädchens ist ihre seelische und körperliche Sauberkeit. Das sagte Rosalija Pawlowna gestern zu Lena, als sie sich am Abend zu zweit in ihrem Zimmer unterhielten. Lena war mit Rosalija Pawlowna vollkommen einer Meinung. »Deine Tante Schenja wird sich ganz anders zu dir verhalten, wenn du zwar nur wenige und alte Sachen dabeihast, wenn du zu ihr kommst, diese aber sauber, geflickt und gestopft sind, wenn an deiner Kleidung keine Knöpfe fehlen und deine ganze Erscheinung adrett ist. Sie wird dich voller Hochachtung ansehen und denken: ›Dieses Mädchen hat so viel durchgemacht und sich trotzdem ein menschliches Erscheinungsbild bewahrt‹«, so sagte Rosalija Pawlowna.

Und Lena wollte genauso vor Schenja erscheinen und es sich vom ersten Tag an zur Gewohnheit machen, in allen Dingen ordentlich zu sein und sauber und adrett auszusehen. Lena wollte sich bescheiden kleiden, aber mit Geschmack.

»Ein guter Mann wird niemals ein schlampiges Mädchen liebgewinnen. Echte, gute Männer schätzen an einer Frau ebendiese Eigenschaften: körperliche und seelische Sauberkeit. Ein Mädchen muss in ihrem Zimmer Ordnung halten, nirgends darf ein Staubkorn sein, alles muss glänzen. Die Vorhänge am Fenster, mögen sie auch geflickt und aus billigstem Stoff sein, wenn sie blitzsauber sind, wird er das höher schätzen als die teuerste, aber schmutzige und zerrissene Portiere.« Lena war auch damit vollkommen einverstanden.

Zum Abend klarte es etwas auf, und die Sonne lugte unmittelbar vor ihrem Untergang zwischen den Wolken hervor. Der Sonnenuntergang war heute wunderschön, als ob lodernde Feuerzungen den Himmel am Horizont erleuchteten.

5. Mai

Heute aß Lena den ganzen Tag nur Brot. Dennoch verspürte sie keinen quälenden Hunger, denn sie saß den ganzen Tag in ihrem Zimmer auf dem Bett und stopfte Socken. Morgens hatte sie noch Brot geholt und es um ein Uhr aufgegessen, danach machte sie sich an ihre Socken, sortierte die heilsten aus, die sie mitnehmen wollte, und machte sich ans Stopfen. Es kamen viele gestopfte Socken zusammen.

Heute war es seit dem Morgen sonnig, aber kalt. Eigentlich war es warm, aber dieser kalte Wind drang durch alles hindurch. Am Abend war der Himmel wolkenlos. Am Tage kam jemand aus der Schule mit der Nachricht, morgen um zwölf Uhr werde in der Schule eine Versammlung für die höheren Klassen stattfinden. Lena unterschrieb und schaute in der Namensliste nach. Tamaras Namen fand sie nicht, dafür aber Wowkas. Darüber freute sie sich, morgen würde sie ihn wiedersehen.

Lena ärgerte sich über das Radio. Kurz vor zwölf wurde die Sendung unterbrochen, dann wurde bekannt gegeben, dass das Stadtviertel beschossen werde. Nach der Meldung über das Ende des Beschusses begann die Übertragung eines Konzerts, die aber plötzlich abbrach. Das Radio verstummte. Lena hörte interessanterweise während der ganzen Zeit des Beschusses nicht eine einzige Salve, keinen einzigen Schuss. Zwar schoss vereinzelt die Flak, aber was sollte das denn für ein Beschuss sein? Sonderbar. Lena beschloss, morgen nach der Schule mit Tonja zum Evakopunkt zu gehen, um vielleicht Neuigkeiten zu erfahren. Danach wollte sie Brot kaufen und in der übrigen Zeit wieder stopfen und nähen. Sie musste sich beeilen, jederzeit konnte die Evakuierung beginnen. Sie musste schnell alles in Ordnung bringen und alle ihre Sachen packen, um für die Abfahrt bereit zu sein. Damit sie sofort, wenn die Evakuierung beginnt, sich anmelden und wegfahren kann, ohne einen Tag zu verlieren. Denn das ist ihr einziges Ziel: möglichst schnell zu Schenja nach Gorki zu kommen. Der Unterricht beginnt erst am 15. Mai. Höchstwahrscheinlich wird Lena vorher fahren. Die Verpflegung soll ab dem 8. Mai beginnen. Das betrübte sie sehr. Noch zwei Tage wird sie nur mit Brot auskommen müssen. 300 g Brot, das reicht natürlich nicht aus, um auch nur ein bisschen satt zu sein. Aber anders geht es nicht. Lena hat ihre Marken genau gezählt und ist sich ganz sicher: Wenn sie in diesen zwei Tagen noch etwas in der Kantine nimmt, gibt sie zu viele Nährmittelmarken her und riskiert, in der Schule kein Mittagessen zu bekommen. Auf der Versammlung in der Schule hat man die Schüler eigens davor gewarnt.

Wenn die Evakuierung doch nur morgen begänne. Dann würde Lena schon am 7. fahren und ihren Hunger um einen Tag verkürzen. Doch nein, das sind nur Träume. Ich muss versuchen, nicht ans Essen zu denken, sagte sich Lena, als sie die Übelkeit in ihrer Kehle aufsteigen fühlte und die widerliche Leere in ihrem Magen verspürte. Aber wie sollte man nicht ans Essen denken, wenn bei den Nachbarn nebenan der Petroleumkocher rauscht und der Topfdeckel klappert. Lena hört durch die Wand den Klang der Löffel und Messer und kann sogar das Geräusch hören, das beim Abschneiden einer Scheibe Brot entsteht.

Qualvoll ist es, zu hungern und nur das Wasser schlucken zu können, das einem im Munde zusammenläuft.

6. [Mai]

In der Nacht hat es geschneit, aber der Schnee ist nicht liegen geblieben. Es war bewölkt, der gleiche kalte Wind wie gestern, aber ein wenig wärmer. Am Morgen aß Lena ihr Brot und las ein Buch. Olja sagte zu Unrecht, das Buch sei nicht interessant. Lena gefiel es sehr. Sie mag genau solche Bücher am meisten, wie »In den Bergen des Sichote Alin«. Um zwölf ging Lena zur Schule. Die Versammlung der Schüler der höheren Klassen (8, 9 und 10) fand im Zimmer des Direktors statt. Es waren nur 15 Schüler erschienen. Von denen, die Lena kannte, waren nur Nina, Galja Kusnezowa und Mischa Iljaschew da. Wowa war nicht gekommen. Der Direktor leitete die Versammlung. Er erklärte, dass der Unterricht am 15. beginne und dass die Schüler der höheren Klassen die ganze Arbeit zum Schutz der Schule vor feindlichen Luftangriffen zu übernehmen hätten. Mit einem Wort, sie allein waren die Beschützer der Schule. Er teilte alle Anwesenden sofort in Gruppen auf. Lena und Nina kamen in die Fernmeldegruppe. Außerdem verkündete der Direktor, sie würden alle ab 8. Mai als Mitglieder der Selbstverteidigungsgruppe registriert und sollten am 10., mit dem Beginn der Verpflegung, ihren Dienst antreten.

Man kann sich leicht vorstellen, welchen Eindruck diese Neuigkeiten auf Lena machten. Die Verpflegung wird nicht am 8. beginnen, sondern erst am 10. Und es ist Fernmeldedienst zu leisten, obwohl sich Lena kaum auf den Beinen halten kann. Tatsächlich war Lena in den letzten Tagen sehr schwach geworden. Der Aufstieg in den vierten Stock bedeutete für sie eine enorme Anstrengung, für die sie ihre letzten Kräfte aufbringen musste. Die letzte Treppe konnte sie gerade noch hinaufkriechen, indem sie sich am Geländer hochzog. Wenn sie hinausging, und sie versuchte so selten wie möglich die Wohnung zu verlassen, aber wenn sie schon die Straße entlanggehen musste, so bemühte sie sich, schnell zu gehen, fast im Laufschritt, denn wenn sie langsam ging, verhakten sich ihre Beine, und da konnte man schnell hinfallen.

Von der Schule ging Lena sofort zur Kantine. Heute fiel ihr das Gehen besonders schwer. Lena schwankte wie eine Betrunkene und stolperte oft. Sie machte bestimmt keinen guten Eindruck. In der Kantine waren nicht viele Leute. Lena vereinbarte beim Schlangestehen mit ihrer Nachbarin, die einen Einlassschein besaß, dass diese ihr eine Portion Brei hole. Doch einige Minuten später kam Nina. Ihre Mutter, so stellte sich heraus, hatte noch keinen Zutritt zur Kantine. Lena stellte sich bei der Essensausgabe an. Nina bestellte für Lena zwei Nudelsuppen. Unmittelbar vor der Ausgabe konnte Lena eine Nudelsuppe gegen einen Erbsbrei tauschen. Nina ließ sich zwei Portionen Nudelsuppe geben. Von der Kantine eilten sie zum Evakopunkt, denn ihre Nachbarinnen in der Warteschlange hatten erzählt, die

Evakuierung beginne am 10., vielleicht sogar schon am 7., und man könne sich schon seit dem 5. anmelden. Die Mädchen fassten neuen Mut und eilten aufgeregt zum Evakopunkt. Wie groß war ihre Enttäuschung. Im Gebäude des Evakopunkts war keine Menschenseele, völlige Leere, keinerlei Aushänge, nichts. Lena ging nach Hause, aß etwas von den kalten Nudeln und vom Erbsbrei, zündete den Petroleumkocher an und kochte sich einen Topf Suppe. Die Suppe gelang ihr gut. Lena aß einen halben Topf und entschied, die andere Hälfte für morgen aufzuheben. Aus ihrem Plan nahm sie zwei Hauptgerichte heraus und beschloss, morgen nicht in die Kantine zu gehen.

Nach dem Essen überkam Lena große Müdigkeit, sie wurde apathisch. Sie wollte sich weder rühren noch an etwas denken noch etwas tun. Selbst mit einen Finger zu wackeln war schwer. Aber Lena war sich im Klaren darüber, dass ihr nun die entscheidenden Tage bevorstanden. Wenn schon von der Evakuierung geredet wird, dann wird es auch bald losgehen. Sie musste sich mit dem Packen beeilen. Außerdem war sie gestern Abend bei Jakow Grigorjewitsch gewesen. Sie hatte mit ihm vereinbart, dass er ihr am 6. abends mitteilen würde, ob er ihre Möbel und anderen Sachen kauft, und wenn er sich dazu entschließt, wollten sie das Ganze am Donnerstag, dem 7., erledigen. Er hat an dem Tag frei.

Heute Abend wird Lena zu ihm gehen, ihren kleinen Ofen mitnehmen und alles von ihm erfahren.

Jakow Grigorjewitsch hatte darum gebeten, dass Lena alles, was sie mitnehmen wollte, beiseitelegte und die restlichen Sachen zum Teil in eine Truhe, zum Teil in ein Bündel packe. Und so überwand Lena ihre Apathie, zwang sich, sich zu bewegen, auch wenn ihr das sehr schwerfiel. Danach verspürte Lena einen großen Durst, die Suppe war ziemlich salzig gewesen. Sie fand die Kraft, Wasser zu holen. Lena kochte das Wasser im Teekessel auf und belohnte sich für ihre Mühen mit einem heißen, starken Tee. Lena hat noch viel Arbeit vor sich. Sie muss einen Waschtag abhalten, denn der Großteil der Wäsche, die sie mitnehmen will, ist schmutzig. Dann muss sie weiter stopfen und nähen.

Der 10. Mai. Das war das Datum, mit dem sie nun große Hoffnungen verband. Natürlich beschloss sie nun, sich von der Schule abzumelden. Ja, bald, bald schon wird sie sich von Leningrad verabschieden. Lena hatte gehört, dass bereits Fett ausgegeben werde. »Morgen werden sie wahrscheinlich Zucker ausgeben«, dachte sie, und ihr lief schon das Wasser im Munde zusammen bei dem Gedanken, dass sie bald richtigen Tee mit Konfekt trinken und Brot mit Fett essen würde.

Lena entschied, morgen früh gleich zum Evakopunkt zu laufen, alles in Erfahrung zu bringen, dann mit Jakow Grigorjewitsch handelseinig zu werden, danach zwei Eimer Wasser zu holen, Feuerholz klein zu sägen und ihre Wäsche zu waschen. Am 8. wird sie gegen ein Uhr in die Schule gehen und sich abmelden, dort wird sie auch Nina treffen und mit ihr die weiteren Schritte besprechen.

7. Mai

Lena stand ungefähr um zehn Uhr auf. Zuerst ging sie in ihr Geschäft und erhielt 90 g Sonnenblumenöl. Von dort ging sie zum Evakopunkt. Dort sagte man ihr, sie solle am 10. wiederkommen. Lena ging in die Bäckerei, kaufte 300 g Brot und kehrte nach Hause zurück. Sie hatte sich gerade das Frühstück gemacht, da klopfte es an der Tür: Die Schakt schickte ihr einen Gestellungsbefehl. Das Kriegskommissariat befahl Lena, um elf Uhr vor der Kommission zu erscheinen. Lena aß so schnell, dass die Brotkrümel in alle Richtungen flogen und das Öl auf den Boden und den Mantel tropfte, und machte sich mit dem Befehl zum Kriegskommissariat auf den Weg. Sie zerbrach sich den Kopf darüber, warum sie vorgeladen wurde und was das für eine Kommission sei.

Im Kommissariat erklärte man Lena, sie sei in die Gruppe Lokale Luftabwehr einberufen, und schickten sie ins Nebenzimmer zur Gesundheitsuntersuchung. Lena war so aufgeregt, dass sie kein Wort herausbrachte, als sie nach Namen und Vatersnamen gefragt wurde. Sosehr sie auch versuchte, sich zusammenzureißen, begann sie zu schreien. Die Ärztin versuchte sie zu beruhigen. Sie brauche nicht zu weinen, da sie vielleicht schon allein wegen ihrer Augen für untauglich erklärt werde. Lena antwortete, dass es darum gar nicht gehe, sie könne sich einfach nicht mehr beherrschen. Kurz darauf kam der Augenarzt und nahm Lena als Erste dran. Sie wurde für untauglich erklärt, und man sagte ihr, sie sei frei. Lena ging nach Hause, aß ihr

Brot mit Öl zu Ende, wärmte ihre Suppe auf und aß mit großem Genuss eineinhalb Teller fette, schmackhafte und – was am wichtigsten war – heiße Suppe.

Sie ging zu Jakow Grigorjewitsch, aber man sagte ihr, er sei auf Arbeit. Lena machte sich ans Sockenstopfen. Plötzlich klopfte es. Sie öffnete, und eine junge Frau stand vor ihr, dünn, mittelgroß. Sie trug eine Brille, eine braune Fellmütze mit Ohrenklappen, Stiefel, eine Wattejacke und wattierte Hosen. »Du kennst mich« – sie lächelte. Lena schaute sie an: Das ist doch Werotschka, Wera Miljutina*, Kameradin und Freundin meiner Mutter.

Lena bat sie herein, ließ sie auf der Truhe Platz nehmen und setzte sich neben sie. Wera blieb nicht lange bei Lena, aber in der kurzen Zeit erzählten sie einander sehr viel. Lena berichtete kurz, wie es ihr ergangen war. Wie sie in diesem Winter gelebt hatten, zuerst zu dritt, dann ohne Aka. Dann sei Mama gestorben. Wera verstand Lena sehr gut.

»Du armes Mädchen. Wie viel hast du durchmachen müssen. Aber verzage nicht, jetzt musst du dich nicht mehr lange quälen. Bald fährst du los, unterwegs wird – geb's Gott – alles gut sein, du wirst zu Schenja kommen und ein neues Leben beginnen.«

Lena freute sich sehr, dass sich in ganz Leningrad immerhin ein ihr nahestehender Mensch gefunden hatte, eine Freundin ihrer Mutter.

---

* Wera Miljutina (1903–1987), Leningrader Künstlerin, die gemeinsam mit Mama Lena am Kleinen Opernhaus tätig gewesen war. In der Kriegszeit schuf sie unter anderem Agitationsplakate und fertigte Zeichnungen von den Schäden am Winterpalast an.

Wera fragte besorgt, ob Lena allein fahre, und war beruhigt, als Lena ihr berichtete, sie werde zusammen mit einer Klassenkameradin und Freundin und deren Mutter fahren. Sie fragte: »Wie sieht Ninas Mama aus, ist sie kräftig, nicht geschwächt? Du musst Reisegefährten auswählen, auf die du dich verlassen kannst.« Überhaupt fragte Wera Lena sehr genau und besorgt über alles aus. Ob sie viele Sachen mitnehme. Ob sie noch Geld habe. Ob sie Freunde habe, ob ihr jemand helfe. Sie bat Lena, in den ersten zwei Tagen vorsichtig zu sein und nicht viel zu essen, sich nicht mit irgendeinem Brei den Magen zu verderben.

Anscheinend werden viele Menschen unterwegs krank oder sterben sogar, nur weil sie sich auf das Essen stürzen und sehr viel auf einmal essen, was für den Körper, der durch die lange Mangelernährung ausgezehrt ist, tödliche Folgen haben kann.

»Und auch wenn du übermenschliche Anstrengungen unternehmen musst, aber halte dich zurück, vor allem mit Brot. Denn am Bahnhof bekommst du ein Kilo Brot, und einige essen das noch am selben Tag auf. Tu das nicht. Einer meiner Bekannten ist nur deshalb gestorben, weil er zu viel gegessen hat, er stopfte sich mit Hirsebrei voll und aß zu viel Brot. Halte dich zurück und nimm andere an die Hand. Das wäre doch richtig ärgerlich. Nichts kann dümmer sein als ein solcher Tod. Die Bomben und Granaten und 1000 Tode zu überleben, nur um an einer zu großen Portion Brei zu verrecken.«

Weras Worte prägten sich Lena tief ein. Nein, auf so dumme Weise wollte sie nicht ums Leben kommen, und sie nahm sich fest vor, diesem Rat zu folgen und sich die ersten zwei Tage vor der verführerischen Überfülle an Essen in Acht zu nehmen. Nein, sie wollte nicht an einem Brei sterben. Lena fühlte, dass es qualvoll und schwer werden würde, sich zurückzuhalten. Aber auch diese Hürde wird sie irgendwie überwinden müssen.

Werotschka erzählte, sie arbeite im Moment als Kunstmalerin. Sie habe eine Arbeiterlebensmittelkarte, aber das genüge ihr nicht. Es ist gut, dass sie als Gegenleistung für ihre höllisch schwere Arbeit in einer besonderen Kantine Essen bekommt, auf besondere Marken. Sie fragte, ob von Mama noch Pinsel übrig seien. Lena gab ihr gerne alle Pinsel, Farben und übrigen Gerätschaften von Mama und sagte, ihr sei es viel lieber, wenn diese Sachen nicht irgendeinem Fremden wie Jakow Grigorjewitsch in die Hände gelangten, sondern einem Menschen, für den sie nicht nur Sachen waren, sondern auch eine Erinnerung.

Lena schenkte ihr als Andenken auch die Fotografie von Mama als Gymnasiastin, ihre [...]* und das Buch »Der kleine Kapitän«. Sie verabschiedeten sich sehr herzlich voneinander und vereinbarten, sich morgen wieder zu treffen. Wera versprach, am anderen Tag gegen fünf Uhr vorbeizukommen.

Lena war sehr berührt von der Aufmerksamkeit, die Wera ihr widmete. Sie hatte kein Geld dabei, ließ ihr aber 20 Rubel zurück und teilte mit ihr das kleine Stück Brot, das sie in der Tasche bei sich hatte. Sie versprach Lena zu helfen, wie sie nur konnte.

---

* Wort fehlt.

»Warte morgen auf mich, vielleicht komme ich mit leeren Händen, vielleicht kann ich etwas zu essen mitbringen. Im Notfall teile ich mein Brot mit dir.« Sie küsste Lena herzlich. Dieser Kuss erschien Lena als etwas Magisches. Es wurde ihr gleich wärmer ums Herz.

Der morgige Tag ist es wert, auf ihn zu warten. Erstens ist es ein Tag weniger bis zur Abfahrt, zweitens gibt es wieder ein Treffen mit einem Menschen, der ihr nahesteht, und schließlich die Kantine. Lena beschloss, morgen entweder eine Nährmittelmarke oder eine Fleischmarke zu verwenden, und darüber hinaus werden morgen Zucker und Schokolade ausgegeben. Lena kann 100 g Zucker und 100 g Schokolade erhalten. Aber Lena beschloss, anstelle von Schokolade Konfekt zu nehmen, 50 g Zucker und 50 g Konfekt, das Übrige später. Dann wird sie morgen süßen Tee mit Röstbrot dazu trinken. »Morgen ist schon der 8. Mai«, dache Lena und sah nachdenklich aus dem Fenster.

Heute war es den ganzen Tag bewölkt. Auf der Straße ist es kalt. Gerade hat der Artilleriebeschuss geendet, er war sehr heftig, das Pfeifen der Granaten war direkt über dem Kopf zu hören und die dumpfen Explosionen. Bis zum Abend saß Lena und stopfte Socken.

Adresse von Wera Miljutina: Leningrad, Nischegorodskajastraße, Haus 23a, Wohnung 42.

8. Mai

Lena stand wie immer um acht Uhr auf. Sie ging ins Geschäft und erhielt 50 g Schokolade und 100 g Konfekt, dann kaufte sie Brot, ging nach Hause und veranstaltete ein Gelage. Sie kochte Tee und trank zwei Tassen mit in Fastenöl geröstetem Brot, mit Schokolade und Konfekt dazu. Dann ging sie in die Kantine in der Hoffnung, dort Nina Katoschewa zu treffen, aber sie war nicht da. Lena hatte keinen Einlassschein, und ohne Schein wurde kein Essen ausgegeben, aber Lena erhielt welches, sie wurde gar nicht nach dem Schein gefragt. Lena nahm Hirsebrei, aß ein wenig in der Kantine, nahm den Rest mit nach Hause und übergoss ihn sofort mit Wasser, um eine Suppe zu machen und ihn nicht so zu essen. Dann ging sie in die Schule und meldete sich ab.

(Warwara Pawlowna Scharkowa bat sie, in Gorki bei ihren Bekannten vorbeizuschauen.)

Als sie nach Hause kam, kochte Lena Suppe und aß.

9. Mai 1942

Gestern Abend erlebte Lena viel Interessantes. Sie wartete lange auf Wera Miljutina, die versprochen hatte, um fünf Uhr zu kommen, aber lange Zeit kam sie nicht. Lena wollte schon jede Hoffnung aufgeben, Wera noch zu sehen, als sie doch noch kam, und zwar nicht allein, sondern mit einer Frau, die sie Lena als ihre Bekannte empfahl. Sie kamen gegen sieben Uhr abends. Es rührte Lena sehr, dass Wera ihr in einem Einmachglas etwas Suppe und ein kleines Stückchen Brot mitbrachte, außerdem Briefe und 30 Rubel von Kissa, zehn von Onkel Serjoscha und zehn von ihrem eigenen Geld. Lena dankte ihr von ganzem Herzen. Wera erklärte, dass Lena in ihrer Bekannten eine Käuferin vor sich habe, die einige ihrer Sachen kaufen und mit Brot bezahlen wolle. Die Bekannte war eine sehr angenehme Frau, von mittlerer Statur, ein offensichtlich intelligenter Mensch. Sie fragte zuerst nach der Truhe, ob Lena sie verkaufen könne, sie gebe ihr noch heute 300 g Brot dafür. Lena überlegte und gelangte zu dem Schluss, dass sie über ihre Sachen frei verfügen könne und Jakow Grigorjewitsch sich nicht wegen eines Verkaufs bei ihr beschweren könne, wenn es für sie günstiger sei, es so oder so zu machen, mit einem Wort, sie entschied, ihn in diesem Fall nicht zu berücksichtigen. Deshalb erklärte sie sich einverstanden und legte aus der Truhe all jene Klamotten zurück in die Ecke, die sie am Abend zuvor dort hineingelegt hatte, worauf sie so viel Kraft verwendet hatte.

Und da stellte sich heraus, dass ihre neue Käuferin eine wahre Lumpensammlerin war, man musste nur sehen, mit welcher Freude sie diesen Berg alter Klamotten durchwühlte und für sich Sachen heraussuchte, die Lena überhaupt nichts wert waren. Die Plünderer arbeiteten eifrig den ganzen Abend, und schließlich hatte die eine wie die andere einen großen Haufen Sachen zusammengesucht, zu Lenas großer Verwunderung: Denn Lena hatte geglaubt, dass sie schon alles verkauft hätte, was verkäuflich war. Lena war sehr glücklich, dass viele Sachen nicht an Jakow Grigorjewitsch gingen. Werotschka suchte sich drei Hüte von Aka aus und probierte sie. Sie standen ihr ausgezeichnet. Für Kissa wählte sie eine ganze Menge verschiedener Klamotten aus. Lena gab ihr ihren Orlik zum Andenken, außerdem nahm sie Mamas übrig gebliebene Farben, ihre Faktur und ihre Modellfiguren mit. Am Schluss entschied ihre Bekannte, auch noch den kleinen Bücherschrank zu erwerben, er gefiel ihr sehr, und für diesen »Raub« erhielt Lena das Recht, selbst in eine Bäckerei zu gehen und sich ein halbes Kilo Brot auszuwählen. Das gefiel Lena sehr, und sie ging in die Bäckerei hinter dem Kino »Prawda«. Sie erhielt sehr gutes, trockenes, weiches, luftiges Brot. Auf dem Weg traf sie Olja, die sommerlich angezogen, mit einem großen Brotknust im Mund, die Straße entlangging. Olja fragte Lena, warum sie sie nicht besucht habe, versprach, selbst vorbeizukommen, und bat Lena, ihr etwas zu lesen aufzutreiben. Lena erzählte ihr, dass bald die Evakuierung beginne, ob sie fahren solle oder nicht. Olja erwiderte, sie selbst wolle in diesem Monat nicht fahren, sie habe schon Brot im Voraus gekauft und noch etwas, was Lena nicht ganz verstand.

Lenas Gäste gingen erst spätabends. Mit Werotschka vereinbarte sie, dass diese, wenn möglich, zu ihre käme, andernfalls Lena um sieben Uhr zu ihnen fahren solle. Wera zeichnete Lena genau auf, wie ihre Wohnung zu finden sei. Sie übergab Lena zwei Briefe für Freunde in Gorki und bat sie inständig, sie persönlich vorbeizubringen und über das Leben in Leningrad zu berichten. Sie erwähnte dabei, einige ihrer Bekannten seien einflussreiche Leute; vielleicht könnten sie Lena nützlich sein, ihr bei Bedarf helfen. Sie sagte auch, sie würden sie lieb haben und überhaupt beschützen.

Mit Weras Bekannten vereinbarte Lena, dass sie morgen früh um zehn mit ihrem Mann komme, um die gekauften Sachen abzuholen.

Erschöpft aß Lena ein wenig Brot mit Fastenöl und Salz und legte sich dann schlafen. Sie schlief wie ein Stein. Morgens erwachte sie, machte sich sofort über das Brot her und schaffte es, fast das ganze Brot aufzuessen, bevor ihre neue Bekannte mit ihrem Mann kam. Sie ließ nur ein kleines Stück für die Suppe übrig. Es ist schon erstaunlich, wie trügerisch das Zeitgefühl sein kann. Lena schien es, dass sie entgegen der Vereinbarung zu spät erschienen, erst um elf, und war sehr erstaunt, als sie von ihnen erfuhr, dass es erst neun Uhr morgens sei. Das machte Lena sehr traurig. Ihre neue Bekannte trug mit ihrem Mann die Truhe fort, und beide wollten in einer Stunde wiederkommen, um das Bücherregal zu holen.

Lena versuchte erneut einzuschlafen, aber es gelang ihr nicht, sie versuchte zu lesen, doch auch das ohne Erfolg. Sie konnte nur an eines denken: Da oben auf dem Schrank steht Suppe. Entgegen ihrem Willen stand Lena auf, zündete den Petroleumkocher an und wärmte die unselige Suppe auf, nachdem sie Wasser hineingegossen hatte. Es war eine Hafersuppe mit kleinen Fleischstückchen, und sie war trotz starker Verdünnung so fett und dick, dass zweieinhalb tiefe Teller voll herauskamen. Das Petroleum reichte gerade so für diese Suppe, der Docht begann bereits zu verbrennen.

Was für ein Genuss war es für Lena, eine heiße, leckere Fleischsuppe zu essen.

Danach las sie ein wenig und stand dann wieder gegen ihren Willen auf und zog sich an, um in die Bäckerei zu gehen. Aber als sie gerade die Tür schloss, kam ihre neue Bekannte, um das Bücherregal zu holen. Sie kamen ins Gespräch. Lena erfuhr, dass sie die Frau eines Inspektors war, anscheinend von der Choreografieschule, dass Wera ihr und ihrem Mann ihr Leben verdanke, weil sie sie in die Verpflegungsstation eingewiesen und ihr das Recht auf Verpflegung in der Spezialkantine verschafft hatten, dass sie selbst ihr Leben ihrem Hund verdankten, von dessen Fleisch sie einen ganzen Monat gelebt hatten, dass außerdem auch sie, wie Lena und ihre Mama, sehr viel Tischlerleim zum Essen verwendeten, und noch vieles mehr.

Lena fragte, ob sie ihr einen Berechtigungsschein für eine Kantine beschaffen könnte. Die Bekannte versprach, mit ihrem Mann zu sprechen, und schlug Lena vor, in der Kantine der Choreografieschule zu essen, aber Lena lehnte ab. Sie verstand nun endlich, dass es die Frau des Inspektors dieser Schule war*, dass sie vorübergehend dort wohnten, weil sie ausgebombt waren, dass die ganze Schule evakuiert werde, sobald die Evakuierung beginne, weshalb ihr Mann sicher erfahre, wann sie beginnen werde, und dass am 10. noch keine Evakuierung stattfinde.

---

* Andrei Bartaschewitsch, stellvertretender Abteilungsleiter für Kunstangelegenheiten des Leningrader Stadt-Exekutivkomitees, und seine Frau Marija.

Dann äußerte sie, sie könne es vielleicht mit ihrem Mann so arrangieren, dass Lena mit der Schule evakuiert werde, was für sie besser sei. Überhaupt versprach sie sehr viel, sodass Lena von ihr große Hilfe erwarten kann.

Sie verabredeten, dass sie alles, was sie für Lena in Erfahrung bringen oder einrichten könne, Wera sagen werde. Nachdem sie gegangen war, ging Lena ins Geschäft, erhielt für ihre letzte Marke 50 g Zucker und kaufte Brot. Sie kehrte nach Hause zurück, kochte auf dem Ofen auf einem Feuer aus Sperrholz Tee und trank fünf Tassen süßen, heißen Tee mit Brot dazu. Danach begann sie zu lesen, und nun gelang ihr das Lesen, das Buch erschien ihr hochinteressant. Lena las und aß dabei in kleinen Stückchen Brot, das sie in Zucker tunkte. Als das Brot aufgegessen war, aß Lena auch den restlichen Zucker auf und fühlte sich ihrer Zufriedenheit richtig »satt«!

Lena machte sich nun daran, ihr Kapital zu zählen. Es erwies sich, dass sie 250 Rubel besaß. Lena überlegte, dass sie morgen für das Zimmer für den Monat Mai bezahlen müsse und dass sie bei Sofija vorbeischauen, nach Kefir fragen und, falls möglich, eine Flasche erwerben könne. Danach beschäftigte sie sich noch mit diesem und jenem und erkundigte sich dann nach der Uhrzeit. Lena hatte sich zum zweiten Mal geirrt. Sie hatte geglaubt, dass es mindestens sechs Uhr sein müsste, aber es war noch vor vier.

Lena war müde, sie beschloss erst, sich schlafen zu legen, entschied aber dann anders. Sie wickelte ihre Beine in eine Decke und begann nachzudenken. Lange schaute sie eine Karte an, studierte die bevorstehende Reiseroute in allen Einzelheiten, dachte darüber nach, wie alles wohl gelingen werde, und dass es wirklich das Beste wäre, mit den Balletttänzerinnen zu fahren. Vielleicht würde sie Gelegenheit haben, Galja Tschernojarowa zu treffen.

Wenn der Ehemann dieser Frau so eine wichtige Person ist, könnte er Lena so gut unterbringen wie kein anderer. Wahrscheinlich werden ihnen ein oder mehrere spezielle Eisenbahnwaggons zugeteilt, um das Gepäck wird man sich keine Sorgen machen müssen, das Essen wird einfacher zu bekommen sein, und vor allem wird es mehr Spaß machen, zusammen mit Altersgenossinnen zu fahren. Die Sorge um das Gepäck und das Essen könnte sonst tatsächlich diese besondere Reise überschatten.

Lena war froh, als sie begriff, dass es jetzt nur noch eine Frage der Zeit war. Alle anderen Hindernisse lagen hinter ihr, sie war frei wie ein Vogel. Sie war an nichts mehr gebunden, sie hatte keinerlei Verpflichtungen, sie schuldete niemandem etwas.

Es tut gut zu begreifen, dass man frei ist. Mach den ganzen Tag, was du willst, und warte auf den Tag deiner Abfahrt. Und warten musste sie nicht mehr lange. Auf keinen Fall länger als bis zum 20. Wahrscheinlich bis zum 15. oder 16. Und in diesen letzten Tagen ist sie nicht allein, sie hat Freunde: Wera, Kissa, bei ihnen gehört sie dazu. Nur nicht den Kopf hängen lassen, munter in die Zukunft schauen, und alles wird wunderschön.

10. Mai 42

Gestern zog sich Lena um Punkt sieben Uhr abends an, setzte sich in die Straßenbahn und fuhr zu Wera. Lena fand ihre Wohnung ohne Probleme. Dort nahm man sie sehr herzlich auf und ließ sie neben dem Kanonenofen Platz nehmen. Lena gefiel es bei Wera sehr. Wera lebte mit dem alten Onkel Serjoscha und Kissa in einem zweistöckigen Holzhaus in zwei Eckzimmern im Erdgeschoss. Ein Zimmer hat ein Fenster, das andere zwei. Vor den Fenstern wachsen Bäume und Büsche. Das Haus, in dem Wera wohnt, bildet gemeinsam mit weiteren solchen Häusern einen kleinen Hof, durch den ein kleiner Weg führt, an den Seiten befinden sich Rasenflächen mit Bäumen und Büschen. Hier ist es sehr schön, das passt gar nicht zu den Ruinen der steinernen Häuser ringsum. Wera wohnt nämlich ganz nah beim Finnischen Bahnhof. Die Eisenbahngleise befinden sich gleich hinter dem gegenüberliegenden Haus. Deshalb wurde dieser Ort besonders stark von den Bomben getroffen. Sie galten dem Bahnhof und schlugen rings um ihn herum ein. Obwohl dieser Ort so ruhig und augenscheinlich anziehend ist, ist er in Wirklichkeit schrecklich. Von den benachbarten steinernen Häusern zu beiden Seiten des kleinen Parks ist nur noch ein Haufen Ruinen übrig geblieben. In einem dieser Häuser, die gegenüber ihrer jetzigen Wohnung liegen, lebten Wera und Onkel Serjoscha.

Lena fühlte sich bei ihnen so wohl, dass sie nicht nach Hause wollte und sich entschied, bei ihnen zu übernachten. Sie tranken Tee. Wera gab ihr ein kleines »Bisslein«, wie sie es nannte, Brot und einen Teelöffel Zucker, außerdem gab es Zitronensäure. Dann machten sie Lena das Bett auf einer besonders hohen Truhe. Die Truhe erinnerte Lena an einen Eisenbahnwaggon, sie gefiel ihr sehr. Lena zog sich zufrieden aus, kuschelte sich in die Steppdecke, und im Einschlafen schien es ihr, als liege sie in einem Schlafwagen, sie spürte sogar, wie sie mit dem Bett zusammen irgendwohin fuhr und sanft geschaukelt wurde. Das lag daran, dass Lena an diesem Tag überhaupt leicht schwindlig geworden war. Sie musste die ganze Zeit an die bevorstehende Reise denken, die Eisenbahn war hier ganz nah, man konnte das Pfeifen der Dampflokomotiven hören – das alles zusammen erweckte in ihr die Illusion, dass sie irgendwohin fahre.

Lena schlief nicht besonders ruhig. Direkt über ihrem Kopf hing der Lautsprecher, und das laute Schlagen des Metronoms störte ihren Schlaf. Am Morgen weckte Wera sie auf. Lena wusch sich Gesicht und Hände mit Seife, wie es sich gehört. Dann hackte Wera auf der Türschwelle Holz, Lena holte Brot aus der Bäckerei und half, das Holz ins Zimmer zu schleppen. Kissa kochte währenddessen Tee. Es war herrliches Wetter, der Wind zerriss die Wolken, und der Sonnenschein erleuchtete wieder die Erde. Durch die Fenster war der blaue Himmel zu sehen, die Vöglein zwitscherten, und die Pfiffe der Lokomotiven waren zu hören. Sie lockten, es war, als riefen sie: Auf geht's, los geht's! …

Lena trank zum Frühstück fünf Tassen Tee mit Zitronensäure, mit Brot und Zucker. Kissa bewirtete sie damit. Dann sah sie sich Weras Kinderbücher an. Wie man so sagt: »Jeder Mensch hat seine Passion, seine Leidenschaft.« Kissa zum Beispiel liebt leidenschaftlich Stickvorlagen, Garne und schöne Stoffstücke und sammelt sie. Lena liebt Ansichtskarten, Vögel und andere Tiere. Weras Leidenschaft hingegen sind Kinderbücher, vor allem für die ganz Kleinen. Sie kauft und sammelt diese Bücher und hat sehr viele davon, darunter alte von ihrer Mutter und neue wie zum Beispiel »Vom dummen Mäuslein«, »Das Tierhäuschen« und andere.

Onkel Serjoscha legte sich hin, um sich auszuruhen, Kissa schrieb Briefe, und Wera machte sich an ihre Arbeit. Diese besteht darin, dass Wera die Räume des Winterpalastes abzeichnet, und zwar in dem Zustand, in dem sie sich jetzt befinden, von Bomben und Granaten beschädigt. Zu Hause bearbeitet sie ihre Skizzen. Das ist eine Arbeit von historischer Bedeutung, mit dem Pinsel des Künstlers die Spuren der Verbrechen der faschistischen Schlagetots festzuhalten. Das wird in die Geschichte eingehen. Wera ist überhaupt eine ausgezeichnete Malerin, die Bilder gelingen ihr sehr gut. So waren alle mit ihren Angelegenheiten beschäftigt, und Lena bemerkte bald mit Bedauern, dass das Anschauen der Kinderbücher sie sehr ermüdet. Sie hörte damit auf. Apathie überkam sie, sie wollte kein einziges Körperteil bewegen, die Augen fielen ihr zu, ihr wurde schwindlig, sie war wie benebelt und fühlte sich sehr schlecht. Aber sie bemühte sich, sich nichts anmerken zu lassen. Lena legte die Bücher an ihren Platz zurück, doch als sie durchs Zimmer ging, spürte sie, wie ihre Knie zu zittern begannen. »Was ist mit mir los, ich werde doch nicht krank werden«, dachte sie besorgt. Sie war niedergeschlagen und traurig. Die Sonne verbarg sich, am Himmel zogen Wolken auf, und da heulte auch noch, unheilvoll Alarm verkündend, die Sirene los. Der Alarm dauerte etwa eine Stunde. Als er vorbei war zog Lena sich an, verabschiedete sich von allen und verließ ihr Nachtquartier. Sie ging nach Hause, holte ihr Geschirr und machte sich auf den Weg in die Kantine. Dort stand sie lange in der Warteschlange, ging dann aber doch, ohne gegessen zu haben, denn Erbsbrei, Nudeln und Frikadellen waren schon ausverkauft, es gab nur noch Sojabrei, und auch der ging zur Neige. Es wäre so oder so nicht genug gewesen, außerdem saß dort eine neue Kassiererin, die, wenn man keinen Berechtigungsschein besaß, nichts ausgeteilt hätte. Lena kaufte im Laden 60 g Erbsen und kochte sich zu Hause Brei. Es wurde weder Brei noch Suppe daraus, sondern irgendetwas Undefinierbares. Aber jedenfalls quollen die Erbsen auf, wurden weich, körnig und ließen sich lange kauen. Lena aß je drei Erbsen auf einmal, und dieser Genuss reichte ihr für den ganzen Abend. Völlig entkräftet ging Lena früh zu Bett. Am Abend gab es noch einmal Fliegeralarm, aber er dauerte nur kurz. Direkt vor dem Sonnenuntergang lugte die Sonne noch einmal zwischen den Wolken hervor und erhellte das traurige geplünderte Zimmer, die übrig gebliebenen Sachen und Bücher und in der Mitte das volle Nachtgeschirr. Lena fehlten die Kräfte, den Eimer mit dem Kot nach unten zu tragen. Heute verlief Lenas Tag traurig und kummervoll. »Morgen wird etwas geschehen«, dachte sie beim Einschlafen.

11. Mai

Lena wachte ungefähr um zwölf Uhr mittags auf. Sie verließ das Haus kurz nach [...]*. Sie beschloss, zuerst zum Evakopunkt zu gehen. Der Gedanke, die Anmeldung für die Evakuierung könnte schon begonnen haben, beunruhigte sie sehr. Es war warm, die Sonne schien, aber der Evakopunkt war noch immer wie leergefegt. Lena fragte den Diensthabenden am Eingang, ob es Nachrichten bezüglich der Evakuierung gebe, aber man antwortete ihr: keinesfalls vor dem 15. Lena verließ sofort der Mut, und auch die Sonne, der blaue Himmel und die Wärme hörten sofort auf, sie zu erfreuen.

Sie ging zu Marija Fjodorowna Bartaschewitsch. Sie hatte Glück. Sie traf sie auf der Treppe, als sie mit einem Topf voller Nudeln aus der Kantine zurückkam. Sie nahm Lena mit sich aufs Zimmer. Sie gingen lange Gänge entlang, bogen mal nach rechts, mal nach links ab, Lena hätte es nie allein gefunden. Schließlich kamen sie in das Zimmer. Lena erblickte auf dem Bett zwei ihrer Kissen, sauber, gewaschen, mit an die Ecken genähten Bändern, sie sahen gut aus. Dort stand auch der Bücherschrank, auf den Einlegeböden lagen bestickte Deckchen, und schönes Porzellan-

* Angabe fehlt.

geschirr stand wie […]*, darunter Akas blaue Zuckerdose.

In Marija Fjodorownas Zimmer war es sehr gemütlich und warm. Spiegelschrank, Klavier, Schreibtisch, viele Bücher, ein Teppich auf dem Boden. Marija Fjodorowna gab Lena einige Gürtel und sagte, dass ihr Mann ihr erlaube, in die hiesige Kantine zu kommen, wenn sie wolle. Lena dankte ihr sehr. Zusammen gingen sie zur Kantine. Marija Fjodorowna stellte Lena der Büffetiere vor und sagte ihr, dieses Mädchen werde in der nächsten Zeit hier in der Kantine Essen für Bartaschewitsch holen. Dann zeigte sie ihr, wie man ohne Berechtigungsschein in die Kantine kommt, unterschrieb einen Berechtigungsschein, bat Lena, Wera, Kissa und Onkel Serjoscha zu grüßen und, wenn sie sie sehe, Wera auszurichten, dass sie sie gerne besuchen kommen möge. Sie sagte, Lena solle, wenn nötig, zu ihr kommen, und ging dann fort. Lena blieb in der Warteschlange stehen, die Schlange war kurz, nur etwa sieben Personen. Lena sah sich um. Sie befand sich in einem kleinen, sauberen Raum mit zwei Fenstern. Auf der einen Seite des Raumes, an den Fenstern, standen vier mit sauberen Wachstischdecken gedeckte Tische. Auf den Tischen standen Vasen mit Blumen, auch auf den Fensterbänken standen Blumen, an den Fenstern hingen saubere weiße Vorhänge. Auf der anderen Seite des Raumes stand ein hübsches, sauberes Mädchen in einem weißen Kittel, sie trug ein rotes Barett. Sie war auf drei Seiten von Tischen umgeben, hinter ihr stand

* Text fehlt.

ein Schrank. Alles hier war ungewöhnlich sauber und adrett. Suppe, Brei, Nudeln – alles befand sich in vor Sauberkeit blitzenden Zinkeimern, die mit Deckeln verschlossen waren. Das Mädchen arbeitete sehr genau und präzise. Es gab dicken und sauberen Hirsebrei, die Portion 250 g, Nudeln, die Portion 200 g, und Suppe, ziemlich dick, mit Weizengrütze und Nudeln. Außerdem gab es Bockwürste. Lena nahm Hirsebrei. Unterwegs kaufte sie Brot, zu Hause aß sie Brei mit Brot, das machte sehr satt. Danach zählte sie ihre Marken. Es stellte sich heraus, dass sie täglich 40 g Nährmittel ausgeben und zweimal Fleisch nehmen konnte. Das galt bis zum 15. Mai. Danach ging Lena Wasser holen und […]*

16/V 42

(Vom 15. Mai.) Nun ist das Wetter wunderschön geworden, die Sonne scheint, es ist warm, 16 Grad im Schatten. Das Gras wird ganz grün, die Knospen schwellen. Der Frühling ist auf seinem Höhepunkt. Aber der Deutsche schläft nicht. Jeden Tag gibt es Artilleriebeschuss und mehrere Luftangriffe.

Auch jetzt liegen wir unter furchtbarem Artilleriebeschuss. Lena war den Newski-Prospekt entlanggegangen. Sie wollte ihre für 90 Rubel gekauften 200 g Brot in Nährmittel eintauschen. Sobald der Beschuss begann, überquerte Lena die Straße und verbarg sich

---

* Text bricht ab.

in den Gräben auf dem Katharinenplatz. Pfeifend flogen ohne Unterbrechung die Granaten über ihren Kopf hinweg. Pausenlos krachten die Explosionen. Es war sogar ziemlich schrecklich. Selbst die Vögel, die noch immer weitergezwitschert hatten, verstummten. In einer stillen Minute blickte Lena aus ihrem Unterstand hinaus und war ganz überrascht von dem Bild, das sich ihr bot. Es ist erstaunlich, wie sehr sich die Menschen daran gewöhnt haben, dass ihr Leben in jeder Minute in Gefahr ist. Als ob niemand den Beschuss auch nur bemerkt hätte, fuhren die Straßenbahnen, Autos eilten dahin, Leute gingen ihrer Wege, andere saßen ruhig auf den Bänken. Ein jeder war mit seinen Angelegenheiten beschäftigt, und Lena war es mit einem Mal irgendwie peinlich. Vielleicht glauben die Leute noch, sie ticke nicht ganz richtig, dass sie sich im Graben verkrochen hatte. Und so ging sie nach Hause. Der Beschuss ließ übrigens nach und endete schließlich ganz.

Die Sonne ließ sich heute den ganzen Tag nicht blicken, aber es war warm, sogar schwül. Lena übernachtete wieder bei Wera. Wera und Kissa hatten beschlossen, heute länger zu schlafen, aber Lena hielt es nicht im Bett. Wie auch, wo ihr doch Kissa gestern Abend eine solche Freude bereitet hatte.

Lena war erst am Abend zu ihnen gekommen. Kissa fragte sie, wie es um ihre Evakuierungserfolge stehe. Lena berichtete ihr traurig, dass die Evakuierung erst nach dem 20. beginnen werde, dass man sich erst ab dem 18. anmelden könne, dass aber zuerst nur Personen mit vorübergehender Aufenthaltsgenehmigung,

Kriegsversehrte und Frauen mit Kindern unter zwölf Jahren angemeldet würden.

Da sagte Kissa zu ihr: »Nun, siehst du, Lenka, du bist aber mit uns schon angemeldet, und auch den Antrag habe ich in deinem Namen schon abgegeben.« Und sie erklärte alles genau. Wie sich herausstellte, war sie heute in aller Eile in den Evakopunkt versetzt worden. Sie schrieb in Lenas Namen den Antrag und trug Lena als sechzigste in die Liste ein. Jetzt muss Lena nicht mehr hin und her rennen, sich Sorgen machen und sich jeden Tag ins Institut für Kühltechnik schleppen. Jetzt muss Lena nur noch ihre Sachen packen und den Beginn der Evakuierung abwarten. Sie soll am 20. beginnen, und Lena wird gleich in den ersten Tagen wegfahren. Jetzt ist verständlich, warum Lena so früh aufstand. Sie wusch sich sorgfältig und begann zu stricken. Sie merkte nicht, wie die Zeit verging. Schließlich standen alle auf. Lena ging Brot holen. Das Brot war ganz feucht, aber Lena machte daraus hervorragenden Toast, richtig ein Genuss! Sie tranken Tee. Onkel Serjoscha bewirtete Lena mit Sülze, Wera gab ihr ein Stückchen Fleisch. Dann diktierte Kissa Lena das Antragsschreiben, und danach strickte Lena wieder. Diese Beschäftigung machte ihr Spaß. Lena plante, um halb zwölf aus dem Haus zu gehen, um zur Essenszeit in der Kantine zu sein, aber es kam anders. Um elf Uhr begann ein Fliegeralarm, der bis 12 Uhr 25 dauerte. Und obwohl Lena sich sofort auf den Weg machte, als der Alarm beendet war, und obwohl sie mit der Straßenbahn fuhr und bald ankam, kam sie zu spät. In der Kantine gab es natürlich nichts mehr.

Lena besuchte Marija Fjodorowna und erfreute sie mit ihrer Nachricht. Danach eilte sie in die Kantine an der Prawdastraße, stand dort zwei Stunden in der Schlange und erhielt schließlich Erbsbrei und Brägen. Der Brei war dick und gut, der Brägen sehr fett, lecker, sättigend. Nicht umsonst wird eine Marke für 50 g Fleisch abgeschnitten, und man bekommt nur 30 g dafür. In der Kantine traf Lena Nina Katoschewa und erfuhr von ihr, dass die Schule erst am 20. beginnt, dass es noch immer keine Verpflegung gibt und diese frühestens ab dem 18. beginnen soll. Lena hatte also nichts eingebüßt, als sie sich von der Schule abmeldete, im Gegenteil, sie hatte den Vorteil, völlig frei zu sein, Nina hingegen gehört zur Gruppe Lokale Luftabwehr. Nach der Kantine bezahlte Lena die Miete für ihre Wohnung für den Monat Mai und setzte danach das Stricken fort. Um sechs Uhr am Abend ging sie zur Schakt und erhielt dort eine Bescheinigung, dass sie keinerlei Schulden habe und dass die Schakt keine Einwände gegen ihre Evakuierung erhebe. Es war die einzige Bescheinigung, die eine Angehörige beim Evakopunkt vorlegen muss.

Abends fuhr Lena, wie stets in den letzten Tagen, zu ihrem neuen Wohnort und genoss unterwegs die Vorfreude auf heißen Tee mit geröstetem Brot mit Öl. Es war bewölkt, Regen tröpfelte herab. Wie immer um diese Zeit, musste sie lange auf die Straßenbahn warten. Schließlich kamen gleich zwei hintereinander, die erste war überfüllt, die zweite nur voll. Lena gelang es, sich hineinzuzwängen, und so gelangte sie glücklich zum

Finnischen Bahnhof. Als sie über die Brücke fuhren, erfreute sich Lena zum wiederholten Mal an der schönen Newa. Welche Weite, welche Breite und welch schöne Farben des Sonnenuntergangs, und vor diesem Hintergrund die Silhouette der Peter-und-Paul-Festung. Das Wasser war spiegelglatt, und die Kriegsschiffe, die am Ufer lagen, wie auch die Häuser am gegenüberliegenden Flussufer – alles spiegelte sich genauestens im Wasser. Lena konnte sich von diesem Anblick nicht losreißen. Denn bald wird sie wegfahren, und nun, da sie die Möglichkeit hat, die schöne Newa jeden Tag zweimal zu sehen, wollte sie sich dieses Bild genau einprägen. Wer weiß, wann sie sie wiedersehen wird, vielleicht erst nach vielen Jahren.

Wera hatte Gäste. Ein befreundeter Künstler mit seiner Frau. Sie haben eben erst die Verpflegungsstation verlassen und werden nun besonders verpflegt. Man hat sie beide vor dem Tode errettet, indem man sie dort einwies. Sie konnten vor Schwäche schon nicht mehr gehen, seine Frau hat neben einer Dystrophie zweiten Grades auch Skorbut. Aber jetzt geht es ihnen schon besser, und sie planen, ebenfalls wegzufahren, um den 25. bis 27. herum. Sie wollen nach Rybinsk fahren und sind gekommen, um Kissa zu bitten, ihnen dabei zu helfen.

Lena nahm an, dass sie höchstwahrscheinlich Reisegefährten sein würden. Kissa versprach, alles so einzurichten, dass man sie gemeinsam, zu dritt, evakuieren würde.

Das kleine Stück Röstbrot, das Lena vom Frühstück übrig gelassen hatte, erwies sich als zu klein, und Lena ging hungrig und unglücklich zu Bett, mit dem festen Vorsatz, morgen um sechs Uhr in der Bäckerei Brot zu holen. Aber sie schlief bis sieben Uhr und war gar nicht so hungrig, dass sie ungeduldig wurde. Sie ging um halb neun in die Bäckerei. Um neun tranken sie zu dritt Tee. Wera gab Lena zwei Löffel Buchweizenbrei, und von Kissa erhielt sie etwas rohes Fleisch – es war nämlich gerade Fleischausgabe gewesen, und Kissa hatte am Morgen für sich und Wera hervorragendes Hammelfleisch ergattert. Kissa aß genau wie Lena mit großem Appetit das rohe Fleisch. Lena bestrich ihr Brot anstelle von Butter mit dünnem Buchweizenbrei, aber als sie zu Ende gefrühstückt hatten, spürte Lena, dass sie ganz und gar nicht satt war. Daher aß sie gleich auch das Stück Brot, das sie sich für das Abendessen aufheben wollte. Lena hatte es eilig aufzubrechen, denn sie fürchtete, es könnte erneut Fliegeralarm geben, und sie könnte wieder zu spät in die Kantine kommen. Es gab zwar keinen Alarm, aber die Kantine hatte geschlossen, sodass Lena in der Prawdastraße ihr Essen bekam. Sie nahm Weizenbrei und Suppe. Zu Hause vermengte sie alles, goss mit Wasser auf und erhielt so einen ganzen Topf Suppe. Das ergab zwei Schüsseln Suppe und eine Portion Hauptgericht (den Weizenbrei mit dem Bodensatz der Soja-Erbsen-Suppe). Außerdem hob sie in einem Einmachglas Suppe für den Abend auf. Jetzt fühlte sie sich satt. Lena begann wieder zu stricken und bemerkte gar nicht, wie die Zeit verging. Um fünf Uhr nahm der Rundfunk den Sendebetrieb wieder auf.

Danach begann Artilleriebeschuss. Draußen krachten die Explosionen, und im Radio sangen kleine Jungen. Sie hatten dieses Konzert für die Soldaten organisiert, für ihre Verteidiger. Wie bewegend ihre hellen und immer wieder abreißenden Stimmchen waren! Die Kinder sangen, rezitierten Gedichte, spielten auf dem Klavier und auf der Geige. Und draußen donnerten die Geschütze. Das sind die Deutschen, die uns und diese kleinen Interpreten, die sich von ganzem Herzen vor dem Mikrofon abmühten, vernichten wollen. Dies alles machte auf Lena tiefen Eindruck. Und noch ein weiterer Umstand ließ Lena auf ihre Heimat und deren Menschen stolz sein. Das war die Geschichte von den fünf Seeleuten der Ostseeflotte*. Sie nahmen den Kampf mit einer Übermacht von faschistischen Panzern auf und kämpften bis zur letzten Patrone. Sie hielten den Vorstoß der stählernen Ungetüme auf, aber die Kräfte waren zu ungleich, und die fünf Tapferen verstanden bald, dass sie nicht mehr lange zu leben hatten. Und da verabschiedeten sie sich voneinander, umarmten sich ein letztes Mal, küssten einander. Sie warfen sich einer nach dem anderen, mit Granaten umgürtet, unter die stählernen Ketten der Panzer und sprengten sich mit den Panzern in die Luft. Sie fielen, die Kühnen, aber die Panzer kamen nicht durch. Das Vaterland wird ihre Namen niemals vergessen. Sie werden in die Geschichte eingehen, alle Völker unseres Vaterlandes werden Lieder, Heldenepen und Erzählungen über sie verfassen. Ruhm solchen Menschen.

---

* »Die Heldentat der fünf Seeleute« in der *Leningradskaja Prawda* vom 17. Mai 1942.

Das Schicksal warf sie, die fünf Kühnen,
Gegen Panzer – übermächt'ger Feind.
Stark ist der Feind, der Tod droht ihnen,
Doch sind die Tapf'ren fest vereint.
Sterben werden sie noch nicht,
Fehlt auch der Hand die Kraft für Taten,
Erfüllen sie noch ihre Pflicht,
Am Gürtel tragen sie Granaten.
Verletzt sind sie, verströmen Blut*

18. Mai

Heute ist es besonders schwül und heiß. Am Himmel kriechen schwere, bleierne Wolken, wahrscheinlich wird es ein Gewitter oder wenigstens Regen geben. Ein echter Sommertag. Die Bäume und Büsche sind ergrünt. In den Parks, auf den Rasenflächen ist das junge Gras kräftig gewachsen. Die Leningrader fahren schon vor die Stadt, um Brennnesseln und Sauerampfer zu sammeln. Lena lebt an diesem Tag gut. Morgens gehst du Brot holen, die Vöglein singen, die Bäume werden grün, die Züge rattern, die Straßenbahnen bimmeln, am Himmel brummt ein Flugzeug. Gut lebt es sich in der weiten Welt. Nur schade, dass Mama es nicht geschafft hat, bis zu diesen wunderbaren Tagen zu überleben, dabei wollte sie doch so sehr das erste Frühlingsgrün erblicken.

* Text bricht ab.

Wera sagte zu Lena: »Lenka, was für ein Glück du doch hast. Du wirst die Wolga sehen, in einer so wunderschönen Zeit machst du dich auf eine weite Reise. Du beginnst dein Leben völlig von Neuem. Denk nur, deine Zukunft liegt ganz in deinen Händen. Das ist doch spannend.« Ja, Lena hat Glück, das stimmt, aber um ihr Glück ganz zu genießen, fehlt ihr nur eines: genug zu essen. Wenn sie nur etwas mehr zu essen hätte, wäre die Welt noch schöner. Auch wenn du dich glücklich fühlst, ist dir doch wehmütig ums Herz, und diese Wehmut vergiftet jeden Genuss.

Wehmut… Lena kann den Tag kaum erwarten, an dem sie am Bahnhof zwei Kilo Brot, Brei und Suppe erhalten*, sich in den Zug setzen und von Leningrad Abschied nehmen wird.

Zum Frühstück hatte Lena heute Tee mit Konfekt. Kissa und Wera erhielten die Arbeiterrationen, je 100 g Schokolade und 200 g Konfekt. Jede gab Lena ein Stück Konfekt und ein Stückchen Schokolade. Dank dem Teller Suppe, den Lena am Abend zuvor gegessen hatte, fühlte sie sich, nachdem sie Brot gegessen hatte, satt und hob für den Abend ein ordentliches Stück Brot auf. Doch bevor sie die Wohnung verlassen wollte, konnte sie sich nicht beherrschen und aß das ganze Brot auf. Nur ein klitzekleines Stückchen Brot und einige Schokoladenkrümel blieben übrig. Nein,

---

* Die Evakuierten gaben bei der Abreise am Wohn- oder Arbeitsort ihre Karten für Lebensmittel und Gebrauchsgüter ab und erhielten spezielle Marken für die Reise. Die Normen der Verpflegung wechselten.

sosehr du auch mit dir ringst, sosehr du dich auch belügst, die Wahrheit ist und bleibt: Lena ist die ganze Zeit halb verhungert.

Ich pfeife auf morgen, wenigstens heute will ich satt werden, sagte sich Lena und nahm in der Kantine zwei Portionen Weizenbrei. Vier Marken musste sie dafür hergeben. Lena aß in der Kantine nur einen Löffel heißen Brei, den Rest trug sie nach Hause, was ihr nur selten gelang, goss ihn mit Wasser auf und kochte Suppe daraus. Sie gelang hervorragend, dick und köstlich. Lena aß zwei Schüsseln Suppe und dann den Bodensatz als Brei, und doch verspürte sie nicht die Zufriedenheit, die von richtigem Sattsein kommt. Wenn sie nach dieser Suppe noch eine Portion heißen Brei äße, wäre sie wahrscheinlich satt. Und so war es passiert, dass ihr Magen voll war, sie aber dennoch weiteressen wollte. Mit Freuden hätte sie noch etwas gegessen.

Morgen ist der 19. Kissa sagte, sie würde sich nach dem Stand der Evakuierung erkundigen. Sie versprach, alles zu versuchen, dass Lena gleich in den ersten Tagen fahren könne.

In dieser Nacht gab es Fliegeralarm. Die Flak schoss so heftig, dass das ganze Haus erzitterte und die Scheiben klirrten. Lena sah aus dem Fenster, die zahllosen blauen Fühler der Suchscheinwerfer suchten den Himmel ab, und flammende Blitze erhellten ihn im Minutentakt. Wann der Alarm abgeblasen wurde? Lena bekam es nicht mit, sie drehte sich auf die andere Seite, sagte sich: »Sollen sie mich doch umbringen« und schlief weiter. Am Abend gab es ein Gewitter mit einem schrecklich starken Wolkenbruch, und noch später begann Artilleriefeuer. Wer auch immer schoss, die Unsrigen oder die Deutschen, die Geschütze feuerten so laut und in solcher Nähe, dass das ganze Haus bebte und die Fensterscheiben klirrten. Lena dachte zuerst, dass unsere Flak feuerte, aber in diesem Moment wurde über das Radio verkündet, dass die Stadt von Artillerie beschossen werde.

22. Mai

Gestern erlebte Lena ein spannendes Abenteuer. Sie verließ Weras Haus um neun Uhr und wartete sehr lange auf die Straßenbahn. Als diese endlich kam, war sie gestopft voll, ebenso die zweite, und da entschied sich Lena, in die andere Richtung zu fahren. »Es ist egal«, dachte sie. »Ich habe es nicht eilig, ich werde bis zur Endstation gondeln und dann in Ruhe nach Hause fahren.« Nach der Hälfte des Weges erfuhr sie aber, dass die Bahn ins Depot fahre. Lena sprang sofort hinaus und wartete auf die Bahn in die Gegenrichtung, aber diese kam nicht. Sie musste zu Fuß gehen. Allein bis zu Wera musste sie vom Ersten-Murinski-Prospekt viereinhalb Kilometer laufen. Und das, nachdem sie am Vortag außer 300 g Brot am Morgen und zwei schwarzen Stücken Zwieback, die ihr Wera am Abend zum Tee gegeben hatte, nichts gegessen hatte. Aber es war nichts zu machen. Lena machte sich auf den Weg. Doch sie ging nicht, sie flog schnell dahin, ganz schnell. Zuerst weinte sie und dachte nur darüber nach, wie sie möglichst schnell den Lesnoi-Prospekt entlanggehen könnte. Sie ging sogar mit geschlossenen Augen, um nicht sehen zu müssen, wie viel sie noch zurückzulegen hatte. Aber ihre Umgebung brachte sie allmählich dazu, ihr Leid zu vergessen. Es war ein wunderschöner Frühlingsabend. Es roch nach frischem Grün. Der Duft war außerordentlich angenehm. Es wehte ein warmer Windhauch. Die Büsche am Straßenrand hatten frische, klebrige Blätter ausgetrieben, hinter den Büschen zogen sich bis zum Bahndamm die gepflügten Beete der Gemüsegärten hin. Ringsumher war es weit und still. Im Gehen genoss Lena diesen Frühlingsabend, atmete den wunderbaren Duft, den wohlriechenden Frühlingsduft, und bemerkte gar nicht, wie sie zur Eisenbahnbrücke gelangt war. Dort erblickte sie am Fußweg einen schnaufenden Lastkraftwagen, an dem der Fahrer herumhantierte. Nach langem Bitten willigte der Fahrer ein, Lena für eine Schachtel Streichhölzer und den Fünfer, den Wera ihr gegeben hatte, zum Finnischen Bahnhof zu bringen.

Dann kam noch eine Frau hinzu, die er für das Stück Brot mitnahm, das sie bei sich trug. Sie musste zu den »Fünf Ecken«, und sie vereinbarten mit dem Fahrer, dass er sie bis zur Ecke Liteini-Prospekt und Nekrassowastraße bringen würde. Die Reisegefährtin kletterte auf die Ladefläche, Lena dagegen setzte sich neben den Fahrer, im Führerhaus war es warm und gemütlich. Sie jagten dahin wie die Verrückten, die Straße war wie leergefegt. Nur selten überholten sie einzelne Fußgänger. Lena erklärte unterwegs, dass sie auch zu den Fünf Ecken müsse, und bat, sie möglichst nah abzusetzen, er willigte ein. Als sie über die Newa fuhren, überlegte er es sich anders, fuhr nicht mehr den Liteini-Prospekt entlang, sondern bog in die zweite Querstraße ab. Er sagte, seine Garage befände sich am Marstallplatz. Er fahre nun die Fontanka entlang, an Sommergarten und Marsfeld vorbei, und schlug ihnen vor, dort auszusteigen. Lena war einverstanden, aber die andere Frau stieg sofort aus und ging den Liteini-Prospekt entlang. Für Lena war das natürlich von Vorteil, er brachte sie bis zur Ecke Marsfeld und Michailowski-Park. Lena dankte ihrem Retter und stürmte in größter Eile nach Hause, die Sadowaja entlang, an der Alexandrinka* vorbei, durch die Rossistraße und die Tschernyschewgasse. Überall war es menschenleer, nur die lauten Schritte einsamer Passanten auf dem Gehsteig waren zu hören. Die »Internationale« war schon lange im Radio verklungen, als Lena zu Hause anlangte. Sie schaffte es kaum die Treppen hinauf in die vierte Etage, schloss ihr Zimmer auf, zog sich aus und fiel ins Bett, wo sie sofort tief und fest einschlief. Sie schlief wie ein Stein und erwachte erst um halb zwölf. Sie stand auf und eilte in die Choreografieschule, um ihr Mittagessen zu holen. Unterwegs kaufte sie sich ihr Brot. Ausgerechnet da begann ein schrecklicher Artilleriebeschuss. Die Geschosse flogen eins nach dem anderen über ihren Kopf hinweg und explodierten irgendwo auf der anderen Seite der Newa. In der Kantine traf sie Marija Fjodorowna und berichtete ihr über Weras Gesundheit, dass man ihr gestern Bakteriophagen gebracht habe, dass sie schrecklich geschwächt und ganz verzweifelt sei, dass

* Das Alexandra-Theater.

sie nicht zur Arbeit kommen könne und so weiter. Marija Fjodorowna bat sie, Wera, Kissa und Onkel Serjoscha herzliche Grüße auszurichten. Lena bat sie um einen Rubel, denn sie hatte nicht genug Geld mit. Sie kaufte eine Portion Nudeln und 50 g Fleisch.

Um diese Zeit endete auch der Artilleriebeschuss, und Lena fuhr zu Wera.

Onkel Serjoscha war gerade dabei, den Ofen anzuheizen, um sich das Mittagessen aufzuwärmen, und Lena briet in dem Fett, das Wera ihr gegeben hatte, ihre Nudeln und aß sie mit Genuss. Danach trank sie zwei Becher heißen Tee mit Brot dazu. Es war inzwischen halb drei. Onkel Serjoscha ging zum Arzt, Werotschka schlief ein, und Lena sah die Bücher durch und wählte die aus, die sie lesen wollte. Danach wusch sie ein wenig Wäsche. Als Onkel Serjoscha zurückgekehrt war, holte Lena Wasser und half ihm, aus der Scheune Holz zu holen. Während sie zur Scheune ging, überkam sie der starke Wunsch, endlich wegzufahren. Es war warm, aber regnerisch. Ein feiner Nieselregen ging hernieder. Es roch nach Frühling. Es war warm, die Vögel zwitscherten. Rundherum junges Grün: an den Bäumen und Büschen und auf der Erde. Lena fühlte sich in diesen Minuten so wohl, und als der Pfiff einer Dampflok ertönte, ging es ihr noch besser. Genau bei einem solchen Regenwetter wollte sie sich in den Eisenbahnwaggon setzen und fort fahren, ganz weit fort.

Als sie mit dem Feuerholz fertig waren, machte Lena es sich auf dem Sofa zu Weras Füßen gemütlich, schaute Bücher an, hörte Radio und unterhielt sich mit Wera. Dann kam Kissa. Lena erfuhr von ihr, ihr Vorgesetzter habe gesagt, dass am 25. Mai der erste Transport abgehe und dass sie heute damit beschäftigt gewesen sei, die abgegebenen Anträge nach vier Gruppen zu sortieren. Die erste südliche, die zweite südliche, dann die erste östliche und die zweite östliche. Lena sowie Boris Beloserow und seine Frau Nina* gehörten gemeinsam zur zweiten östlichen Gruppe. Über diese Nachricht freute Lena sich sehr, das heißt, die Evakuierung wird am 25. Mai und nicht irgendwann im Juni beginnen, wie man hätte annehmen können. Lena trank Tee mit geröstetem Schwarzbrot, verabschiedete sich und fuhr nach Hause. Sie war fröhlich und fühlte sich gut. Morgen war ja schon der 23. Morgen würde, wie Kissa sagte, Genaueres über die Evakuierung bekannt werden, denn heute hatte sich ihr Vorgesetzter eigens auf den Weg gemacht, um sich zu erkundigen.

[25. Mai]

Heute ist schon der 25. Mai. In einigen Tagen werde ich fahren. Heute geht der erste Transport ab. Kissa sagte, es sei nicht ausgeschlossen, dass ich morgen oder übermorgen fahre. Aber ich bin schon so schwach, dass es mir egal ist. Mein Hirn reagiert auf gar nichts mehr, ich lebe wie im Halbschlaf. Mit jedem Tag werde ich immer schwächer, die letzten Reste meiner Kräfte versiegen mit jeder Stunde. Völlige Antriebslosigkeit. Selbst die Nachricht von der baldigen Abfahrt beeindruckt

* Wahrscheinlich die Leute, die Kissa ebenfalls unterbringen wollte.

mich nicht im Geringsten. Ehrlich gesagt ist das schon lächerlich, denn ich bin ja nicht behindert, weder Greis noch Greisin, ich bin doch ein junges Mädchen, das noch alles vor sich hat. Ich bin doch glücklich, denn ich kann bald weg von hier. Aber wenn ich mich so anschaue, wie sehe ich bloß inzwischen aus. Mein Blick ist gleichgültig und traurig, ich gehe wie ein Behinderter dritten Grades, kann kaum humpeln, schon drei Treppenstufen hinaufzugehen ist schwer. Und ich denke mir das nicht aus und übertreibe nicht, ich erkenne mich selbst nicht wieder. Lachen unter Tränen. Früher, so vor einem Monat, kam es vor, dass ich am Tage starken Hunger verspürte, und dann entwickelte ich genug Energie, um etwas zu ergattern. Für einen zusätzlichen Bissen Brot oder etwas anderes Essbares war ich bereit, bis zum Rand der Welt zu gehen, aber jetzt fühle ich kaum noch den Hunger, ich fühle gar nichts mehr. Ich habe mich schon daran gewöhnt, aber warum werde ich mit jedem Tag immer schwächer? Kann der Mensch wirklich nicht nur von Brot leben? Seltsam.

Heute stand ich früh auf. Ich kaufte Brot, kam »nach Hause«. Kissa hatte schon den Samowar angeheizt. Onkel Serjoscha schlief noch. Ich, Wera und Kissa setzten uns und tranken Tee. Es tut gut, am runden Tisch zu sitzen, der Samowar dampft, ein riesiger Strauß grüner Zweige und ein Sträußchen weißer Blumen erfreuen das Auge. Gleich nach dem Tee verließ ich sie, deshalb blieb mir ein kleines Stück Brot. Ich nahm in einem kleinen Koffer das Stück Brot, mein Strickzeug und das Buch »Geheimnisvolle Strahlen« von

A. Tolstoi* mit. Lena fuhr mit der zweiten Straßenbahn bis zum »Prawda«-Kino. Sie ging in den kleinen Park und begann zu lesen.

Ringsum grünte es, die Vögel flogen umher, bauten sich Nester, die kleinen Jungen tobten und schrien. Sehr gut. Danach ging Lena in die Kantine und erhielt für die letzten zwei Marken der Nährmittel-Lebensmittelkarte einen Erbsbrei in die runde Blechdose. Sie ging hinaus, setzte sich am kleinen Park auf den Zaun und begann langsam den wohlschmeckenden heißen Brei zu essen. Seltsam, früher hat man aus Erbsen nie Brei gekocht. Es gab Erbsensuppe, aber Erbsbrei gab es in keiner einzigen Kantine, und auch Hausfrauen haben keinen Erbsbrei gemacht. Früher konnte man in jeden beliebigen Lebensmittelladen gehen, Erbsen gab es immer, und billig waren sie auch. Denn sie sind so sättigend, kauf dir zwei Kilo, und koch dir einen Brei, bis du platzt. In Zukunft werde ich mir unbedingt zum Mittagessen Erbsbrei machen.

Nachdem sie den Erbsbrei gegessen hatte, machte sich Lena auf den direkten Heimweg durch die Hinterhöfe und bemerkte auf einem Müllhaufen üppiges junges Grün. Lena bückte sich, es waren ganz junge Brennnesselsprößlinge. Drei Fingerbreit hoch, mit drei klitzekleinen Blättchen dran. Lena pflückte von diesen Brennnesseln ein Säcklein voll, ging nach Hause, legte sie in einen kleinen Topf, und siehe da: Der Topf wurde

---

* *Giperboloid inschenera Garina* (1927), utopischer Roman von Alexei Graf Tolstoi (1883–1945).

voll. Sie ging zu Tante Sascha und fragte sie, wie man Brennnesselsuppe macht. Tante Sascha kochte gerade selbst so eine Suppe. Es geht ganz leicht. Man muss die Blätter zuerst abbrühen und dann klein hacken und kochen. Lena beschloss, heute Abend »zu Hause« Brennnesselsuppe mit Fleisch zuzubereiten.

Nachwort und historische Einordnung

*Von Gero Fedtke**

Am 22. Juni 1941 notiert Lena Muchina, eine 16-jährige Schülerin in Leningrad, heute Sankt Petersburg, in ihr Tagebuch: »Molotow [...] teilte mit, dass deutsche Truppen heute um vier Uhr früh ohne Kriegserklärung unsere Westgrenze überschritten haben [...] Wir werden siegen, aber dieser Sieg wird nicht einfach sein [...] Das wird ein wilder, erbitterter Krieg werden.«

Die Blockade Leningrads dauerte fast 900 Tage, vom 8. September 1941 bis zum 27. Januar 1944. Zwischen 800 000 und 1,3 Millionen Menschen aus der Zivilbevölkerung der Stadt starben, die überwältigende Mehrzahl durch Hunger. Auch Lena, die die Belagerung überlebte, verlor durch sie ihre Nächsten.

Leningrad als deutsches Kriegsziel

Die nationalsozialistische deutsche Führung, Spitzenfunktionäre in Partei, Ministerien und der Wehrmacht, hatte den Feldzug gegen die Sowjetunion als Raub- und Ver-

---

* Gero Fedtke, Jahrgang 1970, ist Historiker und Slawist. Er unterrichtete osteuropäische Geschichte an der Ruhr-Universität Bochum und koordinierte Kooperationsprojekte mit Nichtregierungsorganisationen in Zentralasien, dem Kaukasus und Osteuropa. Er lebt als Übersetzer und Dolmetscher mit seiner Familie in Weimar.

nichtungskrieg geplant. Der deutsche Kriegsplan »Barbarossa« sah vor, die Rote Armee in einem Blitzkrieg zu schlagen und das Land bis zu einer »Linie Wolga–Archangelsk« zu besetzen. Leningrad hätte mitten in diesem besetzten Gebiet gelegen. Es war die zweitgrößte Stadt der Sowjetunion, von großer wirtschaftlicher, strategischer und als »Wiege der Revolution« auch symbolischer Bedeutung, und spielte daher in den militärstrategischen Planungen eine wichtige Rolle. An der Stadt selbst hatte die deutsche Führung allerdings kein Interesse; Adolf Hitler persönlich hatte vorgegeben, sie ebenso wie Moskau »dem Erdboden gleichzumachen«.

Der deutsche Vormarsch verlief bereits im Juli 1941 langsamer als erhofft. Die deutsche Führung musste sich eingestehen, dass sie die hochgesteckten Ziele nicht erreichen und nicht auf der gesamten Front gleichermaßen vorrücken konnte. Moskau wurde als Kriegsziel Vorrang eingeräumt, Leningrad nun als Nebenkriegsschauplatz betrachtet und bewusst nicht erobert. Das strategische Kalkül hinter dieser Entscheidung war zynisch: Die Blockade konnte mit beschränkten Kräften durchgeführt werden, sodass Kräfte für den Angriff auf Moskau frei wurden. Die physische Vernichtung der Stadt ließ sich durch Bombardierung und Beschuss zumindest beginnen. Die Bevölkerung sollte schlicht und einfach verhungern.

Deutsche und sowjetische Strategien der Blockade

Die deutsche Entscheidung zur Blockade Leningrads entstand aus der militärstrategischen Situation heraus, nachdem das Scheitern des ursprünglichen Blitzkriegplans offenkundig geworden war. Zunächst sollte die Stadt möglichst kräftesparend durch einen eng gezogenen Belagerungsring vom Ladogasee abgeschnitten werden. Der Befehlshaber der Heeresgruppe Nord, die den Plan umzusetzen hatte, hoffte sogar noch Mitte September, die Stadt »durch schnelles Zupacken überraschend in Besitz nehmen« zu können. Schließlich konnte die Wehrmacht Leningrad aber nur auf einer äußeren Einschließungslinie abriegeln. Der Widerstand der sowjetischen Truppen war stärker als erhofft, die wichtigsten Panzerkräfte wurden verlegt, um nun auf Moskau vorzustoßen. Auch das Verhalten Finnlands spielte eine wichtige Rolle.

Im November 1939 hatte die Sowjetunion Finnland angegriffen und im sogenannten »Winterkrieg« bis März 1940 finnische Gebiete in der Karelischen Landenge nördlich von Leningrad erobert. 1941 eroberte Finnland diese Gebiete zurück, besetzte noch einige strategisch wichtige Punkte, griff aber nicht mehr weiter an. Damit schwanden die deutschen Chancen weiter, Leningrad in einem engen Ring einzuschließen. Das deutsche Kriegsziel einer Zerstörung Leningrads teilte Finnland nicht. Finnland sah das Bündnis mit Deutschland lediglich als Mittel zum Zweck der eigenen Existenzsicherung. Die finnische Führung wollte einen verschärften Konflikt mit den Westalliierten vermeiden und lediglich als begrenzter Waffengefährte des Deutschen Reiches erscheinen. Die finnische Luftwaffe bombardierte Leningrad während des Krieges nicht.

Ende September standen die deutschen Truppen damit an einer Frontlinie, die nie erklärtes Ziel einer Operation gewesen war. Über den Ladogasee besaß das ansonsten eingeschlossene Leningrad noch immer eine Anbindung an die Bahnlinie ins sowjetische Hinterland. Diese Bahnverbindung unterbrachen die deutschen Truppen am 9. November 1941 mit der Eroberung Tichwins rund 200 Kilometer östlich Leningrads. Die Einschließung der Stadt konnte nun als effektiv erreicht gelten.

Die Sowjetführung unter Stalin war angesichts des schnellen deutschen Vormarschs zunächst bereit gewesen,

Leningrad aufzugeben, um eine Einkesselung ihrer Truppen zu vermeiden. Sobald jedoch klar wurde, dass die deutsche Führung Leningrad nicht zu erobern gedachte und Kräfte verlegte, befahlen Stalin und der Kommandeur der Leningrader Front den Gegenangriff. Allein im Winter 1941/42 unternahm die Rote Armee drei Offensiven, denen größere Erfolge zwar versagt blieben, als deren Ergebnis immerhin die vollständige Einkesselung Leningrads nach knapp einem Monat verhindert wurde. Tichwin wurde am 9. Dezember 1941 zurückerobert. Lena notiert dieses Ereignis in ihrem Tagebuch: »Hurra, hurra, unsere Truppen haben Tichwin zurückerobert, haben den Blockadering um Leningrad fast gesprengt.« Die Lebensmitteltransporte nach Leningrad waren in der Tat während der Besetzung Tichwins nahezu vollständig zum Erliegen gekommen, die Brotrationen erreichten ihren niedrigsten Stand.

1942 und 1943 scheiterten deutsche Versuche, den Blockadering enger zu ziehen und die Verbindung über den Ladogasee zu kappen. Die Kräfte reichten dafür nicht aus; bereits 1943 war die Wehrmacht vor Leningrad in der Defensive.

Wie die deutsche sah auch die sowjetische Führung in Leningrad einen Nebenkriegsschauplatz und räumte der Befreiung Leningrads im Jahre 1943 keine Priorität ein. Die heldenhafte Verteidigung der Stadt durch Rotarmisten und Werktätige war 1942 und 1943 ein wichtiges Propagandathema sowohl gegenüber den Alliierten als auch gegenüber der eigenen Bevölkerung. Der symbolische Erfolg einer Befreiung stand demgegenüber zurück. Die Zivilbevölkerung spielte in den Erwägungen eine nachgeordnete Rolle, das Militärische und Propagandistische hatte stets Vorrang.

So setzte die Rote Armee erst im Januar 1944 zum entscheidenden Angriff zur Befreiung Leningrads an. Die deutschen Truppen hatten ihr zu dieser Zeit nichts mehr entgegenzusetzen.

Blockadealltag

Das Ziel der Blockade waren die Zerstörung der Stadt und das Verhungernlassen ihrer Bewohner. Die Zerstörung sollte aus der Luft und mit Artillerie erfolgen. Die deutschen Stellungen waren allerdings so weit von der Stadt entfernt, dass nur die Fernkampfartillerie eingesetzt werden konnte. Auch die meisten Flugzeuge mussten die Belagerungskräfte an andere Fronten abgeben, sodass die Zerstörungen nicht das gewünschte Ausmaß erreichten. Lena Muchina hielt in ihrem Tagebuch einmal fest, der Artilleriebeschuss sei »gar nicht so schrecklich«. Beschossen und bombardiert wurden in erster Linie militärische Anlagen, Versorgungseinrichtungen der Stadt einschließlich ihrer Lebensmittelversorgung und auch die Versorgungsroute über den Ladogasee. Durch Beschuss und Bombardements kamen nach offiziellen sowjetischen Angaben 16 747 Menschen ums Leben; der Hunger forderte rund das Siebzigfache an Todesopfern.

Ausbrüche von Zivilisten aus Leningrad in besetztes Gebiet sollten verhindert werden, diesbezüglich galt ein Schießbefehl. Um den deutschen Soldaten das Schießen auf Zivilisten zu ersparen, erwogen die Befehlshaber das Auslegen eines Minengürtels oder das Errichten eines Stacheldraht- oder gar elektrischen Zauns. Umsetzen ließen sich solche Maßnahmen allerdings nicht. Es scheinen aber nur wenige Zivilisten versucht zu haben, Leningrad über die deutschen Linien hinweg zu verlassen.

Die Behörden der Stadt Leningrad waren auf den Kriegsfall nicht gut vorbereitet; es gab keinerlei Pläne. Ihre Tätigkeit in den ersten Kriegsmonaten war chaotisch. Die öffentliche Ordnung suchten sie mit drakonischer Strenge aufrechtzuerhalten, was nur teilweise gelang. Polizei und Geheimpolizei agierten nicht weniger streng als vor dem Krieg, auch um – vermeintliche oder tatsächliche – Kollaborateure zu fangen. Die Angst vor den Verrätern in den eigenen Reihen spiegelt sich auch in Lenas Tagebuch. Die Tatsache, dass Leningrad eingeschlossen war, erfuhren die Menschen erst Anfang November 1941 mit der deutschen Eroberung Tichwins.

Der Winter begann 1941 früh und heftig; Brennmaterial wurde in der Stadt schon bald knapp. Die Kälte bereitete den Menschen große Probleme. Wie viele Leningrader stellte auch Mama Lena einen kleinen gusseisernen Ofen, »burschuika« oder »wremjanka« genannt, zum Heizen und Kochen mitten in den Raum. Die Versorgung mit Leitungswasser und Strom brach zusammen.

Das größte Problem aber war die Lebensmittelversorgung. Strategische Reserven waren nicht angelegt worden. In den Badajew-Lebensmittellagern, deren Zerstörung durch die deutsche Luftwaffe auch Lena erwähnt, lagerten nur Vorräte für ein paar Tage und keineswegs, wie es über Jahrzehnte behauptet wurde, Mengen, die die Bevölkerung über einen längeren Zeitraum hätten ausreichend versorgen können.

Produktion und Verteilung von Lebensmitteln regelte seit der Kollektivierung in erster Linie der Staat. Dabei musste bereits vor dem Krieg Mangel verwaltet werden. Die Zuteilung erfolgte nach Lebensmittelkarten – dieses System galt in der Sowjetunion schon vor Ausbruch des Krieges. Die staatliche Lebensmittelversorgung teilte die Bevölkerung nach ideologischen Gesichtspunkten und nach Kriegswichtigkeit in Kategorien ein. Arbeiter erhielten die höchsten Rationen, es folgten Angestellte, nicht berufstätige Familienangehörige (Lena gehörte zu dieser Kategorie) sowie Kinder bis zwölf Jahre.

Die Leningrader erhielten monatliche Lebensmittelkarten gemäß der Kategorie, in der sie registriert waren. Der Monat war in drei Dekaden eingeteilt, die die Ausgabe von Lebensmitteln in den Kategorien Fleisch, Nährmittel (Getreide, Nudeln, Hülsenfrüchte), Fett (Butter und Öle) sowie Zucker (und Konditoreiwaren) zeitlich strukturierten; Brot gab es täglich. Auf den Karten waren die Marken als einzelne Mengenabschnitte aufgedruckt. Bei der Ausgabe von Lebensmitteln wurden die entsprechenden Marken abgeschnitten, wie es Lena in ihrem Tagebuch beschreibt.

Die Lebensmittel für Leningrad kamen in erster Linie aus den Gebieten westlich des Ural. Während des Krieges spielten Lebensmittellieferungen aus Amerika eine große Rolle. Auch Leningrad erreichten sie; Lena erwähnt in ihrem Tagebuch Konserven, Konfekt und Fleisch aus den USA und Kanada.

Für die Versorgung der Bevölkerung reichten die verfügbaren Mengen aber bei Weitem nicht aus. Die Rationen mussten nach Kriegsbeginn mehrfach gekürzt werden und erreichten nach der deutschen Besetzung Tichwins ihren Tiefstand. Das Hauptnahrungsmittel war Brot. Die niedrigsten Tagesrationen Brot im November und Dezember 1941 betrugen nur 250 Gramm für Arbeiter und 125 Gramm für alle anderen Kategorien*. Jörg Ganzenmüller hat als Beispiel errechnet, dass als offizielle Ration einem Familienangehörigen (wie Lena Muchina) im Dezember 1941 etwa 600 Kalorien täglich zur Verfügung standen – lediglich ein Drittel bis ein Fünftel des Tagesbedarfs eines nicht körperlich arbeitenden Erwachsenen. Die Lage verbesserte sich allmählich ab Dezember 1941. Sobald das Eis des Ladogasees tragfähig war und nach

* Frontsoldaten erhielten zu dieser Zeit 500 Gramm, Soldaten in der Etappe 300 Gramm.

der Rückeroberung Tichwins Güter per Eisenbahn zum See transportiert werden konnten, wurde über das Eis die »Straße des Lebens« geführt, die bis April 1942 die einzige Versorgungsader der Stadt war. Von den 361 109 Tonnen der über sie transportierten Güter waren 262 419 Tonnen Lebensmittel. Ab Februar 1942 wurden die Rationen wieder erhöht, gewährleisteten aber noch immer keine ausreichende Ernährung.

Die Wirklichkeit der Versorgung war allerdings wesentlich komplexer, als es die Zahlen der offiziellen Zuteilung suggerieren. Oft waren in den Läden die Lebensmittel einfach nicht erhältlich, wie es auch Lena berichtet. Das berühmt-berüchtigte »Blockadebrot« musste aus dem gebacken werden, was gerade vorhanden war – auch Zellulose wurde verbacken. Die tatsächliche Verteilung war sehr unterschiedlich; Privilegierte erhielten mehr – davon profitiert auch Lena, als sie Zugang zu der Kantine der Choreografieschule bekommt.

Angesichts des Mangels mussten sich die Menschen selber helfen: Schwarzmärkte entstanden, Haustiere wurden gegessen, Ersatzlebensmittel wie Tischlerleim verzehrt, man suchte Zugang zu Menschen mit privilegiertem Zugang zu Lebensmitteln – das alles schildert auch Lena Muchina. Kriminalität war an der Tagesordnung, Diebstähle. Es kaum auch zu Fällen von Kannibalismus. Der Staat versuchte zunächst, die Kontrolle über die gesamte Lebensmittelversorgung mit drakonischen Maßnahmen aufrechtzuerhalten, gab diese Politik aber im Frühjahr 1942 auf. Nun wurden den Leningradern private Anbauflächen zugewiesen; die Ernte durften sie behalten. Die Zahl der zu versorgenden Stadtbewohner war durch Evakuierungen und die Hungertoten des Winters zurückgegangen. Doch auch im Sommer 1942 und stärker wieder im Winter 1942/43 waren die Menschen unterversorgt. Erst 1943 konnte mit der Öffnung eines Landkorridors am Südufer des Ladoga-

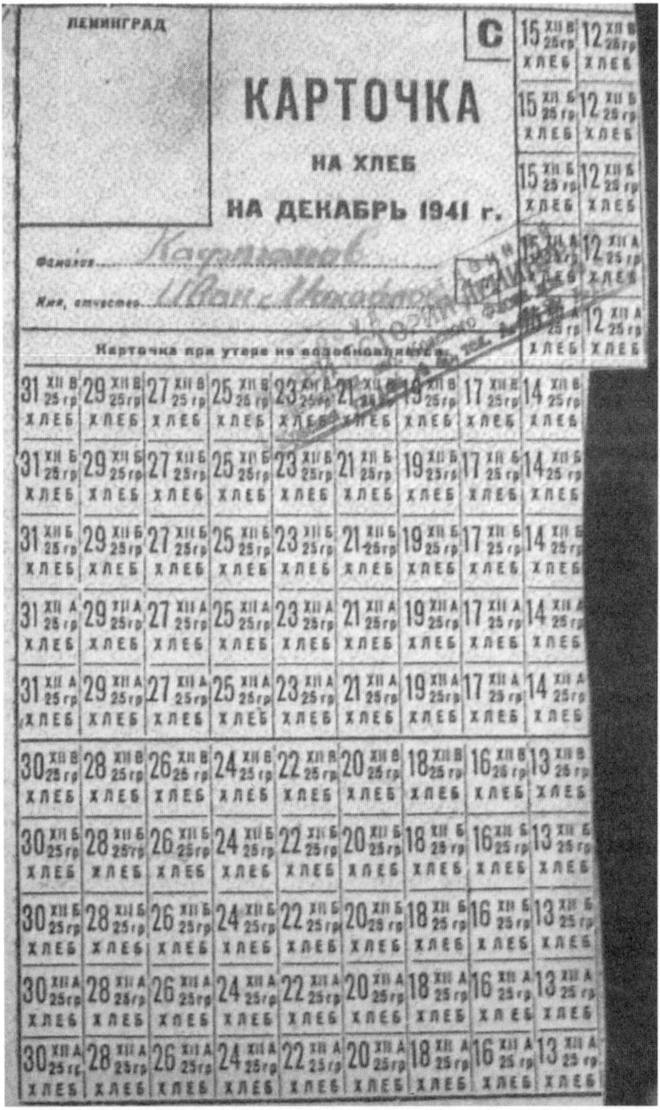

Brotkarte vom Dezember 1941. Die Rationen entsprechen denen, die auch Lena Muchina zustanden. Vermerk: »Die Karte wird bei Verlust nicht erneuert.«

sees die Versorgung der Bevölkerung auf das Niveau anderer Großstädte gebracht werden.

Die härteste Zeit war der Winter 1941/42. Allein in den ersten drei Monaten des Jahres 1942 verhungerten über 300 000 Menschen, das entspricht rund 135 in jeder Stunde. Schlitten, auf denen Verstorbene zu den Friedhöfen gebracht wurden, gehörten zum Straßenbild. Es war unmöglich, all diese Menschen in der gefrorenen Erde zu begraben. Ein Teil der Leichen wurde verbrannt, andere an den Friedhöfen im Frost gelagert und erst im Frühjahr beerdigt.

Der Hunger und die Blockade

Je weiter die Belagerung fortschreitet, desto mehr kreisen Lenas Tagebucheintragungen um den Hunger. Dieser Hunger war ein zentraler Bestandteil des deutschen Kriegs gegen die Sowjetunion. Er traf nicht nur die Menschen in Leningrad, sondern auch sowjetische Kriegsgefangene und die Bevölkerung in den besetzten Gebieten. Er wurde mit Sachzwängen wie der Unmöglichkeit, all diese Menschen unter Kriegsbedingungen ernähren zu können, erklärt und gerechtfertigt. Doch war er keine Folge, sondern eine Voraussetzung für den deutschen Angriffskrieg: Der Plan, die Sowjetunion in einem Blitzkrieg niederzuringen und zugleich den Kampf gegen England fortzusetzen, galt der deutschen Führung nur als durchführbar, wenn die Lebensmittelproduktion der besetzten Gebiete für die Versorgung der Wehrmacht und des Deutschen Reichs genutzt wurde.

Hunger war eine Erfahrung des Ersten Weltkriegs, die sich in Deutschland nicht wiederholen sollte. In Hermann Görings Worten: »Mögen [diese Menschen] wegen Hungers umfallen, solange nur ein Deutscher nicht wegen Hungers umfällt … Mich interessieren in den besetzten Gebieten überhaupt nur die Menschen, die für die Rüstung und die Ernährung arbeiten. Sie müssen soviel kriegen, dass sie gerade noch ihre Arbeit tun können.«*

Das Ziel des Überfalls war die Eroberung von Land, um es mit »germanischen« Siedlern zu bevölkern. Die rassistischen Ideologien hatten in ihren Planungen zunächst nicht konkret ausgeführt, wohin die bestehende Bevölkerung verschwinden sollte. Ihr Hungertod bot nun eine »Lösung« dieses »Problems«. Die Planer dieser »Hungerpolitik« in Reichsernährungsministerium und Wirtschaftsführungsstab Ost gingen davon aus, dass etwa 30 Millionen Menschen verhungern würden.

Der Hungertod von Millionen Menschen war das erklärte Ziel der Blockade. Um ihn sicherzustellen, wurde sogar beschlossen, ein mögliches Kapitulationsangebot der Stadt nicht anzunehmen. In der Begründung tritt die Dominanz der rassistischen Ideologie, verknüpft mit vermeintlichen Sachzwängen, deutlich zutage: »Sich aus der Lage in der Stadt ergebende Bitten um Übergabe werden abgeschlagen werden, da das Problem des Verbleibens und der Ernährung der Bevölkerung von uns nicht gelöst werden *kann und soll. Ein Interesse an der Erhaltung auch nur eines Teiles dieser großstädtischen Bevölkerung besteht in diesem Existenzkrieg unsererseits nicht.*«** Dies war in der Kriegsgeschichte noch nicht vorgekommen: Nie zuvor war eine Stadt mit dem erklärten Ziel belagert worden, sie nicht zu erobern, sondern ihre Bevölkerung verhungern zu lassen. Die nationalsozialistische Führung war sich bewusst, was sie tat. Joseph Goebbels notierte in seinem Tagebuch:

* Göring im August 1942, zit. in: Jörg Ganzenmüller: *Das belagerte Leningrad*, Paderborn 2007, S. 48.

** Schreiben der Seekriegsleitung an die Heeresgruppe Nord, zit. in: Jörg Ganzenmüller: *Hunger als Waffe*, in: *Zeit Online*, 18.7.2011. Hervorhebungen GF.

»Es entwickelt sich hier das schaurigste Stadtdrama, das die Geschichte jemals gesehen hat.«*

Die UN-Konvention definiert Völkermord als »Handlung, die in der Absicht begangen wird, eine nationale, ethnische, rassische oder religiöse Gruppe als solche ganz oder teilweise zu zerstören«, konkret unter anderem durch »die vorsätzliche Auferlegung von Lebensbedingungen für die Gruppe, die geeignet sind, ihre körperliche Zerstörung ganz oder teilweise herbeizuführen«. Das absichtsvolle Verhungernlassen der Bevölkerung macht im Kontext der »Hungerpolitik« die Belagerung Leningrads durch die Wehrmacht zum Völkermord.

Lena Muchina war einer der vielen Menschen, denen die Belagerer den Hungertod zugedacht hatten. Sie war Opfer eines Völkermords, den sie nur mit viel Glück überlebte. Ein Vergleich mit Anne Frank hat hierin seine Berechtigung. So wie Anne Franks Tagebuch für den Völkermord des »Dritten Reiches« an den Juden steht, so kann Lena Muchinas Tagebuch für den Völkermord an den Leningradern stehen.

Evakuierung

Da es zunächst so schien, als gehe Leningrad verloren, befahl die Sowjetführung im Spätsommer 1941 die Evakuierung der kriegswichtigen Industrie, der sie absoluten Vorrang vor der Evakuierung der Zivilbevölkerung einräumte, die zunächst weder befestigte Straßen noch Eisenbahnen benutzen sollte. An Industrie wurde aber 1941 viel weniger evakuiert als geplant; der Großteil der Evakuierung der Industrie fällt erst in das Jahr 1942. Die Evakuierung von

---

* Joseph Goebbels: *Tagebücher*, Teil II, Bd. 1, S. 482, zit. in: Ganzenmüller, *Leningrad*, S. 65.

Menschen begann mit den Flüchtlingen vor der vorrückenden deutschen Front, die nach Leningrad kamen oder es auf dem Weg weiter ins Landesinnere passierten. Den evakuierten Maschinen folgten Facharbeiter und Ingenieure, dann auch Parteibedienstete und wehrtaugliche Jugendliche. Eindeutige Zahlen liegen nicht vor. Allein nahezu 400 000 Kinder sollen vor der Blockade aus der Stadt evakuiert worden sein, von denen aber 175 400 wieder zurückgebracht wurden. Als sich der Belagerungsring um Leningrad schloss, war einerseits eine knappe halbe Million Leningrader bereits aus der Stadt evakuiert, andererseits befanden sich über 100 000 Flüchtlinge in Leningrad. Ab Mitte September ließ der Kriegsrat der Leningrader Front keine Flüchtlinge mehr in die Stadt, die nun außerhalb notdürftige Lager errichten mussten, in denen die Menschen im Winter fast ausnahmslos erfroren.

Im Januar 1942 entschied die Sowjetführung angesichts der Hungerkatastrophe in der belagerten Stadt, die Zivilbevölkerung in größerem Umfang zu evakuieren. Dies geschah nun über die »Straße des Lebens«; bis zu 7000 Menschen täglich konnten nun die Stadt verlassen. Die Evakuierung der Bevölkerung folgte zunächst weiterhin Nützlichkeitserwägungen: in erster Linie Fachkräfte, Arbeiter und Angehörige mit ihren Familien, die zu den evakuierten Industriebetrieben gehörten, Familien Wehrpflichtiger, Schüler und Lehrer von Spezialschulen (die unter anderem künftige Offiziersanwärter ausbildeten), Rotarmisten und deren Angehörige. Sozial Schwächere wie Kinder wurden erst ab dem Frühjahr 1942 in größerer Zahl aus der Stadt gebracht. Während des ganzen Krieges wurden etwa 1,3 Millionen Leningrader evakuiert.

Lenas Tagebuch bestätigt diese Rangordnung: Die Klassen der Spezialschule, die ihr Freund Ljowa besucht, werden schon im Februar 1942 evakuiert; sie muss bis Juni warten und schafft es nur über Beziehungen. Ihr Tagebuch endet vor ihrer Evakuierung. Sicher gerettet war sie in dem Moment, in dem sie Leningrad verließ, noch nicht: Transporte wurden aus der Luft angegriffen, waren überfüllt, die Verpflegung unterwegs unzureichend, die Bedingungen in den Aufnahmelagern schlecht. Auch während der Evakuierung gab es daher nicht wenige Todesopfer. Allein in Wologda, einem der Hauptdurchgangsorte, wurden über 20 000 Leningrader in einem Massengrab beerdigt. Die Leningrader Evakuierten wurden an verschiedene Zielorte geschickt und dort angesiedelt. Man konnte aber offenbar, wie es auch Lena tat, an selbst gewählte Orte weiterreisen.

Wie Lena Muchinas Tagebuch gefunden wurde

Lena Muchinas Tagebuch gelangte 1962 mit einem Konvolut von Dokumenten in das Leningrader Parteiarchiv*; die Umstände, unter denen dies geschah, sind nicht mehr bekannt. Die russischen Wissenschaftler, die das Tagebuch fanden, mussten mühsam nach der Autorin suchen, von der sie zunächst nicht mehr wussten als das, was im Tagebuch stand.

»War sie weggefahren oder dageblieben? War sie umgekommen, oder hatte sie es geschafft zu überleben? Und wenn ja, was war ihr weiteres Schicksal? Diese Fragen stellten sich sofort, als die letzte Seite des Tagebuchs von Lena Muchina umgewendet war.

Zunächst mussten wir sammeln, was an Informationen vorlag. Wie sich herausstellte, war das wenig. Schülerin der Leningrader Schule Nr. 30, wohnte irgendwo in der Gegend des Sagorodniprospekts, des Wladimirplatzes (damals Nachimsonplatz), der Sozialistitscheskaja oder der Rases-

* Heute Zentrales Staatsarchiv für historisch-politische Dokumente.

schajastraße, zusammen mit Mama und Aka (Kinderfrau, Großmutter?) ... In Gorki (heute Nischni Nowgorod) lebten Verwandte, im Tagebuch steht sogar eine Adresse. Außerdem das genaue Geburtsdatum. Aber weder der Vatersname noch eine Adresse in Leningrad ...

Wir entschieden, mehrere Spuren gleichzeitig zu verfolgen. Wir schickten eine Anfrage an das Sankt Petersburger Standesamt in der Annahme, dass, wenn Lena in Leningrad geboren worden war, wir eine genaue Adresse erhalten und in den Hausmelderegistern nachsehen könnten, ob sie die Stadt verlassen hatte oder nicht. Zugleich fragten wir im Sankt Petersburger Zentralen Staatsarchiv für historisch-politische Dokumente an, in dem sich das Original des Tagebuchs befindet, wann und wie es dorthin gelangt war. Die Antwort war nicht befriedigend: Das Tagebuch war 1962 mit einem Konvolut von Dokumenten in das Archiv gekommen, aber mit welchen, wusste niemand. Dennoch konnten uns die Archivare auch ein wenig erfreuen. In einem der kürzlich erschienenen Sammelbände über die Blockade waren einige Seiten aus Lena Muchinas Tagebuch abgedruckt, mit dem Zusatz: »Einige Tage später wurde Jelena Muchina aus Leningrad evakuiert. Ihr weiteres Schicksal ist nicht bekannt.« »Woher wissen Sie das?«, fragten wir die Autorin G. I. Lissowskaja und erfuhren: »Einer der langjährigen Mitarbeiter des Archivs hat das erzählt.« Aber wer und wann, war nicht mehr herauszufinden. Sie schien also überlebt zu haben! Aber wir wollten noch weitere Belege dafür finden.

Zu dieser Zeit erhielten wir die Auskunft vom Standesamt. Leider eine negative. Lena Muchina war nicht in Leningrad geboren worden. Im Internet recherchierten wir Telefonnummern in Nischni Nowgorod, doch die Anrufe brachten ebenfalls keine Ergebnisse. Die erste Etappe unserer Suche produzierte nur minimale Erfolge.

Wir mussten uns wieder dem Tagebuch zuwenden in der Hoffnung, neue Anknüpfungspunkte zu finden. Die gründ-

liche Untersuchung des Originals trug Früchte. Auf den leeren Seiten, ganz am Ende des Heftes, fanden wir eine Bleistiftnotiz in eindeutig anderer Handschrift: »Bernazkaja Je. N., Sagorodni 26, Whg. 6, Tel. 5.62.15.« Sofort erinnerten wir uns an den Satz im Tagebuch: »Ich schreibe ja in Mamas Notizbuch.« Vielleicht war Je. N. Bernazkaja »Mama Lena«? Die Vermutung wurde bestätigt, als wir im Erinnerungsbuch der Blockade den Eintrag über die im Februar 1942 verstorbene Jelena Nikolajewna Bernazkaja fanden, die an der im Tagebuch genannten Adresse wohnte.

Aber warum haben sie verschiedene Familiennamen und gleiche Vornamen, warum nennt Lena ihre Mutter oft nicht einfach Mama, sondern »Mama Lena«? Und wie sind die beiden Einträge im Tagebuch über den Tod der Mutter zu erklären, wenn sie einige Zeilen später über sie schreibt, als würde sie leben? Vielleicht war Jelena Bernazkaja nicht die leibliche Mutter, und diese starb im Juli 1941. So schien es logisch. Aber es war nur eine Vermutung.

Die wichtigste Frage – das Schicksal des Mädchens selbst – blieb einstweilen ohne Antwort. Und wenn wir in den Papieren der Leningrader Künstlerin Wera Wladimirowna Miljutina suchten? Lena schreibt über sie im Frühjahr 1942 häufig. Wie aus dem Tagebuch ersichtlich ist, bemühte sie sich sehr aktiv darum, Lena die Evakuierung zu ermöglichen.

Der persönliche Nachlass W. W. Miljutinas und ihres Mannes, des Musikwissenschaftlers Alexandr Semjonowitsch Rosanow, befindet sich im Sankt Petersburger Zentralen Staatsarchiv für Literatur und Kunst. Wir sahen die Findbücher durch, die über 700 Mappen auflisten. Und plötzlich, Mappe Nr. 315: »Briefe an W. W. Miljutina von Muchina Jelena Wladimirowna, Künstlerin.« Sieben Briefe auf 24 Seiten aus den Jahren 1942–1984. War sie es?

Eine Woche später, als man uns eine dünne Mappe mit Briefen und Postkarten brachte, wurde klar: Ja, sie ist es.

Kein Zweifel, dafür gab es zu viele Übereinstimmungen zwischen ihren Briefen und dem Tagebuch. Wir erhielten eine Antwort auf die wichtigste Frage: Lena Muchina wurde aus Leningrad im Juni 1942 evakuiert und lebte vier Jahrzehnte später in Moskau.

In der Mappe waren nicht nur die Briefe, sondern auch Umschläge mit Adressen und Erzählungen von Verwandten, von denen einige im Tagebuch erwähnt werden. Vielleicht lebt sie noch immer? Vor dem ersten Telefonanruf nach Moskau waren wir aufgeregt: Rufen wir die Richtigen an? Wie werden sie unsere Fragen aufnehmen? Am anderen Ende der Leitung herrschte zu Beginn ein wenig Verwirrung: »Ja, Jelena Wladimirowna Muchina kennen wir. Was für ein Tagebuch? Sie hat es während der Blockade geführt? Davon hat sie nichts erzählt …«

Dennoch sprachen wir von ein und demselben Menschen. Jelena Wladimirowna lebt nicht mehr. Aber ihre Nichte Tatjana Sergejewna Mussina und deren Mann Raschid Maratowitsch zeigten sich unserer Untersuchung gegenüber verständnisvoll. Die Fotoalben, Briefe Jelena Wladimirownas, ihrer Mutter und »Mama Lenas«, die sie aufgehoben hatten, gestatteten zusammen mit den von uns gefundenen Archivmaterialien nicht nur, die uns bewegenden Fragen zu beantworten, sondern auch, die wichtigsten Züge der Biografie der Leningrader Schülerin Jelena Muchina wiederherzustellen. *

* W. M. Kowaltschuk, A. I. Rupassow, A. N. Tschistikow: »Notwendiges Nachwort. Wie die Biografie Lena Muchinas wiederhergestellt wurde«, in: »›… sochrani moju petschalnuju istoriju …‹. Blokadny dnewnik Leny Muchinoi«, Sankt Petersburg 2011, S. 355–362, hier S. 355–357.

Während sich Lena Muchina in der Nachkriegszeit mühsam durchs Leben schlagen und Leningrad ein zweites Mal gezwungenermaßen verlassen musste, wurde an die Blockade Leningrads in Westdeutschland und der Sowjetunion höchst unterschiedlich erinnert: In der sowjetischen offiziellen Erinnerungskultur dominierte die Erzählung von der heldenhaften Verteidigung der Stadt, an der die Bevölkerung als solidarische Leidensgemeinschaft aktiven Anteil genommen habe. Die Zahl der zivilen Todesopfer wurde offiziell mit 632253 angegeben, weit unter der tatsächlichen Opferzahl. Seit dem Ende der Sowjetunion wurde das tatsächliche Ausmaß des Leidens ebenso bekannt wie das von der Sowjetführung verschwiegene Ausmaß von Kriminalität, Fehlern der Behörden und dem Mangel an Solidarität unter den Not leidenden Menschen. In Westdeutschland wurde die Belagerung Leningrads zu einem »normalen« Kriegsereignis erklärt; an die Leiden der einfachen deutschen Soldaten wurde erinnert, an die Leiden der sowjetischen Zivilbevölkerung hingegen nicht. Daran hat sich durch die Wehrmachtsausstellung und historische Forschungen in den letzten Jahren einiges geändert.

Lenas Tagebuch bewahrt ihre eigene Geschichte der Blockade jenseits aller Mythen, von zeitlicher Distanz überformten Erinnerungen oder von Fachhistorikern ermittelten Zahlen. Außer den offiziellen Berichten im Radio hat sie nur die vielen Gerüchte als Informationsquelle über den Kriegsverlauf und die Entscheidungen der Sowjetführung. Sie muss sich auseinandersetzen mit den Anforderungen, die Propaganda und Lehrer an sie als Sowjetschülerin erheben und die ihr Denken beeinflussen. Sie ringt mit ihren eigenen Anforderungen an die Menschlichkeit, die zu bewahren ihr und ihren Mitmenschen nicht immer gelingt. Sie sucht ihren eigenen Weg zu überleben. Nicht die Heldengeschichten, die wie zu jedem Krieg auch zur Leningrader Blockade erzählt werden, darunter von Lena Muchina selbst, zeigen das wahre Gesicht des Krieges, sondern Lenas Tagebuch.

Literatur

Jörg Ganzenmüller: *Das belagerte Leningrad*, Paderborn 2007.
Die Leningrader Blockade. Der Krieg, die Stadt und der Tod (= *osteuropa*, 61. Jg., 8/9), 2011.
Anna Reid: *Blokada. Die Belagerung von Leningrad 1941–1944*, Berlin 2011.

Bitte beachten Sie auch
die folgenden Seiten

Lena Gorelik

Lieber Mischa

... der Du fast Schlomo Adolf Grinblum geheißen hättest, es tut mir so leid, dass ich Dir das nicht ersparen konnte: Du bist ein Jude ...

185 Seiten, gebunden mit Schutzumschlag, € 18,–

ISBN 978-3-86220-012-2

Auch lieferbar als List-Taschenbuch 61105

Lena Gorelik gehört der neuen Generation junger Juden in Deutschland an, die sich über ihre Zukunft, nicht über ihre Vergangenheit definieren wollen. Dazu passt perfekt, dass sie gerade Mutter geworden ist. Jetzt erklärt sie ihrem Sohn, was ihn im Leben erwartet – und wie er allem Unvorhersehbaren mit Witz und Chuzpe begegnen kann.

»Lena Gorelik beweist, dass junge deutsche Literatur sowohl Leichtigkeit als auch Tiefe besitzen kann.«

Süddeutsche Zeitung

GRAF

www.graf-verlag.de

Daniela Krien

Irgendwann werden wir uns alles erzählen

Roman

236 Seiten, gebunden mit Schutzumschlag, € 18,–

ISBN 978-3-86220-019-1

Auch lieferbar als List-Taschenbuch 61131

Sommer 1990, ein Bauerndorf nahe der deutsch-deutschen Grenze, die gerade keine mehr ist. Das ist der Schauplatz einer Liebesgeschichte von archaischer Wucht, die Zeitgeschehen und Existenzielles auf zwingende Weise miteinander verschränkt.

»Eine Geschichte der rohen, unverblümten Liebe zweier Menschen, in deren Kargheit und Wortlosigkeit etwas Grundsätzliches, Zeitloses aufscheint.« *Hannah Lühmann, Süddeutsche Zeitung*

»Die Sprache leuchtet in diesem Roman.« *Gabriele von Arnim, Die Zeit*

GRAF

www.graf-verlag.de

Erri De Luca

Montedidio

Roman

Aus dem Italienischen von Annette Kopetzki

217 Seiten, gebunden mit Schutzumschlag, € 14,99

ISBN 978-3-86220-031-3

Erri De Lucas Meisterwerk, das seinen Ruhm begründete und ihn in Italien zum meistgelesenen Autor des Jahrzehnts machte: Die zarte, poetische Liebesgeschichte aus Neapel ist auch ein Stück europäischer Geschichte en miniature.

»Alle, die in den Ferien nach Italien fahren wollen, müssen dieses Traumbuch lesen ...« *Klaus Bittner, Buchhandlung Bittner Köln*

»Ein Roman wie eine Skulptur, gemeißelt aus Schönheit und Schmerz.« *L'Express*

GRAF

www.graf-verlag.de

Nina Sankovitch
Tolstoi und der lila Sessel
Aus dem Amerikanischen von
Anke Caroline Burger und Susanne Höbel
288 Seiten, gebunden mit Schutzumschlag, € 16,99
ISBN 978-3-86220-027-6

»Jedes Buch kann dein Leben verändern.« Nina Sankovitch

Jeden Tag ein Buch lesen, 365 Bücher im Jahr – ist das überhaupt zu schaffen? Noch dazu mit vier Kindern? Nach dem Verlust ihrer Schwester verordnete sich Nina Sankovitch täglich ein Buch – und gewann Freiräume, Glücksmomente und den beliebtesten Blog der »New York Times«.

»Eine sehr persönliche Lesetherapie, die Geschichte einer Genesung.« *Felicitas von Lovenberg, Frankfurter Allgemeine Zeitung*

GRAF

www.graf-verlag.de